De la maniere et de la guise
De ce chalivali devise
Un petitet iceste estoire
Qui ci est faite pour memoire.

La culture populaire au moyen âge

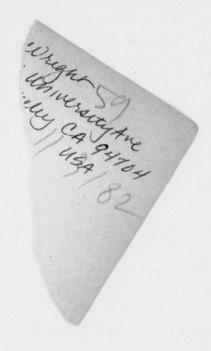

DANS LA MÊME COLLECTION

ASPECTS DE LA MARGINALITÉ AU MOYEN ÂGE
Études présentées au
Premier colloque de l'Institut d'études médiévales de l'Université de Montréal
Ouvrage publié sous la direction de Guy-H. Allard

L'ÉROTISME AU MOYEN ÂGE
Études présentées au
Troisième colloque de l'Institut d'études médiévales de l'Université de Montréal
Ouvrage publié sous la direction de Bruno Roy

LE SENTIMENT DE LA MORT AU MOYEN ÂGE
Études présentées au
Cinquième colloque de l'Institut d'études médiévales de l'Université de Montréal
Ouvrage publié sous la direction de Claude Sutto

DESCRIPTION DU
LIVRE DES FIGURES HIÉROGLYPHIQUES
ATTRIBUÉ À NICOLAS FLAMEL
Claude Gagnon

ALCHIMIE ET PHILOSOPHIE
Chiara Crisciani — Claude Gagnon

PAIN, VIN ET VENEISON
Un livre de cuisine médiévale
Constance B. Hieatt et Sharon Butler

*Envoyez-nous vos nom et adresse en citant ce livre et nous nous ferons
un plaisir de vous faire parvenir gracieusement et régulièrement notre
bulletin littéraire qui vous tiendra au courant de toutes nos publications nouvelles.*

LES ÉDITIONS UNIVERS INC.
1651 ST-DENIS, MONTRÉAL, QUÉBEC, H2X 3K4

LA CULTURE POPULAIRE AU MOYEN ÂGE

Études présentées au
*Quatrième colloque de l'Institut d'études médiévales
de l'Université de Montréal*
2 - 3 avril 1977

Ouvrage publié sous la direction de Pierre Boglioni

DISTRIBUTION

Les Messageries Prologue Inc.
1651 Saint-Denis, Montréal, Québec
849-8120/849-8129

Montparnasse-Édition
Quai de Conti, Paris 75006
France

Foma-Cédilivres
5, rue Longemalle, Lausanne
Suisse

Vander
21, rue Dufacqz, Bruxelles, Belgique
538-6973

Dépôt légal, 2ième trimestre 1979
Bibliothèque nationale du Québec
ISBN 2-89053-012-4

Desguisez sont de grant maniere.
Li uns ont ce devant darriere
Vestuz et mis leur garnemenz;
Li autre ont fait leur paremenz
De gros saz et de froz a moinnes. [...]
Si grant son et si variable,
Si let et si espoentable
A l'encontrer fesoient donner
Que l'en n'oïst pas Dieu tonner.

GERVAIS DU BUS, *Roman de Fauvel,* scène de charivari, d'après le ms. Paris, Bibl. Nat., français 146, f. 34rb,
34vb (texte) et 36v (ill.).

LIMINAIRE

Ce recueil contient les textes des communications présentées au Quatrième colloque de l'Institut d'études médiévales: *La culture populaire au moyen âge* (Université de Montréal, 2 - 3 avril 1977), avec deux modifications. Jacques Falmagne, de l'Université de Montréal, avait donné dans le cadre du colloque une conférence fort appréciée sur *L'idée de peuple dans le courrier de Louis XI.* Elle livrait les premiers résultats d'une vaste enquête lexicographique par ordinateur sur les termes désignant le peuple à l'époque de Louis XI. Cette conférence n'apparaît pas ici, l'auteur se réservant de publier l'ensemble de sa recherche à une étape ultérieure. Le texte de Benoît Lacroix et Albert-M. Landry, *Quelques thèmes de la religion populaire chez le théologien Thomas d'Aquin,* avait été d'abord présenté au Symposium annuel de la Société des médiévistes et des humanistes d'Ottawa-Carleton (19 mars 1977). Je suis heureux d'intégrer ici, parmi les contributions des plus jeunes, ce travail de collègues qui ont fait partie de notre Institut dès la première heure et qui ont été dans notre milieu des pionniers de ces recherches.

P.B.

I

La culture populaire au moyen âge: thèmes et problèmes

Pierre Boglioni
Université de Montréal

Scène de charivari. Illustration du *Roman de Fauvel*, ms. Paris, Bibl. Nat., français 146, f. 34r.

Depuis quelques années, l'Institut d'Études Médiévales de l'Université de Montréal manifestait un intérêt particulier pour les problèmes de la culture populaire, en publiant l'étude de J. Heers sur la fête, celle de R. Manselli sur la religion populaire, celle de B. Roy sur les devinettes, ainsi que des volumes collectifs sur la marginalité et sur les légendes[1]. Il était normal que l'Institut consacre aussi à l'ensemble de la culture populaire l'un de ses Colloques annuels, qui réunissent depuis quelques années tous les médiévistes de notre milieu autour de thèmes pluridisciplinaires[2].

Qu'on me permette de préciser dans quel contexte nous avons retenu ce thème chargé d'ambiguïtés conceptuelles et de pièges méthodologiques, dont toutes les communications ici publiées font état, chaque auteur essayant de préciser le sens de *populaire* dans sa perspective particulière.

Difficultés de méthode

Comme tous les mots du langage spontané qui touchent aux réalités vitales, *populaire* est un mot éminemment polysémique, presque équivoque. En définir théoriquement le sens est une entreprise ardue dans laquelle, à la surprise du profane, s'empêtrent les théoriciens mêmes du folklore. On les voit en effet tiraillés entre deux

1. Jacques HEERS, *Fêtes, jeux et joutes dans les sociétés d'Occident à la fin du moyen âge,* Montréal-Paris, 1971; Raoul MANSELLI, *La religion populaire au moyen âge. Problèmes de méthode et d'histoire,* Montréal - Paris, 1977; Bruno ROY, *Devinettes françaises du moyen âge,* Montréal-Paris, 1977 (Cahiers d'études médiévales, 3); *Aspects de la marginalité au Moyen Âge,* éd. Guy-H. ALLARD, Montréal, 1975; AA.VV., *Épopée, légendes et miracles,* Montréal-Paris, 1974 (Cahiers d'études médiévales, 1).

2. En 1974, *Aspects de la marginalité au Moyen Âge* (actes publiés, cf. note précédente); en 1975, *Les origines de la langue française;* en 1976, l'*Érotisme au moyen âge* (actes publiés: Montréal, l'Aurore, 1977).

tendances opposées: une tendance de puristes à restreindre cette notion à ce qui est d'origine proprement populaire, et la tendance opposée, de sociologues de la culture, à l'élargir à tout ce qui a cours dans le peuple et est intégré dans sa vie, même si son origine lointaine est aristocratique, cléricale ou savante. Chaque tentative pour proposer des paramètres concrets d'identification fait immédiatement éclater des critères variés, sous lesquels on entrevoit autant de partis-pris théoriques[3].

Telle école privilégie le caractère du mode de transmission des faits culturels: une oeuvre d'art sera populaire «quand la matière, la technique de fabrication, la configuration et la destination sont fixées de traditions immémoriale (1), anonyme (2), orale (3) et non scolaire (4)». Une autre école lie le populaire à «la rémanence de traits culturels archaïques, dont la constellation manifesterait des personnalités ethniques distinctes»; ses lieux privilégiés seraient les milieux que, comme les milieux ruraux, l'histoire tient à l'écart des grandes mutations culturelles et qui gardent par le fait même des traits caractéristiques de culture effacées par la culture dominante[4]. Une troisième tendance définira le populaire essentiellement par les sujets qui en sont les dépositaires ou les utilisateurs, en opposant certaines couches d'une population, dites vulgaires, à d'autres qui ne le sont pas.

«A leur tour, ces couches vulgaires peuvent être perçues en des termes sociologiques généraux (les "humbles", les "incultes", par opposition aux "puissants", aux "cultivés", etc.); mais elles peuvent également être perçues en des termes psychologiques ou de "mentalité": le peuple serait alors l'ensemble de tous ceux qui, par-delà toute délimitation sociale, participent à une soi-disant "mentalité associative ou collective", peu rationnelle, etc., tandis que le non-peuple ou élite se distinguerait, encore une fois par-delà toute délimitation sociale, par sa rationalité et

3. Voir J. CUISENIER, art. *Populaire (art)*, dans *Encycl. Univers.*, 13, Paris, 1972, pp. 336-339.

4. *Ib.*, pp. 337-338. Selon la définition lapidaire de A. Van Gennep, "le folklore est l'ethnographie des populations rurales de l'Europe, pas autre chose» (*Religions, moeurs et légendes*, vol. 5, Paris, 1914, p. 19).

individualité de pensée»[5]. Selon A. Van Gennep, qui suit ici Lévy-Bruhl, la mentalité populaire se distingue de la mentalité scientifique par son usage du raisonnement analogique et du raisonnement par participation[6].

Or, ces difficultés de caractérisation conceptuelle ne peuvent que s'aggraver dans le cas de la culture populaire du moyen âge. Car aucun de ces critères, élaborés dans le cadre de nos sociétés modernes acquises dans leur ensemble à la scolarité obligatoire, à la technicité et à la rationalité mathématico-déductive, peut être appliqué sans des ménagements profonds à la société médiévale. Que l'on songe, par exemple, au critère du "raisonnement analogique" et du "raisonnement par participation". Pourra-t-on pour le moyen âge l'associer d'une façon quelconque à la mentalité populaire, lorsqu'on sait à quel point ces types de raisonnement sont solidaires de la mentalité symbolique, qui nourrit toute la pensée, l'art et la littérature du haut moyen âge, et qu'ils constituent la base de techniques hautement sophistiquées d'exégèse des textes sacrés.

On rencontre des difficultés analogues à propos de la notion de culture. Le folklore lui-même tend à devenir expansionniste, en intégrant aux intérêts traditionnels envers la collection des documents un souci explicite d'interprétation globale. La figure traditionnelle du folkloriste est doublée par celle du folkloriste anthropologue, qui dépasse l'analyse des documents pour chercher les normes et les valeurs, ainsi que les lois du comportement, propre à chaque culture. On trouve aussi de plus en plus la figure du folkloriste psychologue, qui interprète les matériaux traditionnels à la lumière des attitudes et des comportements conscients ou inconscients[7].

Cette tendance expansionniste est renforcée par l'émergence récente de l'anthropologie culturelle, dont les spécialistes, séparés en ce qui concerne les méthodes d'approches, convergent

5. Alberto M. CIRESE, *Cultura egemonica e culture subalterne. Rassegna degli studi sul mondo popolare tradizionale*, IIe éd., Palerme, 1972, p. 17.

6. Cf. Nicole BELMONT, *Arnold Van Gennep, le créateur de l'ethnographie française*, Paris, 1974, pp. 104 ss.

7. Voir R.M. DORSON, art. *Folklore*, dans *Encycl. Univers.*, 7, Paris, 1970, pp. 95-101.

néanmoins dans le souci d'envisager la culture comme un phénomène global: «une façon de concevoir le monde et la vie», «l'ensemble des activités et des produits intellectuels et manuels de l'homme-en-société», «l'ensemble des modèles de comportement et d'expression, des schèmes de pensée, des normes morales et des échelles de valeurs qui sont admises dans une société ou un groupe donné»[8]. Ces nouvelles orientations des sciences humaines reposent sur une conscience claire de la solidarité de tous les faits culturels, que les meilleurs historiens ont toujours globalement saisie, mais qui s'impose maintenant de façon explicite. Elle rend singulièrement complexes des recherches sur l'histoire de la culture populaire qu'on pouvait encore percevoir, il y a quelques dizaines d'années, comme une cueillette patiente de curiosités au fil de lectures paisibles.

Ces difficultés d'ordre méthodologique se croisent avec celles qui caractérisent l'ensemble des études médiévales: manque de sources, différences régionales marquées, évolution radicale des situations, au cours d'une période trop variée pour que son unité soit autre chose qu'une étiquette ou une simplification de l'esprit.

Que l'on songe seulement, pour illustrer cette complexité, à l'ampleur inépuisable du clavier lexicographique, dont la communication de B. Lacroix — A. Landry nous donne, pour les oeuvres de Thomas d'Aquin, un échantillonage si intéressant. D'un côté, *populus* (populus minutus, populus vulgaris, minor populus), *vulgus* (inerme vulgus, imbelle vulgus) et *vulgares, plebs, pauperes, minores, laborantes, illitterati, rudes, simplices, idiotae, armen Leute, popolo minuto, ciompi, laici, rustici* (agricultores, villani). De l'autre côté, *potentes, oratores, bellatores, divites, clericalis ordo, laicalis potestas, litterati, milites, maiores, popolo grasso.* Oppositions disparates, comme on voit. Elles renvoient tantôt à la théorie des *ordines* et

8. Parmi les discussions les plus exhaustives: A.L. KROEBER - C. KLUCKOHN, *Culture. A Critical Review of Concepts and Definitions,* Papers of the Peabody Museum... of Harvard University, 47 (1952), pp. 1-233; *Il concetto di cultura: i fondamenti teorici della scienza antropologica,* a cura di Pietro ROSSI, Turin, 1970.

La *povre gent* et les *hautz homes*. Une bible moralisée applique à la société médiévale l'histoire de Saül qui, après la bataille contre les Amalécites, ne voue à l'anathème que le troupeau sans valeur (*I Sam.* 17,9): «Ce qe Saul destruist la povre gent et retint les hauz homes et l'avoir contre le commandement Damedeu senefie les mauvès rois et les mauvès princes de terre qi taillent la pouvre gent et la destruient et retiennent les riches qi lor donent or et argent et les granz avoirs contre le commandement Jesucrist». *Bible moralisée*, première moitié du XIIIe s.; ms. Vienne, Österreich. Nationalbibl., 2554, f. 37vb.

tantôt à la théorie des *status,* tantôt à des oppositions moins tranchées basées sur l'argent, le savoir, l'urbanisation. Elles ne sont pas toutes nécessairement le clivage net d'une culture, mais elles laissent toutes déceler un décalage, une fracture, la possibilité ou l'amorce d'une culture ou sous-culture autonomes.

Importance historique de la culture populaire

Ces mondes perdus des pauvres de la culture, dont la vie n'arrivait pas à la parole écrite (ou rarement et par procuration) occupent pourtant de plus en plus les historiens. Il n'est pas aisé de percevoir toutes les racines de cet intérêt, mais on devine qu'elles sont profondes et inextricablement liées à des traits majeurs de notre culture:

sensibilité sociale plus affinée, historiographie plus complexe, pression de la problématique marxiste, reconnaissance de la spécificité des modèles culturels, acceptation du pluralisme anthropologique. Nées dans ce cadre culturel, d'admirables recherches récentes montrent l'importance historique majeure de la culture populaire et l'ampleur des résultats qu'on peut espérer dans ce secteur d'études. On me permettra de citer en particulier, comme points de références exemplaires de notre Colloque, deux oeuvres, de Mikhail Bakhtine et de Emmanuel Le Roy Ladurie, si différentes et pourtant complémentaires.

Le mérite fondamental de l'essai de Bakhtine, *L'oeuvre de François Rabelais et la culture populaire au Moyen Âge et sous la Renaissance* (tr. fr., Paris, 1970), est d'avoir saisi avec une netteté et une vigueur inégalées l'*unité* et la *spécificité* de la culture populaire au moyen âge, dans laquelle il reconnaît un axe dialectique essentiel de la civilisation médiévale. Elle livre la clef ultime pour comprendre l'ensemble de l'oeuvre de Rabelais et tous les thèmes dont celle-ci est nourrie, ainsi que l'évolution postérieure de l'art et de la société.

À vrai dire, par un glissement sémantique sur lequel il ne s'explique jamais clairement, la culture populaire que Bakhtine annonce dans le titre est réduite en fait à la culture comique, celle du rire, de la fête, du carnaval. Les rapports entre ces deux niveaux ne sont jamais explicités. Pourtant, on doit reconnaître à son oeuvre touffue, parfois confuse, toujours redondante, une sorte d'intelligence et de vitalité puissantes dans la reconstitution de cette culture, dans sa logique interne et dans son importance socio-culturelle.

La thèse fondamentale de l'essai de Bakhtine est claire: «Toutes ces formes de rites et spectacles, organisées sur le mode comique, présentaient une différence extrêmement marquée, une différence de principe, pourrait-on dire, avec les formes de culte et cérémonies officielles sérieuses de l'Église ou de l'État féodal. Elles donnaient un aspect du monde, de l'homme et des rapports humains totalement différent, délibérément non officiel, extérieur à l'Église et à l'État: elles semblaient avoir édifié à côté du monde officiel *un second monde* et *une seconde vie* auxquels tous les hommes du moyen âge étaient mêlés dans une mesure plus ou moins grande, dans lesquels *ils vivaient* à des dates déterminées. Cela créait une sorte de *dualité du monde* et nous affirmons que, sans la prendre en considération, on ne saurait comprendre ni la conscience culturelle du moyen âge, ni la civilisation de la Renaissance» (pp. 13-14).

Dans cette perspective, la culture populaire ne sera pas un ensemble disparate de survivances ou de thèmes isolés, mais un système cohérent dont Bakhtine essaie de rétablir le réseau, débordant de tous côtés une identification étroite de la culture populaire avec le folklore. Cette culture possède son temps propre, le temps de la fête: temps chronologique (carnaval, fêtes patronales, foires), mais surtout temps mental, le temps du rire et de la parodie (la fête des fous, la fête de l'âne, le *risus paschalis*). Elle a son lieu propre,

Parodie de procession funéraire: les funérailles d'un chien. Psautier anglais, vers 1310-1325; ms. Londres, British Libr., Add. 49662, f. 133r.

qui est la place publique, et son langage propre, dont jurons, grossièretés, "cris de Paris" ne sont que la surface, sa véritable caractéristique étant sa capacité d'inventer perpétuellement un monde nouveau[9].

9. "Langage *familier*, qui formait presque une langue spéciale, inutilisable ailleurs, nettement différenciée de celle de l'Église, de la cour, des tribunaux, des institutions publiques, de la littérature officielle, de la langue parlée des classes dominantes (aristocratie, noblesse, haut et moyen clergé, aristocratie bourgeoise), bien que le vocabulaire de la place publique y fit de temps à autre irruption, sous certaines conditions'' (p. 157). Ces éléments de langage ne sont d'ailleurs pas isolés; on les rencontre en permanence dans les dits et débats, les diableries, les soties, les farces, etc. (p. 156).

Cette culture a surtout son anthropologie et sa métaphysique. C'est la métaphysique du devenir, de l'histoire, de la dualité et de la contradiction, opposée à la métaphysique de l'immuable, de l'être ordonné et éternel. C'est l'anthropologie du corps, exprimée dans le principe du "réalisme grotesque", dont le trait marquant est «*le rabaissement*, c'est-à-dire le transfert de tout ce qui est élevé, spirituel, idéal et abstrait sur le plan matériel et corporel, celui de la terre et du corps dans leur indissoluble unité» (p. 29). Ce n'est d'ailleurs pas le corps de toutes les traditions classiques, «corps parfaitement prêt, achevé, rigoureusement délimité, fermé, montré de l'extérieur, non mêlé, individuel» (p. 318), mais corps en devenir, ouvert sur les autres et sur le monde, corps qui vient de la terre et revient à la terre. D'où l'importance de la nourriture, du sexe, de la femme, «de par sa nature même... hostile à l'éternité» (p. 243), de la décomposition qui est condition pour tout renouveau («totus homo fit excrementum», comme disait Hugo de Rabelais). C'est le corps des tableaux de Bosch.

Ainsi ce monde populaire est placé au centre de l'histoire, aussi bien politique que culturelle. Politique, parce que le peuple y vivait l'expérience au moins provisoire et utopique de l'universalité, de la liberté, de l'égalité et de l'abondance et parce que la «sensation vivante qu'a le peuple de son immortalité historique collective constituait le noyau même de l'ensemble du système des images de la fête populaire» (p. 322). Culturelle, parce que le monde populaire de la fête, en critiquant le présent, préparait l'avenir et le contenait en puissance et en vœux: «le carnaval (répétons-le, dans l'acceptation la plus large du terme) affranchissait la conscience de l'emprise de la conception officielle, permettait de jeter un regard neuf sur le monde; un regard dénudé de peur, de piété, parfaitement critique, mais dans le même temps positif et non nihiliste, car il découvrait le principe matériel et généreux du monde, le devenir et le changement, la force invincible et le triomphe éternel du nouveau, l'immortalité du peuple» (p. 273).

Je n'entrerai pas dans une critique détaillée du travail de Bakhtine, à la fois intelligent et subtilement irritant par ses généralisations, ses hypothèses en feu d'artifice, et surtout son dogmatisme imperturbable qui ne la cède en rien à celui d'un théologien médiéval. On pourra remarquer, pour notre propos, la caractérisation nettement insuffisante de ce qu'il appelle "populaire". On ne voit pas si le "populaire" dont il parle, et qu'il semble identifier en première approximation à la place publique dans une ville (ce qui s'applique mal à l'immense majorité du moyen âge, exclusivement rural) est constitué essentiellement par le niveau d'instruction, la classe sociale ou bien par un état d'esprit, qu'on pourrait trouver tout aussi bien dans l'aristocratie ou le clergé[10].

J'ajouterai aussi que les traits attribués à l'anthropologie et à la métaphysique de la culture populaire ne constituent, sous des formules brillantes, que des analyses en définitive simples, dont les classes savantes du moyen âge avaient conscience et qu'elles avaient même théorisées. Je ne citerai qu'un texte d'Alger de Clairvaux dans lequel, comme chez Platon, la structure sociale correspond à la structure anthropologique, les trois ordres de la société étant fondés sur la division tripartite de l'âme: aux *consiliarii* correspondent les *intellectuales sensus* dont le dynamisme porte vers l'immuable éternité des *divina;* aux *milites* correspondent les *rationales sensus,* qui sont le lieu de la logique, de la morale et de la science — de l'ordre établi; aux *rustici* et *artifices* correspondent les *animales seu sensuales*

10. L'incertitude de cette analyse éclate dans un texte comme celui-ci: ''Les clercs de basse et moyenne condition, les é-coliers, étudiants, membres des corporations et enfin les différents et nombreux éléments instables situés en dehors des couches sociales étaient ceux qui participaient le plus activement aux fêtes populaires. Pourtant, la culture comique du moyen âge appartenait en fait à l'ensemble du peuple. La vérité du rire englobait et entraînait tout le monde, à telle enseigne que nul ne pouvait lui résiter'' (p. 91).

L'influence des planètes selon un almanach allemand du XVe s.:
Saturne.

On m'appelle Saturne, la planète haute...
Mes enfants sont malades, pâles, maigres et froids,
Gris, paresseux, méchants, envieux, tristes et vieux,
Voleurs, avares, prisonniers, boiteux et difformes...
Ils connaissent bien les bêtes sauvages,
Bien les travaux des champs.
Vivre dans la misère et le labour,
Voilà le destin des enfants de Saturne.

Das mittelalterliche Hausbuch..., éd. H.T. BOSSERT - W.F.
STORK, Leipzig, 1912, pl. 6.

L'influence des planètes, selon un almanach allemand du XVe s.:
la Lune.

Je m'appelle Lune, la dernière des planètes humides...
Mes enfants se laissent dompter difficilement...
Ils sont méprisants, envieux, marchent à petits pas.
Ils sont volontiers arrogants, paresseux et petits.
Courriers, jongleurs, pêcheurs et marins,
Goliards, oiseleurs, meuniers, tenanciers de bains,
Et tous ceux qui vivent des travaux de l'eau,
Sont placés sous mon influence.

Das mittelalterliche Hausbuch..., éd. H.T. BOSSERT - W.F.
STORK, Leipzig, 1912, pl. 18.

11. ALGER DE CLAIR-VAUX, *De spiritu et anima*, 37 (*PL* 40, 807-808). Pour d'autres textes analogues, voir Y. CONGAR, *Les laïcs et l'ecclésiologie des "ordines" chez les théologiens des XIe et XIIe siècles*, dans *I laici nella "societas christiana" dei secoli XI et XII*, Milan, 1968, pp. 83-117.

12. Voir les textes indiqués dans T. LITT, *Les corps célestes dans l'univers de saint Thomas d'Aquin*, Louvain - Paris, 1963, pp. 202, 240-241 (notamment *De Ver.*, 22, 9, ad 2).

sensus, tournés vers les *visibilia,* «qui corporalibus rudimentis insistunt et corpori necessaria ministrant»[11]. J'ajouterai une confirmation, provenant d'une source insoupçonnée, et qui évoque précisément la place publique. Parlant de la valeur de l'astrologie Thomas d'Aquin affirme que cette valeur est nulle pour prévoir l'avenir des *sapientes,* les sages qui se conduisent selon la raison et qui échappent ainsi à l'emprise des étoiles, mais qu'elle est très grande et presque absolue pour prévoir la conduite du *vulgus,* les foules, qui se laissent régler par la dimension psycho-physique de leur être et sont ainsi soumises aux déterminismes cosmiques[12].

Je me demande si l'on ne peut pas pousser plus loin cette analyse, dans des directions imprévisibles, et montrer que même la fameuse théorie philosophico-théologique de la double vérité trouve ses racines dans le postulat, commun aussi bien à l'arabe Ibn Roschd, au juif Moïse Maïmonide et au chrétien Thomas d'Aquin, qu'il y ait un double niveau de saisie de la vérité, donc de langage et de motivations: le niveau des élites et celui du peuple.

L'ouvrage monumental d'Emmanuel LE ROY LADURIE, *Montaillou, village occitan, de 1294 à 1324* (Paris, 1975) est bâti selon le schème des "monographies villageoises", auxquelles nous habituent de plus en plus ethnologues et anthropologues. Le genre littéraire lui-même révèle les disciplines que l'on veut intégrer à la recherche historique traditionnelle. Ce travail, qui exploite à fond ce document unique qu'est le "registre d'Inquisition" de Jacques Fournier, vise donc une forme de totalité, aussi ambitieuse que celle de Bakhtine, bien que plus analytique et circonscrite.

On commence par reconstituer patiemment l'humus des infrastructures de la vie matérielle et de l'environnement biologique: le travail, l'ar-

Les infrastructures de la vie matérielle. Le mois de juin, d'après *Le Calendrier des bergers,* Paris, G. Marchand, 1499. Paris. Bibl. Nat., Impr., Rés. V 1266.

gent, la nourriture, la maison, les solidarités et les oppositions de lignage, de clan ou de voisinage, selon les rubriques et les concepts opératoires de l'inventaire ethnographique classique. On aborde ensuite «le gros du dossier de la culture et de la sociabilité villageoise, paysannes, populaires; le mot "culture" étant pris, bien entendu, dans l'acceptation globale que lui donnent les anthropologues» (p. 199). Et voilà des chapitres forts colorés sur les gestes dont est tissée la vie quotidienne, sur l'échelle des valeurs éthiques, sur les moeurs sexuelles, sur le mariage, sur la condition féminine; sur le sentiment de l'enfance et des âges de la vie, du temps et de l'espace, de la nature et du destin; sur le sacré et la religion vécue, le folklore des revenants et de l'outre-tombe — tout cela ramené constamment «à l'unité de base, paysanne et populaire, que les textes nous ont livrée comme essentielle: la *domus* ou l'*ostal* de tout un chacun» (p. 612).

Cet appel explicite à une recherche largement pluridisciplinaire ne peut être que fort salutaire. J'ajouterai en passant que Le Roy Ladurie, par la richesse de son document de base et l'ampleur de la culture avec laquelle il l'interprète, renouvelle le filon des ouvrages sur "la vie quotidienne", qui recoupe par tant d'aspects la culture populaire, mais qui ne semble pas avoir encore trouvé une assise ferme et un équilibre acceptable entre des énoncés trop généraux et les fausses évidences de l'anecdote.

Le domaine de la religion populaire

On remarquera que notre Colloque accorde une attention particulière à la religion populaire. Les communications de J.-C. Poulin, P.J. Geary et de B. Lacroix - A. Landry lui sont explicite-ment consacrées, tandis que plusieurs autres y touchent de très près, notamment celles de Ph. Verdier, M. Predelli et R.M. Kully. Cet intérêt particulier pour les phénomènes religieux me semble parfaitement approprié et très fructueux pour une étude équilibrée de l'ensemble de la culture populaire. Il est justifié par l'essor récent de ce genre d'études, par son importance intrinsèque, et par la netteté des oppositions culturelles que les analyses dans ce secteur permettent de saisir.

Constatons d'abord l'émergence, depuis une dizaine d'années environ, d'un vaste mouvement d'intérêt pour l'histoire de cette "religion populaire" que l'on qualifie aussi, selon des angles d'analyse passablement différents, religion du peuple, religion des masses, religion des laïques ou religion du chrétien quelconque. Sans vouloir esquisser ici un bilan bibliographique[13], je remarquerai qu'on y constate dans tous les secteurs cette tendance à la complexification méthodologique et ce souci de retrouver l'originalité du religieux populaire, que nous avons signalé plus haut pour la culture populaire en général.

13. On le trouvera, très étoffé, dans le volume collectif *La religion populaire. Approches historiques,* sous la direction de B. PLONGERON, Paris, Beauchesne, 1976.

Dans une première ligne de recherche, on continue à cultiver le secteur déjà bien défriché du *folklore religieux,* dans ses trois grandes branches: les survivances païennes proprement dites, que l'on peut encore relever pendant tout le haut moyen âge; le paganisme folklorisé, en entendant par là des restes épars de croyances ou conduites para-religieuses archaïques, vécus en dehors de tout système structuré; et surtout le christianisme folklorisé, c'est-à-dire ces éléments d'origine chrétienne que le peuple a réélaboré de façon originale, en marge de l'influence active du clergé[14].

Même dans ce secteur traditionnel, toutefois, les méthodes d'approche se font plus complexes, en requérant de façon systématique la contribution de l'ethnologie, de l'anthropologie et de l'histoire comparée des religions. On retrouve une telle optique dans le travail monumental de Keith Thomas *(Religion and the Decline of Magic,* Londres, 1971), dans les recherches amorcées par Jacques Le Goff et certains de ses élèves, dans

14. L'on peut songer aux pratiques thérapeutiques ou magiques qui font appel à la matière des sacrements, — eau du baptême, hostie consacrée, huiles saintes, eau bénite, etc. — aux formes spontanées du culte des innombrables saints guérisseurs locaux, ainsi qu'aux formes locales et périphériques des sacramentaux.

l'énorme commentaire de Jacques Fontaine à la *Vie de Saint Martin* de Sulpice Sévère, dans l'étude de Frantisek Graus sur la sainteté à l'époque mérovingienne.

On tend aussi à développer, dans un deuxième secteur, des recherches relativement nouvelles sur la *vie paroissiale*. Leur optique fondamentale est de vérifier l'influence des catégories et des valeurs de l'église officielle sur la vie quotidienne des masses, dans le lieu le plus évident et le plus stable de leur encadrement, la paroisse. Plusieurs contestent la pertinence de ce secteur avec le monde de la culture "populaire", mais je remarque que, du folklore religieux à la vie paroissiale, il s'agit de la même tendance "expansionniste" qui a conduit du folklore à la monographie villageoise. Et pour cette vie paroissiale l'on essaie justement d'étudier, avec l'aide des méthodes statistiques et quantitatives, le niveau de la pratique religieuse, de même qu'on étudie le bas clergé, sa formation, sa culture, son

Le bas clergé était proche du peuple — trop, parfois. Une bible moralisée applique au clergé l'histoire de Hophni et Pinhas (*I Sam*, 1, 12-17): «Ce qe li prestre mauvès entendirent à maingier et a devoreir les delicioses chars senefie cels qi hantent les tavernes et les bordeaus et entendent a devoreir les delicioses chars del munde». *Bible moralisée*, première moitié du XIIIe s.; ms. Vienne, Österreich. Nationalbibl., 2554, f. 35vb.

degré de moralité, ses méthodes pastorales et notamment sa prédication. Il s'agit en effet d'un chaînon essentiel dans la transmission de la religion officielle aux masses, et l'ennui de tous ces sermons ne pourra pas faire oublier que leur pluie monotone a façonné certaines structures profondes de notre société, du calendrier à la morale sexuelle. On n'oublie pas l'histoire de la morale populaire, dont nous savons si peu: quelle était au juste la perception morale du chrétien moyen, son échelle de valeurs, son attitude face à la sexualité, à la propriété, à l'agressivité, à l'alcool?

Il y a un troisième secteur, qu'il me semblerait fructueux de considérer comme distinct, et que j'appellerai *piété populaire*. Comme dans le cas de la vie paroissiale, il concerne l'influence des valeurs chrétiennes officielles sur les masses, mais dans un cadre où l'Eglise hiérarchique s'est normalement contentée de contrôler et orienter, sans imposer. Il s'agit donc d'un secteur typique,

Saint Fiacre, moine du VIIe s. d'origine irlandaise, est un cas typique de culte populaire. Figure historiquement mineure, son culte s'est pourtant répandu dans les deux tiers du Nord de la France et les pays limitrophes comme patron des paroisses, comme saint thaumaturge (par ex. pour la guérison des hémorroïdes, appelées *fic* ou *mal saint Fiacre*) et comme patron des jardiniers. Il est encore l'objet d'un culte populaire et corporatif. Dans l'iconographie, saint Fiacre porte un habit de moine avec scapulaire et tient le livre et la bêche. La facture du costume et des attributs permet de tenter une datation et de préciser l'origine géographique de ses statues, généralement de style populaire.
Saint Fiacre. Statue en bois polychrome, h. 85 cm, style XVe s.; Loguivy-Plougras (Côtes du Nord, France), Chapelle du Dresnay. Photo Paule et Roger Lerou.

à mi-chemin entre des expressions foncièrement populaires, pour ainsi dire sauvages, et des manifestations exigées par une acculturation précise. La créativité populaire a pu s'y incarner dans une liberté relative et y produire des phénomènes d'une richesse culturelle très variée.

Rentrent dans ce secteur l'histoire du miracle et du merveilleux, les grands cultes populaires, les pèlerinages, les dévotions de toute sorte, les menus objets de la piété individuelle ou familiale. Le chercheur doit souvent ici parcourir des pistes assez peu fréquentées par les historiens traditionnels du christianisme: les manuels de prière et de dévotion, la littérature pieuse à l'usage des laïcs, les statuts des confréries, la littérature religieuse populaire, les versions popularisées de la bible et des apocryphes, toutes les variétés de documents hagiographiques. Tout ce secteur assume des traits plus diversifiés et plus intéressants vers la fin du moyen âge, parallèlement à l'urbanisation, à la diffusion des Ordres Mendiants et à l'émergence d'une certaine culture et d'une certaine indépendance religieuses chez les laïcs.

On retrouve évidemment, à propos de la religion populaire, les mêmes difficultés de définition théorique et pratique signalées à propos de la culture populaire en général [15]. Le populaire est, en première approximation, le laïc par opposition au clérical, à l'épiscopal, au monastique, mais c'est aussi le bas clergé par opposition au clergé instruit et universitaire. C'est l'archaïque par opposition aux formes nouvelles imposées par le christianisme. C'est le local, le périphérique, le particulier par opposition au centralisé et à l'uniforme. C'est la culture orale et les valeurs du groupe par opposition à la culture écrite et aux valeurs de l'individu. C'est l'affectif, le pragmatique, le vécu non thématisé, par opposition à l'intellectuel, au dogmatique et au conceptualisé. C'est l'intentionnel par opposition à l'automatique. C'est le charismatique et l'imprévisible par opposition à l'institutionnel et

15. Comme l'affirme un sociologue: "Le concept de religion populaire prend sa signification dans des sociétés où fonctionnent des autorités religieuses assurant une forte régulation de l'orthodoxie et de l'orthopraxie: la religion est alors une religiosité vécue — au niveau des représentations, affects et coutumes — sur le monde d'une différence par rapport à la religion officielle" (J. MAÎTRE, art. La religion populaire, dans Encycl. Univers., 14, Paris, 1972, p. 25). Cette notion de différence est essentielle, mais celle de "religion officielle" est trop générique, et l'on doit la décomposer en trois facettes au moins ou trois pôles différents: le pôle juridicopastoral, le pôle théologico-savant et le pôle mystico-spirituel.

au juridiquement stable. C'est aussi, souvent, la campagne par opposition à la ville, le pauvre par opposition au riche (bien que cette catégorie soit assez peu importante pour caractériser la religion populaire médiévale), l'ignorant par opposition au cultivé. Les discussions récentes sur la notion de religion populaire montrent qu'il est à la fois difficile et essentiel de définir exactement ces divers paliers d'opposition.

Ce mouvement d'intérêt redécouvre le poids intrinsèque de ces thèmes, ramifiés dans toutes les dimensions de la vie quotidienne du peuple, et liés parfois de très près à ce qu'on appelle la grande histoire. Toutes les études montrent que cette religion populaire n'est pas une réalité marginale fermée sur elle-même, mais un terme dialectique essentiel par rapport à la religion officielle, avec qui elle vit en symbiose, sur laquelle elle exerce une puissante et constante pression, et qu'elle réussit, en définitive, à influencer autant qu'elle en est influencée. Elle modifie les formes du culte, et par là la liturgie, la géographie humaine, l'art, comme le rappelle la communication de Ph. Verdier. Elle constitue, selon les analyses bien connues de Paul Alphandéry, l'humus nécessaire des croisades, qui plongent leurs racines dans l'inconscient des masses populaires et qu'aucune autorité n'arrivera à canaliser parfaitement. Elle anime de puissants mouvements de réforme, des contestations radicales du XIIe siècle aux révoltes des hussites et des lollards, inextricablement liés à des dimensions politiques et nationales.

L'importance et l'autonomie culturelles de cette religion seraient, au moyen âge, encore plus grandes, si l'on accepte le schème historiographique de certains auteurs, mis particulièrement en évidence par J. Delumeau, selon lequel l'Europe n'a connu avant la Réforme qu'un type assez sauvage de christianisme, inébranlable dans son adhésion globale, mais très libre par rapport à la morale officielle, au culte et aux sacrements. Un

Le culte populaire envers la Vierge et les saints, au temps de la Réforme. Sanctuaire de la *Schöne Maria* à Ratisbonne: procession solennelle, masse des ex-voto, dons en nature, malades et suppliants. Gravure de Michael Ostendorfer, 1519-1521; Munich, Staatliche Graphische Sammlung, n. 65671.

christianisme qui serait donc tout autre que le christianisme organisé, systématique et capillaire qui s'est imposé après les deux Réformes, protestante et catholique, soeurs jumelles, plus différentes l'une et l'autre du passé médiéval qu'opposées entre elles [16].

J'ajouterai enfin, pour justifier l'importance accordée ici aux phénomènes religieux, que dans le domaine de la culture religieuse, le problème des rapports entre les divers niveaux se présente à l'état pour ainsi dire cristallisé, explicitement théorisé, de sorte qu'il permet d'étudier le phénomène de l'interaction des cultures dans des conditions idéales.

Que l'on songe à l'attention que le clergé a toujours accordée au problème linguistique, aussi bien pour favoriser que pour freiner ou infléchir la communication avec les masses: obligation de prêcher en langue vulgaire et de connaître par coeur des traductions du *Pater* et du *Credo*, polémiques sur l'accessibilité des fidèles à la Bible en langue vulgaire, maintien d'une langue sacrée à laquelle est réservée aussi bien la culture que le culte dans leurs dimensions essentielles. Que l'on songe aussi au profond tiraillement entre les traditions religieuses ou ethnico-culturelles particulières et le lourd effort de centralisation et de normalisation dont est témoin l'inépuisable littérature synodale.

Que l'on songe surtout à la conscience aigüe, je serais tenté de dire pathologique, de la différence entre le clerc et le laïc dont a vécu une large partie de la société religieuse médiévale. Malgré les réformes, malgré les tentatives sublimes d'un François d'Assise, la classe cléricale n'est jamais sortie de la position qu'exprimait lapidairement Honorius d'Autun, selon lequel prêtres et laïcs constituent deux mondes, différents comme la lumière l'est des ténèbres: «quantum differt lux a tenebris, tantum differt ordo sacerdotum a laicis»[17].

16. "Pour moi, le "Moyen Âge chrétien", au niveau des masses — essentiellement rurales —, est une légende qui a la vie dure. Et, si légende il y a, les deux Réformes — celle de Luther et celle de Rome — constituèrent, en dépit des excommunications réciproques, deux aspects complémentaires d'un même processus de christianisation dont il reste à mesurer l'impact et les limites. Adopter ce point de vue, que devrait confirmer l'étude du mental collectif, c'est entreprendre une lecture neuve de toute l'histoire moderne de l'Occident" (Jean DELUMEAU, *Le catholicisme entre Luther et Voltaire*, Paris, 1971, pp. 5-6).

17. *De offendiculo*, 38 (MGH, *Libelli de lite*, III, 51). On a résumé la politique de Pascal II sur les rapports entre clercs et laïcs dans cette formule lapidaire: "comme deux ordres parfaitement fermés l'un à l'autre, dont les membres respectifs doivent se garder d'une ingérence quelconque dans les tâches propres à l'autre classe: le clergé pour ne pas se souiller, les hommes du siècle pour ne pas souiller" (P. ZERBI, *Pasquale II e l'ideale della povertà della Chiesa*, dans *Annuario dell'Università Cattolica del S. Cuore*, Anno accademico 1964-1965, Milan, 1965, p. 209).

On serait tenté de se demander si une telle opposition socio-culturelle, si consciente, si parfaitement théorisée et entretenue, n'a pas été une sorte de matrice exemplaire qui aurait nourri par des voies secrètes d'osmoses ou d'emprunts tout un ensemble d'oppositions culturelles et sociales dans lesquelles notre société occidentale est encore emmêlée.

À propos des sources

Je ne saurais conclure cette introduction à notre Colloque et à ses actes sans évoquer le problème des sources: problème crucial pour les médiévistes de notre milieu, coupés d'un contact suivi avec les archives, et d'autant plus crucial pour un secteur comme celui de la culture populaire. Quel sens y a-t-il à poursuivre ce genre de recherches en Amérique du Nord?

On sait que certains auteurs, historiens aussi bien que folkloristes, demeurent sceptiques sur la possibilité de documenter suffisamment la culture populaire du moyen âge. Georges Duby écrit, quelque peu brutalement: «S'il est possible à l'historien du moyen âge de découvrir certains traits de la culture aristocratique, parce que celle-ci s'est incarnée, s'est exprimée dans des formes qui ont duré jusqu'à nos jours, il est à jamais condamné à ignorer presque tout de la culture populaire, et à ne pouvoir même en prouver l'existence»[18]. Arnold Van Gennep affirmait de son côté: «...dans toute la littérature, depuis le haut moyen âge jusqu'à la fin du dix-huitième siècle, il n'y a pas de quoi glaner sur la vie vraiment populaire la matière de trois cents pages, et les seuls documents directs que nous avons sont d'ordre judiciaire: poursuites, procès laïques et inquisitoriaux, lettres de rémission, qui comme toujours et partout ne nous donnent que des faits d'exception. Tout le reste de la littérature officielle: chartes et documents de tout ordre, n'a qu'un seul but: fixer les droits d'application, d'exploitation de l'animal humain. Mais ce qu'il

18. G. DUBY, *La vulgarisation des modèles culturels dans la société féodale*, dans *Niveaux de culture et groupes sociaux*, Paris-La Haye, 1967, p. 34. En fait, l'article d'où je tire cette citation prouve à lui seul qu'elle est trop pessimiste, même si le plus brillant historien du moyen âge ne pourra jamais songer à donner de la culture populaire le tableau vigoureux et précis qu'en donne un ethno-sociologue pour les sociétés modernes, comme dans le travail de Richard HOGGART, *La culture du pauvre. Étude sur le style de vie des classes populaires en Angleterre*, Paris, 1970.

pouvait croire, penser, sentir, nul ne s'en occupait» [19].

Ces textes attirent l'attention de façon vigoureuse sur un problème réel, évoqué dans presque toutes les communications de ce Colloque. Il est toutefois permis de les considérer comme excessifs. Des recherches comme celles de Roger VAULTIER, *Le folklore pendant la guerre de Cent Ans d'après les Lettres de Rémission du Trésor des Chartes* (Paris, 1965), prouvent que des enquêtes précises dans les fonds appropriés peuvent donner des résultats nouveaux. Sa position est d'ailleurs aux antipodes de celles que je viens de citer: «Les sources anciennes du folklore ne manquent pas et il faudrait plusieurs pages pour énumérer les principales. Un contact journalier avec les archives et les manuscrits nous permet d'affirmer que dans beaucoup de régions, il serait possible de publier des volumes sur le folklore antérieur au XIXe siècle, de l'importance et de la valeur de ceux écrits par A. Van Gennep» (p. 241).

Je laisse à plus compétent que moi de juger quelle est la marge de renouveau documentaire auquel l'on peut réalistiquement s'attendre par une exploration systématique des fonds inédits. Il reste que la recherche peut progresser, et de façon substantielle, par d'autres biais. D'abord, par l'écrémage systématique de types de sources déjà connues, mais qui n'ont pas été exploitées en ce sens [20]. Ensuite, et cette possibilité est peut-être encore plus riche, par l'assemblage d'éléments déjà connus, mais éclairés selon des modèles anthropologiques plus apporpriés et par des rapprochements nouveaux. Dans le domaine déjà si travaillé de la sorcellerie, par exemple, Richard Kieckhefer a apporté une contribution précieuse, par une lecture renouvelée des sources. Dans un lot de 500 procès connus, il en a isolé un petit nombre, dans lesquels on retrouve le témoignage original donné par les accusés avant l'interrogatoire formel des juges et la torture. Il a

19. *Mercure de France,* 15-IV-1934 (cité par R. Vaultier).

20. Voir mon essai *Pour l'étude de la religion populaire au moyen âge: le problème des sources,* dans *Foi populaire, foi savante,* Paris, Éd. du Cerf, 1976, pp. 93-148.

prouvé que, dans ces documents non influencés par une interprétation savante, la culture populaire ne connaît ni l'adoration systématique du démon, ni même l'appel rituel au démon pour recevoir de l'aide dans un but précis. Elle ne connaît que la *sorcery*, la sorcellerie au sens ethnologique du terme, que connaissent toutes les sociétés primitives — tout autre chose que les échafaudages flamboyants des inquisiteurs [21]. Dans notre Colloque, les communications de Madeleine Jeay, d'Elisabeth Schulze-Busacker et de Andrew Hugues constituent des exemples convaincants des résultats qu'on peut obtenir par une interrogation appropriée de la documentation.

21. *European Witch Trials. Their Foundations in Popular and Learned Culture, 1300-1500,* Londres, 1976.

J'ajouterai toutefois — non pour masquer nos difficultés documentaires de médiévistes qui travaillent loin de leur terrain, mais pour donner à notre Colloque toutes ses perspectives — que dans le domaine de la culture populaire il est permis plus qu'ailleurs de mettre en question la périodisation traditionnelle, qui voudrait faire terminer le moyen âge à une date symbolique, que ce soit 1453, 1492 ou 1517.

Car cette notion de moyen âge, déjà si difficile à justifier dès qu'on déborde le cadre de l'histoire de la langue latine, pour laquelle elle a été créée, n'a presque plus de sens dans un secteur comme celui de la culture populaire, soumis à un rythme autre que celui de la vie artistique ou de la pensée philosophique. Dans les phénomènes de la culture populaire, le moyen âge déborde largement le moyen âge, en amont et surtout en aval. On doit donc continuer à l'étudier, avec les précautions méthodologiques nécessaires, dans les documents du XVIe et du XVIIe siècles, tels que le *Traité préparatif à l'apologie pour Hérodote* de Henri Estienne et l'énorme *Traité des superstitions* et les autres travaux de J.-B. Thiers.

Mais comment ne pas voir qu'avec ces documents nous sommes déjà au seuil de l'histoire de la Nouvelle-France? Tout à coup, notre propre présent nous apparaît comme le fruit d'une histoire que nous croyons trop lointaine seulement parce que nous ne la connaissons pas. Dans cet esprit, je suis heureux de clore notre recueil avec la communication de Conrad Laforte sur *Le moyen âge et la culture populaire de la Nouvelle-France: l'exemple de la chanson.* Emportera-t-elle l'adhésion des spécialistes? Elle demeure à tout le moins le symbole de l'esprit dans lequel nous avons organisé notre Colloque: étudier la culture populaire du moyen âge dans ses dimensions vitales, non encore épuisées.

«Les douze mois sont passés, recommençons l'année». *La fin de l'année,* gravure de Hans Sebald Beham, 1546; Galerie nationale du Canada, Ottawa.

II

De l'autel au berceau. Rites et fonctions du mariage dans la culture populaire au moyen âge*

Madeleine Jeay
Université de Montréal

*Sigles utilisés: *EQ* *Les Évangiles des Quenouilles,* Paris, 1855.

LL **E. LE ROY LADURIE,** *Montaillou, village occitan, de 1294 à 1324,* Paris, 1975.

PF **A. DE MONTAIGLON,** *Recueil de poésies françaises des XVe et XVIe siècles,* Paris, 1855-78.

Liminaire: le mariage comme valeur

«Il est bon pour l'homme de s'abstenir de la femme», affirme saint Paul (*I Cor.*, 7, 1). Saint Jérôme radicalise cette affirmation en l'inversant: «Il est mauvais pour l'homme de s'unir à une femme» [1]. Il exprime ainsi une vision négative de la sexualité que le courant orthodoxe de l'Eglise a assumée en privilégiant la virginité et la chasteté aux dépens du mariage, considéré comme un état inférieur [2]. En contrepoint de la doctrine théologale, la littérature profane antimatrimoniale développe le thème des malheurs inhérents à l'état de mariage, fugué avec celui de l'anti-féminisme [3]. Cette attitude s'oppose à la loi naturelle et à la loi sociale, elle n'en caractérise pas moins le courant officiel de la mentalité médiévale, aux prises avec les impératifs contradictoires de la virginité et de la nécessité de procréer. Le but de procréation, pour être prescription biblique ne suffit cependant pas à justifier le mariage et la contradiction se résoud dans ce paradoxe: c'est la chasteté qui justifie le mariage: «Mieux vaut se marier que de brûler» (*I Cor.*, 7,9).

Cette astucieuse solution de l'usage médicinal et de l'effet cathartique, la société médiévale saura l'utiliser en d'autres circonstances. À l'égard du plaisir, de l'adultère, de la prostitution,

1. *Adversus Jovinianum, PL* 23, pp. 218-219.

2. Sur l'influence considérable du traité de saint Jérôme au moyen âge, voir P. DELHAYE, *Le dossier antimatrimonial de l'«Adversus Jovinianum» et son influence sur quelques écrits latins du XIIe siècle,* dans *Mediaeval Studies,* 13 (1951), pp. 65-86.

3. Il n'est pas possible d'énumérer les trop nombreuses oeuvres qui développent ces deux thèmes connexes, depuis les troubadours et les fabliaux, jusqu'aux *XV Joies de mariage,* en passant par les *Lamentations de Mathéolus,* le *Miroir de Mariage* d'Eustache Deschamps et les farces. Il ne faut pas oublier qu'il existe le courant inverse, plus modeste, des railleries contre les maris et des chansons de la mal-mariée.

de la contraception, les attitudes et les habitudes sauront éviter de résoudre les ambiguïtés et, pour ne pas tomber dans un mal plus grand, choisir un moindre mal. Il s'agit de concilier les inconciliables: les devoirs religieux, les impératifs sociaux et les droits de la nature.

Il serait abusif d'étendre à la société médiévale entière l'anti-matrimonialisme véhiculé par la théologie et la littérature et de penser que cette caractéristique de la culture savante affecte le sentiment populaire à l'égard de cette institution-clé de toute société. La vie de femme est synonyme de mariage, surtout dans les classes bourgeoises[4] et les jeunes filles des *Évangiles des Quenouilles* le considèrent comme le seul avenir possible: nombre de croyances sont destinées à les renseigner sur la date de leurs noces et le nom de leur futur mari[5]. Il représente un état enviable et souhaité pour celles qui sont trop pauvres ainsi que pour les jeunes gens pour qui s'établir miroite comme un idéal toujours lointain et parfois inaccessible[6]. Le social et le quotidien contredisent le théologique et le spirituel quant à la valeur à accorder au mariage et il n'y a pas à s'en étonner.

1. LES VALEURS DU MARIAGE

1.1 - La cohésion sociale.

L'Église n'ignore cependant pas la fonction sociale du mariage:

> Dieu a voulu tirer tous les hommes d'un seul pour qu'ils fussent maintenus en société non seulement par la ressemblance de leur race, mais encore par le lien de parenté[7].

Saint Augustin reconnaît ainsi l'une de ses fonctions fondamentales qui est d'assurer la cohésion d'un groupe. Le mariage multiplie les liens de parenté entre chrétiens, ce que prouve l'interdiction des unions avec les hérétiques: il ne faut pas risquer de détruire l'homogénéité de la

4. Ann S. HASKELL, *The Paston Women in Marriage in XVth-Century England,* dans *Viator,* 4 (1973), pp. 459-471.

5. *EQ* 18, 23, 25, 42, 157, 158. Recueil de croyances populaires du XVe siècle, les *Évangiles des Quenouilles* sont à ce titre un témoignage précieux de la pensée sauvage médiévale.

6. Au sujet des contraintes et règles qui fondent le mariage au moyen âge, voir ma communication *Sur quelques coutumes sexuelles du moyen âge,* dans *L'Erotisme au moyen âge. Études présentées au IIIe Colloque de l'Institut d'études médiévales,* Montréal, L'Aurore, 1977.

7. S. AUGUSTIN, *De bono conjugali,* I; cité par John T. NOONAN Jr., *Contraception,* Harvard Univ. Press, Cambridge, Mass., 1965, p. 127.

société chrétienne. Inversement et pour la même raison, en pays cathare, «mieux vaut épouser une croyante qui n'a que sa chemise, plutôt qu'une grosse dot qui ne serait pas croyante»[8]. Ce principe d'unité explique que l'endogamie villageoise ou professionnelle ait été si vivace dans nos sociétés traditionnelles qu'elle est même passée à l'état de proverbe:

8. *LL* 263.

> Qui loing va se marier
> Sera trompé ou veut tromper[9].

9. G. MEUNIER, *Trésor des Sentences* (cité d'après LE ROUX de LINCY, *Le livre des proverbes français*, Paris, 1859).

Il est si puissant qu'il justifie l'attribution d'une dispense en cas de mariage incestueux. Voilà donc un exemple où la mentalité populaire affecte la jurisprudence ecclésiastique, dont le théologien du XVIe siècle, Thomas Sanchez, nous rend compte:

> Il est vrai que cette personne pourroit trouver un parti sortable dans le voisinage; mais l'Église voudroit-elle lui imposer la dure nécessité de sortir de son lieu natal et du sein de sa famille pour s'en aller planter dans un pays inconnu?[10].

10. Cité d'après J.L. FLANDRIN, *Les amours paysannes*, Paris, 1975, p. 35.

La prohibition de l'inceste s'étend jusqu'aux cousins du quatrième degré, aux parentés d'adoption et aux parentés spirituelles forgées par le baptême. Vu sous son aspect positif, le tabou de l'inceste qui impose l'échange des femmes, est destiné à contribuer lui aussi à la création d'un réseau de relations et d'amitiés et à assurer un système d'alliances entre les familles. Le curé Clergue de Montaillou reconnaît la nécessité de cet interdit puisqu'il l'explique ainsi:

> Au commencement du monde, les frères connaissaient charnellement leurs soeurs mais quand beaucoup de frères avaient une ou deux jolies soeurs, chaque frère voulait l'avoir ou les avoir. D'où beaucoup de meurtres. Voilà pourquoi on a dû interdire l'acte sexuel entre frère et soeur [11].

11. *LL* 86.

On pourrait même dire qu'il l'explique à peu près de la même façon que Lévi-Strauss; l'interdit est un aspect du contrôle du groupe sur les biens, il est fondé pour garantir l'échange. Pour l'anthropologue, cependant, en échangeant des femmes, on n'échange pas des objets érotiques mais économiques[12].

1.2 - L'alliance: l'échange dont la femme est la parole

En s'alliant, deux familles désirent améliorer leur situation économique et sociale: éviter les mésalliances devient donc une règle fondamentale. Elles veulent aussi accroître leur capital de prestige et ce, en garantissant l'honneur de la famille par la virginité de la jeune fille, ce qui explique l'habitude des mariages pubertaires. La fille pauvre dont la valeur d'échange est nulle devra attendre: de toute façon, dévaluée au niveau social, elle l'est par ce fait même sur le plan de la pureté sexuelle: c'est ainsi qu'un critère d'excellence morale devient signe de réussite sociale. L'Église pourtant s'insurge contre ce qu'elle appelle le caractère vénal du mariage. Au XIIIe siècle, J. de Vitry s'indigne dans un sermon: «Ce n'est pas la fiancée qu'on devrait conduire à l'église, mais son argent ou ses vaches»[13]. Il ne peut certes ignorer qu'avant de s'instituer comme un sacrement, le mariage constitue une tractation économique entre deux familles. D'ailleurs, la cérémonie de la bénédiction confirme cette réalité: en échange d'une femme et de sa dot, l'époux lui remet l'anneau qui scelle l'accord, et des pièces de monnaie, les "deniers à épouser" ou "treizain". Ces dons et gestes rituels sont bénis et s'accompagnent de formules consacrées[14]. L'évolution du rituel confirme aussi cette réalité de l'alliance entre deux familles par l'intermédiaire d'une femme. Jusqu'au XIe siècle, les rites du mariage s'accomplissent à la maison des noces[15] et le moment principal en est la remise de la jeune fille par son père à son époux. Les fiançailles, obligatoires, sont d'ailleurs considérées, au moins jusqu'au XVIe siècle, comme le premier acte de

12. C. LÉVI-STRAUSS, *Les Structures élémentaires de la parenté*, La Haye, 1967, p. 548: «C'est toujours un système d'échange que nous trouvons à l'origine des règles du mariage».

13. Cité d'après A. LECOY DE LA MARCHE, *La chaire française au moyen âge*, Paris, 1886, p. 431.

14. J.B. MOLIN et P. MUTEMBE, *Le rituel du mariage en France du XIIe au XVe siècles*, Paris, 1974, pp. 151-153. Bénie aussi la remise de la charte de donation à laquelle les pasteurs s'efforcent de donner une signification chrétienne et qu'ils font accompagner de la récitation de formules.

15. *Le rituel*, p. 27.

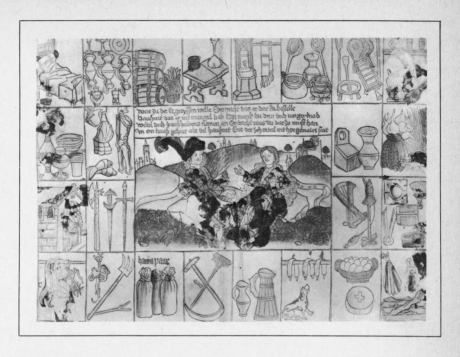

La promesse de mariage, ou comment s'installer en ménage: autour des deux fiancés, les 24 cases illustrent les objets nécessaires à la maison. Gravure en couleur de Hanns Paur, Nuremberg, vers 1475; Munich, Staatliche Graphische Sammlung, n. 118321.

l'échange matrimonial, le seul impératif requis pour les rendre valides étant le caractère public de la promesse ainsi faite. Une manière d'assurer cette publicité est souvent de les conclure au cabaret[16]. Aux XI et XIIe siècles, le rituel va sortir la bénédiction nuptiale de la maison familiale et l'accomplir devant l'église, sous le porche, puis plus tard, dans l'église, et substituer le prêtre au père de la mariée: au XIVe siècle c'est lui qui la donne à l'homme[17]. La tractation matrimoniale reste cependant soumise à l'autorité des pères qui ont réglé eux-mêmes ou par substituts interposés les étapes du choix et de la demande[18]. Ces liens d'alliance se nouent donc grâce à un processus

16. *Ibid.,* p. 42.

17. *Ibid.,* p.84.

18. Cf. J. NOONAN, *Power to choose,* dans *Viator,* 4 (1973), pp. 419-434.

Le banquet de mariage: «Maître, venez donc danser», «Je veux aussi participer», «Tu deviens trop grossier». *Noces de village,* gravures de Hans Sebald Beham, 1546; Galerie nationale du Canada, Ottawa.

d'échange basé, comme dans les civilisations primitives, sur la circulation des femmes. Le tribut de dons et de cadeaux effectués par le fiancé, à l'occasion des noces, symbolise cet échange. Il reçoit une femme et sa dot, il donne vêtements et bijoux à sa fiancée et à sa famille; il dédommage les jeunes gens de sa paroisse en argent ou en nourriture. L'événement concerne chacun. Le cortège bruyant qui accompagne les mariés à l'église assure son caractère public. Le banquet qui réunit parents, voisins et alliés témoigne de la générosité des deux familles et marque leur prestige.

Le dogme et les critères sociaux divergent, nous l'avons vu, quant à la valeur qu'ils accordent au mariage[19]. Mais ils se rejoignent pour assigner comme fin de l'union conjugale, le désir d'avoir des enfants et pour affirmer l'incompatibilité entre le plaisir sexuel et le mariage.

J'aimerais maintenant élucider les motifs de la mise en question du plaisir, au sein de la relation conjugale d'abord, puis en dehors. L'exclusion de cette réalité biologique ne se fait pas sans résistances. Les modalités de ces résistances m'aideront à cerner les caractéristiques de l'ordre matrimonial qu'elles contestent. Or nous verrons que pour concilier ses désirs et ses devoirs, la pratique populaire a su instituer des mécanismes de médiation.

1.3 - Le plaisir mis en question

C'est encore une fois saint Jérôme qui donne le ton, lui qui exclut le plaisir sexuel du mariage en faisant de l'homme qui chérit trop ardemment sa femme, un adultère[20]. Et certes, le consensus populaire le rejoint dans cette opinion. L'affinité affective, l'attirance, interviennent peu dans le choix des conjoints, ils n'entrent en considération que s'ils ne s'opposent pas à l'aspect économique et social de l'entente. Le ménage constitue surtout une "coopérative de production", selon l'expres-

19. LECOY DE LA MARCHE, *La chaire française,* p. 432, note d'après J. DE VITRY, que, tant que l'union n'est pas consommée, la femme peut la refuser et se retirer dans un cloître «pour contracter avec Jésus-Christ une alliance plus noble».

20. *PL* 23, 281.

sion de Lévi-Strauss à qui R. Bastide reproche d'exclure trop radicalement la sexualité du mariage[21]. Ce reproche est peut-être fondé: les pénitentiels et, plus tard, les traités de confession semblent douter qu'on puisse exclure le jeu érotique des rapports conjugaux. Lorsqu'ils enquêtent, malgré le danger de publicité que cela représente, sur les positions contre nature pour les condamner, n'est-ce pas l'indice que les couples aimaient à s'ébattre autrement que selon la seule position canonique[22]?

Exclu du mariage, le plaisir est absolument honni hors mariage. «Adultère est moins a prisier que un juyf ou sarazin» affirment les *Évangiles des Quenouilles* qui précisent:

Se un homme marié habite a la femme de
son voisin ou autre femme mariée, il mesmes
se clot la porte de paradis, et ja n'y entrera,
com fort qu'il y busche[23].

On conçoit quelle menace fait peser sur la cohésion du groupe social la conduite adultère et pourquoi elle a dû prendre l'ampleur d'un mythe, celui de l'amour courtois: les jeux de la "fin'amors" ne sont pas sans réfléter la réalité vécue[24]. Quel que soit le niveau social considéré, l'homme doit attendre, pour se marier, d'avoir acquis une stabilité matérielle qui lui permette de fonder famille[25]. Va-t-il vivre dans l'abstinence cette période d'attente? E. Le Roy Ladurie l'a prétendu, il est vrai, pour l'époque classique, du XVIe au XVIIIe siècles. Pour la même période, un historien comme A. Burguière attribuait à cette chasteté imposée le développement de l'esprit d'entreprise[26]. Il semble que J. Gerson, chancelier de l'université de Paris au début du XVe siècle, a un tout autre point de vue sur la chasteté de son époque.

Il évoque pour les confesseurs, les jeux sexuels entre frères et soeurs couchant ensemble, ceux des bergers et des bergères, les actes de bestialité et surtout l'homosexualité à laquelle les péniten-

21. R. BASTIDE, *La sexualité chez les primitifs*, dans *La sexualité humaine*, Paris, 1966, pp. 57-72.

22. J.L. FLANDRIN, *Mariage tardif et vie sexuelle. Discussions et hypothèses de recherche*, dans *Annales E.S.C.*, nov.-déc. 1972, pp. 1351-1378; J.T. NOONAN Jr., *Contraception*, pp. 238-246.

23. *EQ* 17, 60.

24. Pour une discussion sur le caractère asocial ou non de la *fin'amors*, voir J. FRAPPIER, *Amour courtois et Table Ronde*, Genève, 1973, p. 88.

25. *La resolution de Ny-Trop-Tost Ny - Trop-Tard-Marié* (*PF* III, p. 129-137), développe ce thème.

26. E. LE ROY LADURIE, *Paysans de Languedoc*, Paris, 1969, pp. 359-360; A. BURGUIÈRE, *De Malthus à Max Weber. Le mariage tardif et l'esprit d'entreprise*, dans *Annales E.S.C.*, juil.-oct. 1972, pp. 1128-1138.

tiels, plusieurs siècles auparavant, font déjà allusion, mais qu'ils punissent moins sévèrement chez les enfants que chez les adultes[27]. Gerson, au XVe siècle, se fait plus inquisiteur que les censeurs des siècles précédents. Cependant l'idée est encore admise qu'on peut laisser les enfants se livrer au principe de plaisir. Gargantua

> tousjours tastonoit ses gouvernantes, cen dessus dessoubz, cen devant derriere - harry bourriquet - et desja commençoyt exercer sa braguette[28].

Cela n'a aucune conséquence sur le groupe auquel d'ailleurs l'enfant n'appartient pas encore; identifié avec la nature, il peut jouir en toute innocence de toutes les libertés, se livrer à ses instincts comme le font les animaux. Gargantua, enfant, ne connaissait aucune contrainte, partageait les jeux des petits chiens de son père et mangeait dans leur écuelle. Mais avec l'adolescence, vient l'accession à la culture et, avec elle, la socialisation de la sexualité et donc l'initiation aux règles du groupe. Le "péché de mollesse" mérite désormais un interrogatoire plus serré.

> Ami, est-ce que tu palpes ou frottes ta verge comme les enfants ont l'habitude de le faire?[29].

Plaisirs furtifs, en fait, dont ne peut se contenter la jeunesse qui attend le mariage. La sagesse populaire de Montaillou accepte volontiers qu'on tienne publiquement une concubine et Le Roy Ladurie dans sa chronique de la vie de ce village au XIVe siècle juge plutôt permissive l'attitude des villageois à l'égard du péché charnel[30]. La vie commune avant le mariage s'avère d'ailleurs une institution que connaissent des régions rurales, la Corse, le Pays Basque en particulier: il s'agit de s'assurer de la fertilité du futur couple et de son aptitude à faire souche[31].

Il convient de s'arrêter un instant pour remarquer que le péché charnel, proscrit hors du mariage sous la forme de l'adultère, bénéficie

27. A. GAUTHIER, *La sodomie dans le droit canonique médiéval*, dans *L'Érotisme au moyen âge. Études présentées au IIIe Colloque de l'Institut d'études médiévales*, Montréal, L'Aurore, 1977.

28. RABELAIS, *Gargantua*, chap. II.

29. GERSON, *Tractatus de confessione mollicei*, dans *Opera*, éd. 1606, t. II, pp. 309-312; cité d'après J.L. FLANDRIN, *Mariage tardif et vie sexuelle*, dans *Annales E.S.C.*, nov-déc. 1972, p. 1360.

30. *LL* - Voir le chapitre intitulé: *"Les conjonctions passagères"*, pp. 242-254.

31. J.L. FLANDRIN, *ib.*, p. 13 72.

32. L'ignorance sexuelle du garçon est même considérée comme anormale: cf. *EQ* 21.

33. J. ROSSIAUD, *Prostitution, jeunesse et société dans les villes du Sud-Est au XVe siècle,* dans *Annales E.S.C.,* mars-avril 1976, pp. 289-325.

d'une certaine tolérance avant le mariage, du moins en ce qui concerne les hommes[32]. Cette conclusion partielle se confirmera grâce à un autre exemple de transgression manifeste des impératifs dictés par la morale chrétienne. Cet exemple, nous le trouverons dans l'existence et la vitalité de la prostitution, non seulement dans les villes, mais aussi dans les campagnes où elle fleurit lors des foires, des marchés, des pèlerinages, des gros travaux agricoles. En ville, elle s'institutionnalise dans les maisons publiques et les étuves tenues à ferme par une maquerelle, l'abbesse, ou un tenancier qui a charge de recruter les filles et d'organiser leur petite communauté[33]. La prostitution, du moins pour le XVe siècle, dans les cités de Provence et de la vallée du Rhône, prend le caractère d'une industrie locale qui intéresse à ses différents niveaux toutes les classes sociales de la ville: des personnes respectées, des notables, exercent les fonctions de proxénètes, le recrutement se fait parmi les filles des classes défavorisées, artisans, manoeuvriers, à l'intention d'une clientèle stable de jeunes gens de l'endroit, de tous ordres et de toutes conditions, plutôt qu'à celle de clients de passage. Une telle intégration au milieu répond certainement à un besoin; l'administration de ce service et les attitudes collectives à l'égard de ses utilisateurs vont nous permettre de définir quelle fonction exerce la prostitution.

Certes, la loi exclut les hommes mariés de la maison publique, mais les portes et les lits des étuves leurs sont largement ouverts. Par contre, les jeunes et même les clercs peuvent fréquenter ouvertement la maison commune sans qu'aucun sentiment de culpabilité ne les affecte: "nature les pousse". Allons plus loin, ils se doivent d'aller s'ébattre avec les bonnes fillettes; c'est une preuve de leur santé physiologique mais aussi de leur normalité sociale: on ne peut les suspecter d'entretenir une maîtresse, ni surtout de commettre l'infraction suprême, séduire les épouses. On voit maintenant comment la prostitution agit pour garantir la morale publique et participe à la lutte contre l'adultère, selon le principe cathartique énoncé plus haut. De plus, elle désamorce la charge de violence due aux frustrations qu'impose à la jeunesse un ordre matrimonial qui unit des époux mûrs à des femmes jeunes[34]. Cette fonction exercée par les hommes âgés et nantis est source de tension, de rivalités. Le désordre dans la fornication est autorisé aux jeunes pour assurer un ordre supérieur, la paix des ménages. Nous retrouvons là le même processus psychologique que celui qui consent au mariage pour éviter un plus grand péché, la luxure. La femme est l'enjeu des concurrences entre classes d'âge, des conflits sociaux, et, faute de jouir d'une légitime épouse, le non-nanti se satisfait de la femme dévaluée de la maison close. Fréquenter les prostituées peut s'interpréter comme un rite de jeunesse et en exercer les mêmes fonctions stabilisatrices. Réunis dans des abbayes de la jeunesse ou des bachelleries, les jeunes se doivent de garantir l'ordre matrimonial, non seulement pour eux-mêmes, mais à l'égard de l'ensemble de la communauté à laquelle ils appartiennent. Par les charivaris, ils exercent une juridiction sur les comportements des couples mariés. Au premier mai, ils jugent les jeunes filles en rendant publique l'inconduite de celles à qui ils offrent des mais injurieux. Laissés pour compte du système matrimonial, les jeunes agissent dans l'agression et le tumulte pour la défense des traditions de la communauté et en faveur d'un ordre qu'ils sont loin de contester puisqu'ils rêvent de lui appartenir[35].

Perpétuer son lignage, assurer la transmission des noms et des biens, c'est assurément ce qui tient au coeur de chacun. C'est certainement aussi ce qui explique pourquoi cette société tient tellement à se protéger du risque d'adultère, d'une part grâce à une certaine permissivité avant le

34. J. ROSSIAUD explique la fréquence des viols par cette frustration et l'agressivité latente qu'elle entraîne à l'égard des nantis.

35. Natalie Z. DAVIS, *The Reasons of Misrule: Youth Groups and Charivaris in Sixteenth-Century France*, dans *Past and Present*, 50 (1971), pp. 49-75.

Li uns avoit tantins a vaches
Cousuz sus cuisses et sus naches,
Et au dessus grosses sonnetes,
Au sonner et hochier claretes;
Li autres tabours et cimbales,
Et granz estrumenz orz et sales,
Et cliquetes et macequotes,
Dont si hauz brais et hautes notes
Fesoient que nul ne puet dire.

GERVAIS DU BUS, *Roman de Fauvel,* scène de charivari, d'après le ms. Paris, Bibl. Nat., français 146, f. 34r (texte et illustration).

mariage, d'autre part, par les mécanismes de médiation instaurés pour les jeunes et par eux. Certaines circonstances permettent à tous de participer à ce jeu équivoque, celles des fêtes. Ces périodes de licence, d'ouverture à toutes les satisfactions des instincts, malgré leur dynamique subversive, contribuent certainement à consolider la société dans ses fondements lorsque la parenthèse est fermée[36]. Elles n'ont jamais remis en cause l'ordre matrimonial, elles sont souvent destinées au contraire à exalter l'un de ses aspects, la fécondité, l'objectif peut-être le plus conscient du mariage et qui mérite qu'on s'y arrête un moment.

36. Y.M. BERCÉ, *Fête et révolte. Des mentalités populaires du XVIe au XVIIIe siècles*, Paris, 1976, p. 7, voit dans la fête «un moment où la société se donnait une récréation, une vacance qui la consolidait et éprouvait ses fondations». Cette interprétation s'oppose à celle de M. Bakhtine qui n'y voit qu'une force subversive.

2. LA TRANSMISSION DES NOMS ET DES BIENS.

2.1 - La fécondité exaltée

La fête carnavalesque, la fête des Brandons[37] appellent et conjuguent à l'occasion du renouveau printanier, la fertilité de la terre et celle de la femme. D'après M. Bakhtine, le carnaval propose une image grotesque du corps, léguée par la culture comique populaire, qui est celle du corps fécondant. Périodiquement ritualisée dans la fête, la procréation est bien le but avoué de toute vie conjugale. À Montaillou, le catharisme officiel prêche en vain contre le désir spontané des villageois d'avoir des enfants[38]. Chacun se livre à des pratiques destinées à assurer la fécondité du lignage et utilise pour cela du sang menstruel, des parcelles organiques, rognures d'ongles ou de cheveux[39]. Comment ne pas considérer la stérilité comme une tare, lorsque des sociétés rurales, oubliant l'idéal de virginité, préconisent la cohabitation prémaritale pour s'enquérir si la fille n'est pas stérile. Contre la stérilité, les remèdes populaires se multiplient, utilisant souvent des excréments, des pèlerinages se spécialisent, des dévotions vénèrent des saints, s. Greluchon, s. Génitour ou s. Foutin[40]. La bénédiction du lit nuptial apporte la consécration officielle à ces rites propitiatoires. On comprend l'angoisse obsessive qui faisait redouter les maléfices de la nouerie d'aiguillettes[41]. Bien qu'ils aient pris l'importance d'une épidémie, surtout à la fin du moyen âge, on en trouve des témoignages anciens dans des chansons de geste, dans Orson de Beauvais et Raoul de Cambrai[42].

2.2 - La fécondité redoutée

Mais parallèlement aux chants et aux rites de la fécondité exaltée, quelques discordances laissent entendre la voix de la fécondité redoutée. Les comportements malthusiens viennent-ils s'opposer au mythe de la fécondité pour le contredire? Il

37. La nuit du premier dimanche de Carême ou de la St-Jean, la fête des Brandons voit les hommes et les femmes, armés de torches courir à travers champs et vergers, se livrer à des rites destinés à obtenir d'abondantes récultes. Cf. *EQ* 40.

38. *LL* p. 110.

39. *LL* p. 62.

40. L. RÉAU, *Iconographie de l'Art chrétien,* Paris, 1958.

41. H. GELIN, *Noueries d'aiguillettes en Poitou,* dans *Revue des études rabelaisiennes,* 8 (1910), pp. 122-133; E. LE ROY LADURIE, *L'aiguillette,* dans *Europe,* mars 1974, pp. 135-146.

42. ORSON DE BEAUVAIS, éd. G. PARIS, Paris, 1899, v. 577-591; RAOUL DE CAMBRAI, éd. P. MEYER et A. LONGNON, Paris, 1882, v. 6869-6888.

n'y a en fait aucune contradiction, mais deux modalités de la même attitude à l'égard du mariage. Les difficultés du quotidien provoquent un sentiment d'inquiétude face à des naissances trop fréquentes. Une poésie du XVe siècle évoque les angoisses d'un mari:

Il se repend d'avoir monté
Aussi souvent dessus la beste:
"Dieu, dist-il, ait part à la feste,
Que trop souvent ma femme porte!"[43].

Cette poésie illustre le thème littéraire des joies du mariage, mais la kyrielle des malheurs qu'entraînent les accouchements trop fréquents: dépenses, emprunts, saisies, discorde entre époux, maquerellage, reflète une difficulté réelle[44]. Difficultés dont pourraient nous donner une idée les lettres de rémission demandant la grâce royale pour les mères infanticides. Seulement, il faut constater que la plupart des coupables sont des femmes ou des jeunes filles pauvres que leur situation défavorisée maintient en dehors de l'institution matrimoniale. Servantes-maîtresses, concubines de prêtres ou victimes de viol, c'est moins le déshonneur qu'elles craignent que l'illégitimité d'une naissance qui ne s'inscrirait pas dans un lignage. Elles ne voient d'autre issue que l'abandon du nouveau-né par exposition ou l'infanticide par étouffement ou noyade[45]. Dans le haut moyen âge, ce sont les petites filles des milieux serviles qu'affecte l'infanticide: leur survie compromettrait l'équilibre des ressources familiales[46]. En 1398 une jeune fille de 18 ans, à Péronne, se trouva enceinte, nous raconte R. Vaultier d'après les lettres de rémission du trésor des Chartes. Elle alla voir une femme nommée Margot...

aux gros bras et luy demanda s'elle luy pourroit bailler conseil et allegement de ce, laquelle Margot lui bailla aucunes herbes...[47]

Les sermons contre la luxure dénoncent les pratiques abortives mais sans préciser qui les

43. *Les secretz et loix de mariage composez par le secretaire des dames, PF* III, p. 183.

44. *PF, ibid.,* pp. 187-189. À la même époque, les farces nous donnent un écho des problèmes causés par les grossesses successives: *Farce de Jolyet,* I, pp. 50-62; *Farce de Colin,* II, pp. 246-247 (VIOLLET - LE - DUC, *Ancien théâtre françois.* Paris (1854-57). Parallèlement à ces attestations, il se confirme que l'Europe du Nord a souffert d'un phénomène de surpopulation, relativement aux ressources disponibles, dès les premières décades du XIVe siècle: Normand J.G. POUNDS, *Overpopulation in France and the Low Countries in the late middle ages,* dans *Journal of social history,* 1969-70, pp. 225-247.

45. Y.B. BRISSAUD, *L'infanticide à la fin du moyen âge, ses motivations psychologiques et sa répression,* dans *Revue historique du droit français et étrangers,* 4e série, 50 (1972), pp. 229-256.

46. Emily E. COLEMAN, *L'infanticide dans le haut moyen âge,* dans *Annales E.S.C.,* mars-avril 1974, pp. 315-335. Attestation d'infanticide dans le lai de Marie de France, intitulé *le Freisne,* éd. J. LODS, Paris, 1959, pp. 40-55.

47. R. VAULTIER, *Le folklore pendant la guerre de Cent Ans, d'après les Lettres de Rémission du Trésor des Chartes,* Paris, 1965, p. 227.

Le *Sachsenspiegel*, codification illustrée du droit saxon à l'usage privé d'un noble, (premier tiers du XIIIe s.), montre les humiliations symboliques qui sont imposées aux illégitimes et aux marginaux, en plus des compensations monétaires ou autres, en cas de blessures ou meurtres non intentionnels: aux fils illégitimes et aux fils de prêtres, autant de foin que peuvent en tirer deux boeufs de deux ans; aux gens de spectacle et aux serfs, l'ombre d'un homme libre; aux soldats mercenaires et à leurs fils, le reflet d'un bouclier contre le soleil. Ms. Heidelberg, Universitätsbibl., Cod. Pal. Germ. 164, f. 20r.

utilisait: porter des vêtements trop serrés, danser, subir ou s'infliger des sévices et surtout avoir recours aux bons soins de ces femmes qui connaissent les herbes. S. Albert, dans son traité sur les plantes, *De animalibus et plantis,* note les propriétés abortives de la coloquinte, de la myrrhe, de la coriandre qui possède aussi des vertus anaphrodisiaques et contraceptives[48]. Ces trois fonctions ne sont pas bien distinguées au moyen âge: la rue et la laitue possèdent le pouvoir de calmer les ardeurs de l'homme ou de la femme et de rendre celle-ci stérile.

48. John T. NOONAN Jr., *Contraception*, pp. 202-211.

L'huile de cèdre dont on oint le membre viril, agit comme spermicide. Écho de la science médicale d'Avicenne, Albert énumère ces moyens contraceptifs dans un esprit encyclopédique. Il n'oublie pas les procédés mécaniques: sauts de la

49. R.P. RIQUET, *Christianisme et population,* dans *Population,* 4 (1949), pp. 616-630; Ph. ARIÈS, *Sur les origines de la contraception en France,* dans *Population,* 3 (juil. 1953), pp. 465-472.

50. Les actes sont-ils réprouvés parce que contre nature ou contraceptifs? La condamnation qui pèse sur eux entretient cette ambiguité. L'absorption de ''poisons de stérilité'', assimilée à l'homicide ou à la sorcellerie, constitue un péché réservé à l'évêque et est sévèrement punie.

51. *Le Menagier de Paris,* 1846, t. 1, p. 52.

52. *PF* I, p. 133.

femme, pessaires dans le vagin, positions erronées lors du coït, qu'il mentionne pour expliquer les causes de la stérilité. Il ne prétend pas se référer aux habitudes de son temps. Postulant tous deux que le moyen âge ne connaissait pas la contraception, Philippe Ariès et le Père Riquet divergent quant à l'explication de ce fait lors d'une polémique qui les opposa dans la revue *Population*[49]. Le premier suppose qu'on ignorait les procédés contraceptifs, le second qu'on se soumettait à la doctrine morale de l'Eglise. Celle-ci adopte la triade augustinienne des biens du mariage qui en excusent la concupiscence, "fides, proles, sacramentum" et, faisant de la procréation la fin légitime de l'acte sexuel, condamne la contraception. Les pénitentiels fustigent les actes contre nature, relations orales ou anales, coït interrompu, qu'ils jugent plus coupables que l'adultère; les manuels de confession recommandent l'interrogatoire des fidèles à ce sujet, malgré le risque de publicité encouru[50]. La littérature assure le relais. En mari attentif et conscient de ses devoirs, le Ménagier de Paris instruit sa toute jeune épouse et la met en garde contre le péché d'aimer «pour son seul délit, sans espérance de engendrer lignée»[51]. Une poésie didactique, *Le Doctrinal des nouveaux mariés,* reprend cette recommandation sur le ton du prêche:

Nouveau marié, en ta couche
De mariage solennelle,
Avec ta femme point ne touche
En seule plaisance charnelle
Mais affin que puisses en elle
Estre d'un enfant producteur
De ta semence naturelle,
Moyennant Dieu le créateur[52].

La doctrine affecte même l'imaginaire populaire. Dans les *Évangiles des Quenouilles,* le lutin égare un couple de voyageurs dans la nuit. C'est que

ces deux gens ainsi abusez avoient fausse-
ment ame l'un l'autre et que le luiton avoit
poveoir de les ainsi mener jusques a ce que la
femme aura de son mari ou filz ou fille[53].

Le témoignage de Chaucer dans le conte du
Curé ne se réfère pas à la doctrine mais
certainement à des pratiques vécues lorsqu'il
dénonce la femme «qui boit des herbes afin de ne
pas concevoir» et celles qui mettent «des choses
matérielles au lieu secret»[54]. Il semble bien que la
contraception ait été pratiquée malgré les
prescriptions de la loi religieuse et les contraintes
de la mentalité collective à l'égard de la fécondité.
Béatrice de Planissoles, châtelaine de Montaillou, raconte comment son amant, qui n'est autre
que le curé du village, lui passait une herbe autour
du cou «et cette chose-herbe, au bout du fil,
descendait entre les seins et jusqu'à l'orifice de
mon estomac»[55]. Leur crainte est de donner
naissance à un enfant naturel; le désir louable de
la jeune femme d'éviter le scandale, de léser ses
enfants légitimes et de commettre ainsi un péché
plus grand, justifie ses agissements contraceptifs.
Admise dans les relations illégitimes, dans les
rapports avec les prostituées, pour éviter la mise
au monde d'un bâtard, on ne peut pourtant
affirmer que la contraception ait été pratiquée
couramment dans le cadre du mariage[56].
L'inquiétude des autorités le laisserait penser et il
est douteux que les couples forts de leur bon droit
s'en soient confessés. Nous avons tout à l'heure
entendu les plaintes de pères de famille harassés.
Mais il faut reconnaître que le contrôle des
naissances dans le cadre du mariage se fait plutôt
par l'habitude des mariages tardifs et par
l'allaitement prolongé des enfants[57]. Infanticide,
avortement, contraception touchent surtout les
couples illégitimes qui doivent rester stériles. Le
mariage est fait pour la procréation et une
grossesse doit le suivre naturellement.

Une évocation des conceptions du mariage au
moyen âge, ne peut être complète sans celle de

53. *EQ* 152.

54. D'après J.L. FLAN-
DRIN, *L'Église et le contrôle des naissances*, p.
53.

55. *LL* 248.

56. Cette recette extrai-
te d'un réceptaire médical
du XIIIe siècle (ms.
Rouen, 533; cf. P. MEYER,
Bulletin S.A.T.F. 32,
1906), peut donner une
idée de la diffusion des
procédés contraceptifs:
«Qui prendroit /.../ se
homme le boit, il n'engen-
deroit pas, e se fame es-
toit en gete, ell en eut beu,
elle perdroit sum enffant».
Le nom de la substance a
été gratté par un lecteur
scandalisé.

57. *LL* 306.

l'accouchement et de ses rites qui reprennent en écho ceux de la journée des noces.

2.3 - L'accouchement et ses rites, deuxième acte du mariage.

Enceinte, la femme entre dans cette période où elle est soumise aux influences contraires et inquiétantes de la nature dans ses principes bénéfique et maléfique. Elle nécessite des protections toutes particulières destinées à éviter les fausses couches et à protéger l'enfant de maux divers. Il faut satisfaire ses envies sans délai[58], des prohibitions alimentaires pèsent sur elle[59]; elle se soumet à des pratiques qui lui permettront de savoir si elle porte un fils ou une fille: elles opposent la droite, assimilée au principe mâle, à la gauche alliée au principe femelle[60]. Vient le temps de l'accouchement; une chambre spéciale est réservée à l'accouchée ou tout au moins un lit, le lit de gésine ou lit de misère. Sous couleur de déplorer les tracas du mari, les poésies françaises du XVe siècle, consacrées au mariage, racontent avec précision les différentes étapes de l'accouchement. Il suffit de les suivre.

Quant vient a l'enfant recevoir
Il faut la sage-femme avoir
Et des commeres un grant tas[61].

Tandis qu'elles s'affairent, le mari ne sait à quel saint se vouer, au sens propre du terme:

Il requiert saint Leu, saint Guillaume,
Saint Memer, saint Aubin, saint Gille;
Il n'y a saint en ce royaulme
A qui il ne dye un seaulme
Une oroison ou esvangile[62].

Il suffit pourtant d'obtenir l'assistance de sainte Marguerite pour faciliter la délivrance: se faire lire la vie de la sainte ou la porter sur soi écrite sur une amulette en parchemin[63]. La sage-femme et ses assistantes ne perdent pas une minute.

58. *Les ténèbres de mariage*, PF I, 23; *Sermon des maulx...*, PF II, 13; *Les secretz et loix...*, PF III, pp. 174-175.

59. *EQ* 23-24, 26, 158.

60. *EQ* 61.

61. *Les ténèbres de mariage*, PF I, pp. 17-32 (part. p. 23).

62. J. D'IVRY, *Les secretz et loix de mariage*, PF III, pp. 168-203 (part. p. 175). Voir aussi: *Sermon joyeux des maulx que l'homme a en mariage*, PF II, pp. 5-17.

63. DU CANGE, *Glossarium*, s.v. Brevia; P. MEYER, *Un bref superstitieux du XIIIe siècle en vers français*, dans *S.A.T.F.*, 17 (1891), pp. 66-74; A. AYMAR, *Le sachet accoucheur et ses mystères*, dans *Annales du midi*, 1925-1926, pp. 273-347.

L'invocation de l'assistance céleste lors de l'accouchement. Cet ex-voto du début du XVIIe s. (Naples, Madonna dell'Arco) remercie la Vierge pour la réussite d'un accouchement difficile, l'enfant s'étant présenté par les pieds. La femme est assise sur la *seggetta*, traditionnelle chaise de l'accouchement. P. TOSCHI - R. PENNA, *Le tavolette votive della Madonna dell'Arco*, Naples, 1971, t. XVIII.

L'une a le fil, l'autre l'esguille
L'autre a les forces pour le tondre[64].

Mais le père déjà s'emploie à transposer cet événement familial sur le plan du social:

C'est bien fait, elle est accouchée
Il n'a pas là l'oeuvre laissée;
Car convient qu'il cherche et fournisse
Garde, compère et nourrice,
Et face tendre proprement
Toute la chambre entièrement
Pour le moins de serges vermeilles[65].

La naissance d'un enfant ne concerne pas seulement le cercle familial, mais toute la communauté qui y participe. Elle est l'occasion d'une ritualisation des échanges sociaux, de

64. *Les secretz et loix de mariage, PF* II, p. 14.

65. *Sermon joyeux des maulx que l'homme a en mariage, PF* II, p. 14.

D'après le droit saxon du *Sachsenspiegel*, l'enfant est considéré comme légalement né lorsqu'on entend sa voix aux quatres coins de la chambre. La mère souligne aux assistants que son enfant a rempli cette condition. Ms. Heidelberg, Universitätsbibl., Cod. Pal. Germ, 164, f. 5r.

visites et de cadeaux qui réitèrent ceux des fêtes du mariage. Au père revient la responsabilté d'étendre ses liens d'amitié et de parenté, en choisissant parrains et marraines dont le nombre témoigne du prestige de la famille[66]. Les parentes, matrones et voisines s'occupent de la décoration de la chambre de l'accouchée, qu'on ne peut toujours tendre de tissus. On se contente en général de feuillages, comme on le faisait pour la décoration de la salle de noces.

Coeur de la maison, cette chambre reçoit les visites régulières des parentes et voisines qui apportent des cadeaux tandis que le père leur offre friandises et vin «autant qu'il en tient dans une botte», s'il faut en croire *Les XV joies du mariage*. Il est bon aussi de tisser des relations avec les puissances mystérieuses et bénéfiques, avec les fées; dans la légende de Guillaume au Court Nez on met en Provence, sur une table, trois pains blancs, et trois pots de vin dont les fées souperont, formulant en échange, un beau souhait pour le nouveau-né[67]. Jusqu'aux relevail-

66. *EQ* 25.

67. *Les Aliscans,* éd. GUESSARD et MONTAI-GLON, Paris, 1870, v. 236.

les, ces visites vont s'échelonner, huit jours et
quinze jours après l'accouchement, puis,

Ce vient le bout de trois sepmaines
Que madame va relever[68].

Les banquets offerts à ces occasions par le père
ne sont prétexte qu'à caquets souvent malséants
et, prétendent les satiristes, peu flatteurs pour les
maris[69]. Ceux-ci, jusqu'aux relevailles, sont
exclus du lit conjugal:

Il fault qu'il couche en la cuysine
Affin qu'elle ayt la main levee
De luy tant qu'el soit relevee[70].

Certaines régions pratiquent la coutume de la
couvade qui fait participer le père au travail
d'enfant en le mettant au lit à la place de sa
femme, pendant toute cette période. Elle ne
manque pas de surprendre Aucassin, lorsqu'il
arrive au pays de Torelore où le roi "gist
d'enfant"[71]. Rappel de celui des noces, le rite des
relevailles engage aussi de grandes dépenses: il
faut acheter une robe de cérémonie pour la mère
et ordonner un banquet. Il s'ouvre par la
bénédiction de la mère devant la porte de l'église,
l'amessement, dans un geste analogue à celui de la
bénédiction de mariage[72]. A la fin de son enfance,
la jeune fille était alors admise dans la
communauté des adultes, la femme la réintègre
après la période intermédiaire de sa grossesse. À
cette analogie, répond celle des échanges,
d'invitations, de cadeaux, de repas, analogies
qu'on retrouve dans les rites du baptême après
lesquels seulement on peut affirmer que l'acte
même du mariage est consommé. Les usages
coutumiers considèrent effectivement que l'acte
du mariage ne s'achève qu'à la naissance du
premier enfant. On retrouve ici le rôle de la
jeunesse comme garante des objectifs communs.
Lors des fêtes, elle réserve aux mariés de l'année
certains gestes rituels, ainsi à Carnaval, aux
Brandons, allumer les feux, en appel à la
fécondité. Elle soumet le marié à des épreuves,
test de virilité, mais surtout impose à ces couples

68. *Les secretz et loix de mariage, PF* III, p. 182.

69. Voir, pour le thème littéraire des caquets de l'accouchée, l'introduction de LEROUX DE LINCY aux *Caquets de l'accouchée*, Paris, 1855.

70. *Sermon des maulx de mariage, PF* II, p. 14.

71. *Aucassin et Nicolette*, éd. M. ROQUES, Paris, 1936, pp. 29-32; G. COHEN, *Une curieuse et vieille coutume folklorique, "la couvade"*, dans *Studi medievali*, 17 (1951), pp. 114-123.

72. Sur le terme "amesser", voir *Romania*, 1902, p. 353.

73. A. van GENNEP, *Manuel du folklore français contemporain*, t. I, Paris, 1937-38, pp. 601, 611-612; Y.M. BERCÉ, *Fête et révolte*, p. 20.

74. G. DUBY, *Au XIIe siècle: les "jeunes" dans la société aristocratique*, dans *Annales E.S.C.*, sept.-oct. 1964, pp. 835-836.

brimades et redevances destinées à marquer qu'ils se situent dans un stade de marge[73]. Ils n'appartiennent plus à leur groupe mais seule l'accession au titre de parents les intégrera dans celui des adultes. G. Duby retrouve la même attitude dans les milieux aristocratiques où des «chevaliers mariés mais qui n'ont pas encore d'enfants sont présentés comme étant des jeunes, alors que tel autre, d'âge moins avancé mais déjà père est nommé non point *juvenis* mais *vir*»[74].

Le cycle est maintenant terminé, la boucle refermée, de l'autel au berceau. J'espère avoir montré que le système matrimonial, qui cherche à culturaliser l'instinct sexuel en le pliant aux besoins d'échange et aux nécessités économiques du groupe et, pour le moyen âge chrétien, en l'évacuant au nom d'une doctrine religieuse et morale, ne peut se concevoir sans bavures ni transgressions. Face à celles-ci, le moyen âge a su instaurer un système de concessions et de médiations qui permettent à la nature de s'exprimer.

Mais cette pseudo-dialectique ne remet pas en cause un ordre destiné à perpétuer un état social que l'on veut immuable. Dans le jeu des relations assurées par le mariage et dont la procréation est le temps fort, le permis et l'interdit sont définis une fois pour toutes. Ce traitement de la sexualité se fait selon ce que Michel Foucault, dans sa toute récente *Histoire de la sexualité,* définit comme un "dispositif d'alliance"[75]. Il oppose ce dispositif d'alliance à un "dispositif de sexualité", qui, selon lui, se développe à partir du XVIe siècle et qui est axé non plus sur le groupe, mais sur l'individu et sur son corps. Je suis persuadée, quant à moi, qu'il serait facile de trouver les prémisses de cette nouvelle attitude au moyen âge, notamment au XVe siècle, comme le laisse pressentir la curiosité inquiète d'un Gerson.

75. M. FOUCAULT, *Histoire de la sexualité*, I: *La volonté de savoir*, Paris, 1976, pp. 140-151.

III

La participation populaire
à la création et à la jouissance
de l'oeuvre d'art

Philippe Verdier
Université de Montréal

Il ne sera pas question dans cette communication de la représentation de types populaires ou du travail des gens du peuple dans l'art du moyen âge. L'objectivation de ce genre de représentation suppose une prise de conscience des différences de classe dans une société sclérosée en castes. Avant les grandes crises sociales du XIVe et du XVe siècles, jacquerie, mouvement des lollards et des hussites, un type de protestation populaire s'était déjà manifesté en réaction contre un art qui, au lieu de rester l'expression d'une société unanime, avait de plus en plus tendance à refléter un mode de vie et une vision de la vie réservés à l'aristocratie[1]. Mais cette protestation fut longtemps marginale, par exemple à l'ombre des contreforts des églises, comme les masques de la cathédrale de Reims, ou en lisière et bas-de-page des manuscrits enluminés de 1290 environ à 1370 environ[2].

Je désire traiter simplement de quelques aspects de la participation du travail à la création de l'oeuvre d'art à l'époque romane et au début de l'art gothique, et ouvrir quelques perspectives sur la façon dont les artisans et les humbles répondaient à l'oeuvre d'art ou y étaient étroitement associés.

Hugues de Saint-Victor, qui mourut en 1141, alors que l'abbé Suger avait déjà mis en chantier la reconstruction du chevet de l'abbatiale de

1. Sur l'art aristocratique, ou art de cour, cf. Philippe VERDIER, Peter BRIEGER, *L'art et la cour — Art and the Courts*, Galerie nationale du Canada, 2 vols., 1972; *Transformation of the Court Style*, Brown University, Rhode Island, 1977.

2. H. WEIGERT, *Die Masken der Kathedrale zu Reims*, dans *Pantheon*, 14 (1934), pp. 246-250; Lilian C. RANDALL, *Images in the Margins of Gothic Manuscripts*, University of California Press, 1966.

Les grotesques des bas-de-page: reliquaire trans-
porté par un chien et par un moine hybride, suivis
d'une sirène avec livre. Psautier de la France du
Nord, fin du XIIIe s.; ms. Baltimore, Walters Art
Gallery, 45, f. 49r.

Les grotesques des bas-de-page:
renard à cheval, avec étendard
et écu. *Livre d'Heures* de la
France du Nord, premier quart
du XIVe s.; ms. Baltimore,
Walters Art Gallery, 90, f. 26r.

Saint-Denis, range tout bonnement, dans son *Didascalicon*, l'architecture parmi les sciences de l'habitat ou protection contre l'environnement: *armatura*. Une dizaine d'années plus tard Otton de Freising, descendant en Italie avec Frédéric Barberousse, s'étonne que dans ce pays les architectes ne soient pas regardés ainsi que gens de rien. La classification des sciences chez Hugues de Saint-Victor est dominée par le postulat de la supériorité de la vie contemplative sur la vie active, ou de l'infériorité de la praxis par rapport au discours. Sous le trône de la philosophie se rangent la théorie, ou spéculation de la raison pure, l'éthique qui embrasse les règles de la morale édictées par la raison pratique, la logique qui se fond dans la rhétorique. Quant aux sciences appliquées ou mécaniques, il faut entendre les techniques créées par l'homme. Elles relèvent de l'artisanat plutôt que des arts et sont réparties en sept catégories: tissage, armature ou habitat, constructions navales, dans un groupe — agronomie, chasse, médecine et sports pour les quatre dernières[3].

3. *Didascalicon*, éd. Ch. H. BUTTIMER, Washington, D.C., 1939; Edgar DE BRUYNE, *Études d'esthétique médiévale*, II, Bruges, 1946, pp. 371-420.

L'*armatura* est l'art de se protéger contre l'environnement — par exemple, par l'habillement — ou de l'utiliser — par exemple, la navigation. Elle est le nom générique des techniques qui inventent des outils pour transformer les matières premières. L'architecture est une branche de l'*armatura*. Elle se divise en deux sous-branches. La première se rapporte aux bâtiments, la seconde aux forges où se fondent et se martèlent les métaux. En tant que bâtiment, elle concerne la taille et l'appareil des pierres, la charpente et la mise en oeuvre décorative des matériaux. Cette conception de l'architecture comme art plastique majeur, incluant la fonte et le cisèlement des métaux, est conforme au statut des arts plastiques au XIe et XIIe siècles, régis par deux primats, celui de l'architecture, qui se subordonnait la sculpture, et celui de l'orfèvrerie, qui commandait l'esthétique de la lumière et de la couleur. L'orfèvre était d'abord un bronzier.

L'architecte de la grande église de Cluny reconstruite sous l'abbé Hugues, Hélizon de Liège, était un mathématicien. Gunzo, l'initiateur de l'oeuvre, qui eut la vision du plan vers 1088, était un musicien[4]. Tous deux devaient avoir une connaissance de Vitruve et de Boèce. Quant à la main-d'oeuvre qui réalisa dans l'oeuvre bâtie leur concept basé sur un canevas géométrique, des proportions arithmétiques et une échelle musicale, elle fut recrutée comme celle qui reconstruisit le monastère clunisien de St-Pierre et St-Paul de Hirsau, entre 1082 et 1091. Saint Guillaume, devenu abbé de Hirsau, fit de sa communauté deux parts: les douze moines les plus doués, parmi cent cinquante, pour la vie contemplative, furent placés avec un certain nombre d'associés sous la direction du maître du *scriptorium*. Les tâches matérielles furent distribuées entre les autres. En dehors des moines, les plus habiles parmi les *fratres barbati* pour être d'excellents charpentiers et forgerons, tailleurs de pierre et maçons, construisirent le monastère et son église. Il y avait en outre des tailleurs, corroyers, cordonniers et autres artisans experts dans les métiers que requiert l'existence journalière d'un monastère. Ils ne constituaient pas une main-d'oeuvre embauchée, payée à la tâche, mais ils étaient recrutés parmi les frères lais[5]. On est soulagé d'apprendre qu'à Hirsau les manuels n'étaient pas astreints à se rendre à matines aussi tôt que les contemplatifs. Sur le plan de St-Gall, qui donne le plan idéal d'un monastère bénédictin selon la réforme de saint Benoît d'Aniane à l'époque carolingienne, les ateliers des tonneliers, cordonniers, selliers, corroyers, foulons et forgerons sont groupés au sud-ouest. Ils occupent une superficie beaucoup plus étendue que le *scriptorium*, niché en pendant à la sacristie contre le chevet de l'église[6].

À partir du XIIe siècle se constituent des ateliers laïques d'orfèvres, qui furent d'abord itinérants, comme les émailleurs de l'Aquitaine,

4. K.J. CONANT, *Cluny*, Mâcon, 1968, pp. 75-80.

5. TRITHEMIUS (Johann VON TRITTENHEIM), *Annales Hirsaugienses*, vol. 1, pp. 277 ss.; cf. G. G. COULTON, *Medieval Faith and Symbolism*, I, New York, 1958, pp. 31-33.

6. K.J. CONANT, *Carolingian and Romanesque Architecture*, The Pelican History of Art, pp. 20-21, n. 23, fig. 3.

avant que sous le règne de Richard Coeur de Lion le foyer de *l'opus lemovicinum* ne se fixât à Limoges[7]. De 1130 à 1147, toute la main-d'oeuvre employée à la reconstruction comme à la décoration de l'abbatiale de St-Denis, aux portes de bronze, aux fresques, aux vitraux, au mobilier liturgique, fut appelée du dehors et constitua une main-d'oeuvre internationale[8]. Il n'y avait pas alors d'orfèvres attachés en propre à l'abbaye de Stavelot[9] et le chef de l'atelier lotharingien itinérant maniait assez bien le latin pour répliquer avec insolence à son puissant abbé Wibald, qui l'avait réprimandé pour le retard apporté à l'exécution des commandes[10]. Mais l'artisanat monastique de l'époque pré-gothique survécut quelque temps et, avec lui, l'entente entre la part de la communauté qui s'adonnait à la *vita contemplativa* et ceux qui créaient dans cette prière appliquée qu'était la *vita activa*. Reginhard, abbé de Suwaza, près de Prague, vers 1170, était renommé à titre de sculpteur, orfèvre, forgeron et verrier[11]. Dans la seconde moitié du XIIIe siècle, Richer, l'auteur de la chronique de l'église de Senon, près de Verdun, raconte comment il sculpta l'effigie de l'abbé Antoine en gisant sur sa tombe[12].

La lettre écrite en latin, et comme sur un pied d'égalité, par l'orfèvre G — sans doute Godefroid de Huy — à Wibald de Stavelot, est le signe que cet art majeur, l'orfèvrerie, est en voie de passer, vers le milieu du XIIe siècle, du côté de *l'intelligentsia* aristocratique, à tout le moins élitiste. Au XIIIe siècle, l'architecte se conduira comme un grand seigneur, arrivant ganté sur le chantier, un long bâton de commandement à la main, et il donne à ses ouvriers des ordres brefs et sans discussion: «par cy me le taille»[13]. Le dominicain Nicolas de Biard reproche aux architectes de ne pas travailler, sinon en parole, et de toucher des émoluments élevés, comme s'ils étaient des princes de l'Eglise. En 1267, on grava sur la tombe de Pierre de Montereau — ou de

7. M.M. GAUTHIER, *Émaux du moyen âge occidental,* Fribourg, 1972, pp. 68-118.

8. *Abbot Suger on the Abbey Church of St Denis and its Art Treasures,* éd. Erwin PANOFSKY, Princeton University Press, 1946, pp. 42-43, 46-47, 58-59, 74-75, 90-91.

9. Joyce BRODSKY, *The Stavelot Triptych: Notes on a Mosan Work,* dans *Gesta,* 11 (1972), pp. 19-33.

10. Lettre de Wibald et réponse de l'orfèvre "G", dans MIGNE, *PL* 189, 1121 ss., Epistolae 10C, 101. Cf. Suzanne COLLON - GEVAERT, *Histoire des arts du métal en Belgique,* Bruxelles, 1951, pp. 154-157.

11. *Continuatio Cosmae Pragensis,* auctore monacho Sazavensi, anno 1162; cf. Otto LEHMANN-BROCKHAUS, *Schriftquellen zur Kunstgeschichte des 11. und 12. Jahrhunderts für Deutschland Lothringen und Italien,* Burt Franklin Reprint, New York, 1971, no. 3011.

12. RICHERI *Gesta Ecclesiae Senonensis;* cf. LEHMANN-BROCKHAUS, no 1952.

13. Victor MORTET et Paul DESCHAMPS, *Recueil de textes relatifs à l'histoire de l'architecture,* Paris, 1929, p. 290.

14. E. PANOFSKY, Gothic Architecture and Scholasticism, Meridian Books, 1967, p. 26, cf. fig. 1.

15. Summa contra Gentiles, I, 1. Cf. N. PEVSNER, The Term Architect in the Middle Ages, dans Speculum, 17 (1942), pp. 549 ss.

16. Georges Bernard DEPPING, Livre des métiers d'Étienne Boileau, Paris, 1837, pp. 107-112.

17. J'ai suivi l'édition de Jeanne VIELLIARD, Mâcon, 1938.

Montreuil — à Saint-Germain-des-Prés: *Doctor lathomorum*[14]. Saint Thomas d'Aquin ne put s'empêcher de protester contre ces artisans qui usurpent, avec le nom d'architecte, un titre: *architektôn,* qui, au sens aristotélicien, ne convient qu'aux sages, après Dieu, architecte de l'univers[15]. Cependant, l'esprit d'équité et d'entr'aide charitable était toujours vivant de la tête à la base dans la corporation des gars du bâtiment. En 1258, l'architecte de Louis IX, Guillaume de Saint-Patu, fit serment à la loge du palais, à Paris, qu'il protégerait de tout son pouvoir la guilde des maçons dans un esprit de justice envers tous, puissants et faibles, riches et pauvres, aussi longtemps que le roi le maintiendrait au service de la corporation[16].

Le Guide du Pèlerin de Saint-Jacques de Compostelle, vers 1139[17], nous donne un aperçu sur l'esprit communautaire qui régnait dans le chantier d'une église de pèlerinage. Les maîtres de l'oeuvre y sont appelés *didascali lapicide.* Ils étaient deux. Bernard, *mirabilis magister,* un homme âgé, et Robert, travaillant tous deux avec cinquante *lapicide* sous l'administration de l'abbé, du maître et du vicaire du chapitre. Le texte ressuscite l'élan populaire, la foi dans les miracles, l'espérance dans la consolation présente et dans l'illumination finale, qui avaient donné naissance aux basiliques de pèlerinage du chemin de Saint-Jacques, de Paris à la Galice. «Cette église brille par l'éclat des miracles de s. Jacques; là, en effet, la santé est donnée aux malades, la vue est rendue aux aveugles, la langue des muets se délie, l'ouïe est accordée aux sourds, une démarche normale est assurée aux boiteux, les possédés sont délivrés, et, qui plus est, les prières des fidèles sont exaucées, leurs voeux s'accomplissent, les chaînes du péché tombent, le ciel s'ouvre à ceux qui frappent, la consolation est donnée aux affligés et tous les peuples étrangers, venus de toutes les parties du monde, accourent ici en foule, apportant au Seigneur leurs présents et leurs louanges». Plus haut, le texte contribue une précieuse note psychologique sur la réaction des pèlerins visitant pour la première fois l'église au terme de tant de fatigues et de dangers. «Celui qui parcourt les tribunes, s'il y est monté triste, s'en va heureux et plein de joie, après avoir contemplé la beauté parfaite de cette église». Cette vision d'une église de haut en bas, comme délassement des sens et joie de l'âme, est rare dans les textes occidentaux. On la trouverait plutôt dans les *ekphraseis* des églises byzantines.

Un texte du début du XIe siècle, dû à Bernard, l'écolâtre d'Angers, disciple de Fulbert de Chartres, nous fait saisir le lien de nature magique qui aimantait les pèlerins vers des statues-reliquaires comme la ste Foy de Conques ou le s. Géraud d'Aurillac, ou encore la Majesté en or de la Vierge au trésor de la cathédrale de Clermont-Ferrand[18]. «La statue de s. Géraud d'Aurillac est faite d'or fin et de pierres précieuses. Les traits de son visage ont un tel air de vie que les paysans qui braquent leurs regards sur les yeux de la statue s'imaginent qu'elle fouille leurs pensées secrètes. À un certain adoucissement d'expression ils croient reconnaître que leurs prières sont exaucées». Le *Guide de Saint-Jacques* ne décrit les églises jalonnant l'itinéraire qu'à titre d'écrins monumentaux abritant les reliquaires des corps des saints auxquels chacune était dédiée. La route passait par autant de stations miraculeuses, au terme desquelles l'église abritant s. Jacques était le reliquaire privilégié renouvelant les miracles du Christ dans les évangiles.

Le *Guide* donne encore une description des sculptures des trois façades de la cathédrale de s. Jacques, valable pour des touristes autant que pour des pèlerins, et si exacte qu'elle permet de restituer le programme iconographique complet tel qu'il existait au milieu du XIIe siècle. On y prend sur le fait comment la mentalité populaire est incapable de déchiffrer un symbole dans une

18. *Liber Miraculorum Sanctae Fidis,* éd. A. BOUILLET, Paris, 1897, I, xiii, pp. 46-48; I, xviii, pp. 71-72. La statue-reliquaire plaquée d'or de la Vierge à l'Enfant, au trésor de la cathédrale de Clermont-Ferrand, est dessinée au folio 130v du manuscrit 145 de la Bibliothèque de Clermont-Ferrand. Cf. I-lene H. FORSYTH, *The Throne of Wisdom,* Princeton University Press, 1972, fig. 3, n. 1, 2, p. 31.

forme plastique, mais y projette tout un roman, une histoire, au terme de laquelle on retrouve l'image originelle qui a déclenché le mécanisme fabulateur, ainsi qu'il se passe dans les rêves. Voici comme le *Guide* "lit" une histoire macabre dans la femme au crâne de mort qui allégorise la luxure à la façade du croisillon méridional. «Il ne faut pas oublier de mentionner la femme qui se trouve à côté de la tentation du Christ: elle tient entre ses mains la tête immonde de son séducteur, qui fut tranchée par son propre mari et que deux fois par jour, sur l'ordre de celui-ci, elle doit embrasser».

Toutes les dimensions en longueur, largeur et hauteur de la cathédrale de St-Jacques sont exprimées dans le *Guide* en tailles ou hauteurs d'homme. Tout à l'est, la chapelle du Sauveur est appelée "tête", les huit chapelles du chevet, quatre rayonnantes et quatre orientées, "têtes petites", le déambulatoire autour du choeur "couronne", ce qui est un hapax dans le glossaire archéologique du moyen âge, la grande nef "corps", les croisillons du transept "bras". L'idée que l'édifice de l'église est commensurable et homothétique à l'homme dans toutes ses parties vient du système anthropomorphique des proportions, appliqué chez Vitruve à la colonne en tant que module de l'ordre architectural. Mais l'église matérielle dessine au sol un grand corps humain étendu les bras en croix, l'*homo quadratus*, l'homme carré parfait qui est le Christ crucifié et tout homme racheté dans le Christ[19].

L'assimilation de l'église à toutes les articulations du corps humain est exposée dans le texte qui relate la reconstruction de l'abbatiale de Saint-Trond sous l'abbé Adélard II (1055-1082): le sanctuaire devient la tête et le cou, les stalles du choeur des moines les pectoraux, les croisillons les bras et leurs mains, la nef, réservée au peuple, le ventre, le narthex débordant les bas-côtés de la nef, les cuisses et les jambes[20]. L'Espagne désigne toujours sous le nom de "les pieds" la façade

19. DE BRUYNE, *op. laud.*, I, pp. 293 ss.; II, pp. 343, 353 ss.

20. LEHMANN-BROCK-HAUSS, no 1984.

L'église proportionnée sur l'*homo quadratus*. Dessin de Francesco di Giorgio Martini (1439-1502); Florence, Laur., Ashb. 361, f. 10v.

d'une cathédrale. La terminologie des parties de l'église se folklorise et s'anime au moyen âge. La France gothique appelle le déambulatoire: carole, du nom d'une danse populaire comme la farandole[21]. Dans la *Vie métrique* de Hugues, évêque de Lincoln, 1186-1200, qui reconstruisit le choeur encore subsistant de la cathédrale actuelle, les colonnettes en marbre de Purbeck qui ceinturent le noyau des piles évoquent une ronde de jeunes filles *(chorea)*. Les fondations de la cathédrale de Lincoln correspondent, selon la *Vie métrique,* à l'homme comme créature physiologique, les murailles à l'homme comme être vivant, les voûtes à son esprit. Et c'est pourquoi les étranges voûtes du choeur de Lincoln avec leurs ogives biaisées, ressemblent, selon l'imagerie de la *Vie métrique,* à des oiseaux planant sur le vent de l'esprit[22].

Une église romane, une église gothique, sont encore à la mesure de l'homme par l'appareil

21. Robert DE LASTEYRIE, *L'architecture religieuse en France à l'époque gothique,* 1, Paris, 1926, no. 6, p. 201-202.

22. *Vita s. Hugonis episcopi Lincolniensis;* cf. O. LEHMAN - BROCKHAUS, *Lateinische Schriftquellen zur Kunst in England, Wales und Schottland vom Jahre 901 zum Jahre 1307,* 5 vols., Munich, 1965-1960, II, p. 33, p. 35.

multicellulaire de leurs pierres. Celles qui colmatent les voûtains entre les ogives d'une voûte ne sont guère plus grosses que des briques. Une chaîne de maçons se les passaient de main en main pour les disposer sur les cerces qui, entre les cintres mobiles, servaient à mouler les compartimentations concaves de la voûte. Cette agilité inhérente à la pose des voûtes gothiques explique la rapidité remarquable de leur construction. Des phénomènes analogues d'utilisation d'un matériau léger par une main-d'oeuvre collective, animée de l'esprit de volontariat, s'observent en Pologne aujourd'hui. La façade de Notre-Dame, reine de Pologne, à Nowa Huta, a été construite par trente ouvriers spécialisés, aidés par les jeunes de la paroisse, avec des milliers de galets de granit extraits d'un lit de rivière[23]. Cette collaboration apportée à un chantier de construction par des travailleurs volontaires de toute classe s'est plusieurs fois produite aux XIe et XIIe siècles. On la désigne sous le nom de miracle ou de culte des chariots. Lorsqu'on commença à remplacer le massif porche occidental de la cathédrale de Chartres bâtie sous l'abbé Fulbert, par la façade à deux tours actuelle avec son portail royal, des centaines de volontaires de

23. *La Pologne catholique et socialiste,* dans *Le Monde,* 15 août 1975.

Le miracle des chariots. Paris, chapiteau de la crypte de Saint-Denis, vers 1140.

toute condition s'attelèrent aux chariots chargés de pierres, de poutres, de chaux, d'outils et de victuailles, et, tirant comme des bêtes de somme, franchirent irrésistiblement tous les obstacles du terrain entre la carrière et la cathédrale. Ils marchaient dans le plus profond silence après s'être confessés et réconciliés dans la paix de Dieu. La nuit, ils chantaient des psaumes et des hymnes à l'abri des chariots rangés en cercle comme un camp de pionniers spirituels.

Vers 1145, la contagion du miracle des chariots avait gagné la plus grande partie de la Normandie, là particulièrement où se construisaient des églises à la Vierge. Des scènes d'enthousiasme similaires sont déjà signalées à St-Rémi de Reims, puis à St-Trond, entre 1066 et 1082, à Battle Abbey après la conquête de l'Angleterre par les Normands, et à Lindisfarne, après 1083[24]. Quelquefois, comme au Mont-Cassin avant 1066, à St-Denis entre 1140 et 1144 et à la cathédrale de Cambrai, il s'agit pour l'équipe des volontaires de haler, à partir de la carrière, des colonnes monolithes — ces colonnes qui marquèrent la renaissance de l'architecture byzantine au Mont-Cassin et, à St-Denis, la réinstauration de la colonne sur les modèles de la Rome paléochrétienne et de la *renovatio* carolingienne non seulement comme support, mais comme module de la construction.

24. V MORTET, *Recueil de textes relatifs à l'histoire de l'architecture et à la condition des architectes en France au moyen âge, XIe-XIe siècles,* Paris, 1911, p. 41, p. 158, pp. 196-197 (cf. p. 388 pour Andres, près de Boulogne-sur-Mer). Le miracle des chariots à Lindisfarne m'a été signalé par le professeur Carl F. Barnes.

Voilà la relation des faits qui se déroulèrent au Mont-Cassin. «L'abbé Didier se rendit à Rome, y prit contact avec ses puissantes relations et, par des largesses généreuses, acheta des colonnes avec leurs bases et leurs architraves, ainsi que des blocs de marbre versicolore. Prenant ses risques, il les fit transporter par fret maritime de Rome, au port d'Ostie, puis à la tour de Garigliano et de là à Sujo. L'enthousiasme des fidèles accourus à ce spectacle se manifesta d'une manière admirable. Un groupe d'habitants hala à la force des poignets et des nuques la première colonne depuis le bas de la pente, qu'ils attaquèrent dans toute sa raideur, étroitesse et âpreté — car l'abbé Didier n'avait pas encore conçu le dessin de tracer une route carrossable, dont l'ouverture n'eut lieu qu'après»[25]. Le récit, ou plutôt le second récit, du miracle des chariots par l'abbé Suger est particulièrement savoureux: «Un jour que les pluies torrentielles avaient tout brouillé et assombri l'atmosphère, comme les chariots approchaient de la carrière, les manoeuvres qui d'ordinaire venaient renforcer l'équipe ne se présentèrent pas en raison de la violence de l'averse. Les toucheurs de boeufs de pousser alors

25. *Chronica Monasterii Casinensis*, lib. III, c. 26, LEHMANN-BROCKHAUS, *Schriftquellen zur Kunstgeschichte*, no. 2277.

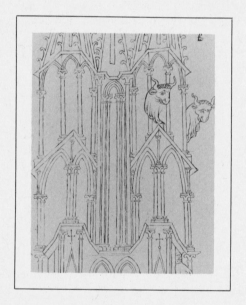

Les boeufs dans l'une des tours de la façade de la cathédrale de Laon. Dessin de Villard de Honnecourt, vers 1240.

de hauts cris, qu'ils n'avaient pas de temps à perdre et qu'on leur avait fait faux bond. Ils firent tant de bruit qu'à la fin quelques personnes qui étaient loin d'être des costauds, plus des enfants, en tout dix-sept, en comptant un prêtre qui passait par là, piquèrent un pas de course vers la carrière, ramassèrent une corde, en nouèrent une autre à une colonne, laissant sur place le rouleau, car ils n'avaient personne pour le déplacer à mesure. Notre petit groupe, pris d'un beau zèle, s'exclame: «O saint Denis, chargez-vous s'il vous plaît du rouleau qui nous fait défaut et venez à la rescousse. Et n'allez pas nous blâmer si nous échouons». Puis, halant avec vigueur, ils tirèrent du gouffre de la carrière non par leur propre force, chose impossible, mais par la volonté de Dieu et les suffrages des saints qu'ils invoquaient, une colonne qui aurait demandé l'effort de cent quarante hommes — au bas mot de cent, et ils la convoyèrent sur un chariot jusqu'au chantier de l'église»[26].

26. SUGER, *De conse-cratione*, éd. PANOFSKY, pp. 90-95. Suger compte par vingtaines (140-100), selon l'usage populaire dont se moquera Rabelais à propos de l'hôpital des quinze-vingt, "qui sont aussi trois cents", à Paris.

Bien d'autres récits pourraient être invoqués sur ces participations spontanées. Le 5 septembre 1174, les habitants de Cantorbéry essayèrent en vain, à grand renfort de seaux d'eau et de haches, d'éteindre l'incendie qui s'était allumé dans la charpente du glorieux choeur bâti par les prieurs Conrad et Ernulph. Quand il n'y eut plus d'espoir, ils coururent décrocher tentures et tapisseries, certains pour les mettre à l'abri, d'autres pour les voler. Lorsque tout fut fini, «les gens s'indignèrent que le Tout-Puissant eût permis la catastrophe et, rendus déments par l'excès du chagrin et du désarroi, ils s'arrachèrent les cheveux, cognèrent leurs têtes contre le pavement et les murs de la nef épargnée, blasphémant Dieu et les saints patrons de l'église»[27].

27. GERVASII CAN-TUARIENSIS, *Tractatus de combustione et repara-tione Cantuariensis eccle-siae*, dans GERVAISE OF CATERBURY, *Opera*, éd. W. STUBBS, R. S. lxxii, 1, Londres, 1879.

A Pâques 1254, après la messe, la population du Mans se mit en devoir de débarrasser de ses gravois le nouveau choeur de la cathédrale, reconstruit en vue de l'élévation des reliques de s. Julien, qui devait avoir lieu le lundi dans l'octave de Pâques. Les mères de famille utilisaient en guise de sacs leurs belles jupes, rayées de vert et d'autres couleurs. Les hommes se réjouissaient que les détritus salissent leurs habits de fête. Des enfants de trois ans aidaient à transporter dans leurs tabliers relevés la poussière des décombres. Entraîné par son élan, le peuple voulut que la flamme qui brûlait dans les coeurs devint extérieurement visible. Il fut décidé que chaque corporation fournirait, selon ses moyens, des cierges à allumer le jour de l'élévation des reliques. Les corporations les plus puissantes offrirent des cierges pesant deux cents livres de cire. Ce que voyant, les serruriers et les vignerons s'exclamèrent: «Puisque les autres ont contribué des lumières pour un jour, contribuons des verrières qui illumineront l'église pour tout le temps à venir». Ils firent faire une fenêtre à cinq lancettes, où ils se représentèrent eux-mêmes avec leurs métiers[28]. C'est ainsi qu'au bas des vitraux de la cathédrale de Chartres on voit un changeur avec son trébuchet, un pelletier faisant l'article d'une pelisse à un chaland, les épiciers et leur patron, s. Nicolas, les vanniers et l'ermite s. Antoine qui se vêtait de joncs tressés, les tonneliers et Noé, qui inventa le vin. La puissante corporation des tisserands était divisée en trois confréries qui offrirent à Notre-Dame de Chartres les verrières de s. Étienne, s. Vincent, des ss. Savinien et Potentien[29].

Les vitraux offerts par les corporations étaient en règle générale des vitraux légendaires, racontant la vie et les miracles des saints. L'église du moyen âge était, beaucoup plus que la Bible, la *Légende dorée* des illettrés. Qui, sinon les clercs, pouvait comprendre la symbolique compliquée sculptée aux portails? Mais les humbles avaient-ils même la patience de déchiffrer les anecdotes des vitraux légendaires, qui serpentaient à travers le dédale complexe des médaillons? Tout le monde, à part les auteurs des cartons de vitraux et leurs inspirateurs ecclésiastiques, devait se contenter de se mettre au diapason coloré de ce tachisme transparent à grande échelle que sont essentiellement les vitraux pour l'aperception esthétique. Nous pouvons inférer sur la réaction ordinaire au vitrail de la part des spectateurs, d'après deux témoignages historiques complémentaires, l'un très précoce, de la fin du Xe siècle, l'autre, tardif, du XVIIIe siècle, époque où l'art

28. MORTET et DESCHAMPS, *op. laud.,* p. 257-259.

29. Émile MÂLE, *L'art religieux du XIIIe siècle en France,* 9e, Paris, 1958, pp. 325-327.

du vitrail, en voie d'oubli, était cependant goûté encore. Gozbert, abbé du monastère bénédictin de Tegernsee, en Bavière, de 982 à 1001, écrivait au comte Arnold de Vohburg: «Jusqu'ici les fenêtres de notre église n'étaient fermées qu'avec de vieilles toiles. Grâce à vous, pour la première fois, le soleil aux cheveux d'or rayonne sur le parement de notre basilique en traversant les verres diversement colorés de peintures. Une joie inépuisable remplit le coeur de tous ceux qui peuvent admirer l'étonnante variété de cette oeuvre extraordinaire. Est-il au monde un lieu qui puisse présenter un décor de ce genre?»[30].
Dans le premier tome de son *Histoire et recherches des antiquités de la ville de Paris*, paru en 1724, Henri Sauval décrit avec les seules métaphores d'un curieux expressionnisme abstrait les sept fenêtres de l'abside de la chapelle de la Vierge à St-Germain-des-Prés: «Les vitres... sont universellement admirées, tant pour cette diversité et vivacité du coloris que, parce qu'en y entrant, le rouge éclatant de celles du milieu frappe et éblouit en quelque façon et se détache si bien des autres vitres qu'elles ne ressemblent pas mal à un grand feu au milieu du gris, du blanc, du bleu, du noir et de toutes sortes de couleurs»[31].

Une réaction au nom de la logique contre cette vision polychrome du vitrail allait se dessiner après le milieu du XIIIe siècle — à la cathédrale de Tours, à St-Urbain de Troyes[32]. Partout, de sous les voûtes de la cathédrale gothique, une irradiation globale de la couleur, indicible et splendide comme la musique, correspondait jusque-là aux échos du plain-chant devenu polyphonique, et n'était-ce pas dans les basiliques des pèlerinages, à St-Martial de Limoges et à St-Jacques de Compostelle[33], que la nouvelle musique polyphonique avait d'abord retenti, ainsi qu'un murmure de foule se répondant confusément de l'une à l'autre paroi de l'église?

30. Jean LAFOND, *Le vitrail*, Paris, 1966, p. 23 et n. 57.

31. SAUVAL, p. 341. Deux panneaux d'une verrière de la chapelle de la Vierge, dans la dominante bleue, consacrée à l'histoire d'Anne et de Joachim, se trouvent au musée de Montréal; cf. Philippe VERDIER, *The Medieval Collection*, dans *Apollo*, CIII, 171 (mai 1976), pp. 19-20, fig. 12.

32. M.P. LILLICH, *The Band Window: A Theory of Origin and Development*, dans *Gesta*, 9 (1970), pp. 26-33.

33. Ainsi que l'a rappelé — dans une communication à la Société des médiévistes et humanistes d'Ottawa — Carleton, en 1977, Luther DITTMER, *Adventus polyphoniae musicalis visus ex adspectu historiae*.

La représentation des travaux et des métiers dans les
églises. Travaux de février et septembre. Benedetto
Antelami, Baptistère de Pise, vers 1195-1205.

IV

Éléments de culture populaire dans la littérature courtoise

Elisabeth Schulze-Busacker
Université de Montréal

Un titre aussi global que celui de cette communication demande des précisions. Nous nous proposons d'analyser des éléments folkloriques qui apparaissent dans la littérature courtoise en France septentrionale et méridionale, particulièrement dans les romans et contes de la deuxième moitié du XIIe siècle jusqu'à la fin du XIIIe siècle. Les fabliaux — de forme et contenu différents — n'ont pas été considérés. Ils ont fait l'objet d'une étude à part[1].

Dans la recherche romane, il a été surtout question de la "culture populaire" au sens du folklore survivant dans la littérature courtoise, d'une part, sous forme de *thèmes folkloriques* tels que les traces de la mythologie celtique avec les motifs de lieux enchantés, de l'intervention de fées, devins et êtres géants aux forces surnaturelles[2], d'autre part, sous forme de quelques *coutumes et croyances populaires* mentionnées dans les textes, comme par exemple la préparation de philtres, l'effet d'objets magiques et la coutume du "don contraignant"[3]. Il existe également quelques études socio-culturelles à propos des *personnages d'origine populaire* apparaissant dans les textes littéraires, ainsi la description caricaturée ou à peine esquissée du vilain[4] et de la vie du peuple[5].

Les éléments qui intéressent notre propos relèvent du *discours* dit *populaire*. Il s'agira

1. Voir notre communication au *Second International Beast Epic, Fable and Fabliau Colloquium*, Amsterdam, 1977; à paraître dans les *Actes*.

2. Voir par exemple les travaux de R.S. LOOMIS, J.D. BRUCE, les chapitres concernés dans R. BEZZOLA, *Les origines et la formation de la littérature courtoise en Occident, 500-1200*, 3 vols., Paris, 1944-1963, J. MARX, *Nouvelles recherches sur la littérature arthurienne*, Paris, 1967 et les derniers travaux de Jean FRAPPIER.

3. Voir Jean FRAPPIER, *Le motif du "don contraignant" dans la littérature du moyen âge*, dans *TraLiLi*, 7 (1969), pp. 39 ss. et la défense de M. KÖHLER dans le Supplément à la 2e édition de son oeuvre *L'Aventure chevaleresque. Idéal et réalité dans le roman courtois*, Paris, 1964, pp. 300 s.

4. Voir les travaux suivants: A. JOLY, *De la condition des vilains au moyen âge d'après les fabliaux* (Mém. de l'Ac. de Caen), 1882; Fr. MEYER, *Die Stände, ihr Leben und Treiben dargestellt aus den altfrz. Artus-und Abenteurromanen*, Diss. Marburg, 1888; A. LE-DIEU, *Les vilains dans les oeuvres des trouvères*, Paris, 1890; P. PFEIFFER,

Beiträge zur Kenntnis des altfranzösischen Volkslebens, meist auf Grund der Fabliaux I-III (Programm Karlsruhe 1898, 1900, 1901); W. BLANKEN-BURG, *Der Vilain in der Schilderung der altfranzösischen Fabliaux,* Diss. Greifswald 1902, et Ch.-V. LANGLOIS, *La vie en France au moyen âge, de la fin du XIIe au milieu du XIVe siècle,* Paris, 1926, vol. 1.

5. Par exemple, M. BAKHTINE, *L'oeuvre de François Rabelais et la culture populaire au moyen âge et sous la Renaissance,* Paris, Gallimard, 1970.

6. Voir surtout Otto E. MOLL, *Sprichwörterbibliographie,* Frankfurt a.M., 1958, pp. 146 ss., les nos 2061-2092 et dernièrement la bibliographie sélective de C. BURIDANT, dans *RSH,* 163 (1976), pp. 431-436.

7. Voir par exemple les relevés de proverbes dans les textes édités par W. FOERSTER; l'édition de *Li respit del curteis e del vilain,* dans ZfSL, 14 (1892), pp. 154-158 par E. STENGEL; l'édition de *Li Proverbes au Vilain* par A. TOBLER, Leipzig, 1895, et les thèses, sous la direction de Stengel, de A. EBERT, *Die Sprichwörter der altfranzösischen Karlsepen,* Marburg, 1884, A. KADLER, *Sprichwörter und Sentenzen der altfranzösischen Artus- und Abenteuerromane,* Marburg, 1886, O. WANDELT, *Sprichwörter und Sentenzen des altfranzösischen Dramas,* Marburg, 1887, B. PERETZ, *Altprovençalische Sprichwörter mit einem kurzen Hinblik auf den mhd. Freidank,* Göttingen, 1887, E. CNYRIM, *Sprichwörter, sprichwörtliche Redensarten und Sentenzen bei den provenzalischen Lyrikern,* Marburg, 1888; C. HOMANN, *Beiträge zur Kenntnis des Wortschatzes der altfranzösischen Sprichwörter,* Diss. Greifswald, 1900, ainsi

d'examiner l'utilisation de proverbes ou expressions proverbiales dans un contexte courtois.

Les proverbes en tant que tels ou dans un contexte littéraire ont occupé beaucoup la recherche[6]: la question de leur utilisation dans la littérature médiévale a été posée — sous un angle différent du nôtre cependant — tout d'abord dans la philologie romane du XIXe siècle en Allemagne par Wendelin Foerster, Edmund Stengel, Adolf Tobler et leurs élèves. Cette recherche se limitait, à part l'édition de deux importants recueils de proverbes médiévaux, au relevé et classement thématique des proverbes, sentences et dictons dans un certain nombre de textes et d'auteurs[7].

Cil qui veult par effait
Savoir noise ou hutin
Que par ville on fait
De vespre ou de matin,
Sans lever trop matin,
Pour en oÿr de belles,
Au four et au moulin
Se dyent les nouvelles.

Cette illustration et les cinq suivantes sont tirées de *Proverbes en rimes,* recueil illustré du Sud-Est de la France (Lyon ou Bourgogne), vers 1485-1490; ms. Baltimore, Walters Art Gallery, 313 (ici, f. 15v).

La recherche américaine, française et suisse a ensuite repris la question — suscitée par les discussions à propos des "formes simples" dans les années '30 — de deux points de vue, celui de la définition du *proverbe* et celui de la publication de nouveaux recueils et de dictionnaires[8]. Depuis une vingtaine d'années, il y a un renouveau des études parémiologique et gnomique qui, venant d'une analyse plus poussée de la littérature de la Renaissance et du baroque, cherchent à définir et à mieux distinguer dans les textes *sentance, dicton, proverbe* et notions voisines, voire à étudier du point de vue stylistique des recueils de proverbes tels que *Li Proverbes au Vilain, Les*

Qui se veult mettre en compaignie
Et garder de reprencion,
D'oultrage ne de vilennye,
Ne couvient faire mencion,
Ne trouver male invencion,
Mais soy acorder avecq tous:
Pour eviter dissencion,
On doit huller avecq les loups.

Proverbes en rimes, f. 24v.

que les travaux de J. LOTH, *Die Sprichwörter und Sentenzen der altfranzösischen Fabliaux,* Greiffenberg, Gymnasium, 1895 et 1896, et de F. SCHEPP, *Alfranzösische Sprichwörter und Sentenzen aus den höfischen Kunstepen,* Greifswald, 1905. Les deux articles d'E. BOUCHET, *Les proverbes dans l'épopée française,* dans *Rev. des trad. pop.,* 9 (1894), pp. 384-91 et *Maximes et proverbes tirés des chansons de geste,* dans *Mém. de la Soc. d'Agriculture, Sc., Belles Lettres et Arts d'Orléans,* 31 (1892), pp. 81-130, se rattachent aux recherches de LE ROUX DE LINCY, *Le Livre des proverbes français,* 2 vols, Paris, 1859[2] et d'autres.

8. Pour la recherche américaine, voir surtout les articles de A. TAYLOR, *Problems in the Study of Proverbs,* dans *Journal of American Folklore,* 47 (1934), pp. 1-21; de B.J. WHITING, *The Origin of the Proverb,* dans *Harvard Studies and Notes in Philology and Literature,* 13 (1931); *The Nature of the Proverb, ibid.,* 14 (1931), pp. 273-307; *Some Current Meanings of "Proverbial", ibid.,* 16 (1934), pp. 229-252; *Proverbial Material in the Popular Ballad,* dans *Journal of American Folklore,* 47 (1934), pp. 22-44; de David HEFT, *Proverbs and Sentences in the Fifteenth Century French Poetry,* New York, 1942; Frank GRACE, *Proverbs in Medieval Literature,* dans *MLN,* 68 (1943), pp. 408-415. Méthodologiquement important est l'article de W. MIEDER, *The Proverb and Romance Literature,* dans *RN,* 15 (1973-74), pp. 610-621.
Pour la recherche française, voir les publications de J. MORAWSKI, *Les diz et proverbes des sages,* dans *Bibliothèque de la Fac. d. L. de l'Université de Paris,* 2e série, fasc. 2, Paris, 1924; *Proverbes français antérieurs au XVe siècle,* Paris, 1925;

Les recueils d'anciens proverbes français analysés et classés, dans R, 48 (1922), pp. 481-558; Locutions et proverbes obscurs, dans R, 50 (1924), pp. 499 ss. et les relevés de M. ROQUES et A. MICHA dans les éditions de Cligès, Erec et Enide, Lancelot, Yvain et Le Roman du Comte d'Anjou.

Pour la recherche suisse, voir les importants recueils de Jacob WERNER, Lateinische Sprichwörter, Heidelberg, 1912[1], 1968[2]; S. SINGER, Sprichwörter des Mittelalters, 3 vols, Berne, 1944/47, et Proverbia sententiaeque latinitatis medii Aevi. Lateinische Sprichwörter und Sentenzen des Mittelalters in alphabetischer Anordnung, hsgg. v. Hans WALTHER, Teil I-IV (A-Sil), Gottingen 1963-1966.

9. Voir par exemple les discussions sur les définitions de proverbe, sentence et dicton dans V.L. SAULNIER, Proverbe et paradoxe au XVIe et au XVIe siècles, dans Pensée humaniste et tradition chrétienne aux XVe et XVIe siècles, Paris, 1950, pp. 88-92; J. PINEAUX, Proverbes et dictons français, Paris, 1956; A.J. GREIMAS, Idiotismes, proverbes, dictons, dans Cahiers de Lexicologie, 2 (1960), ainsi que les études stylistiques de E. RATTUNDE, Li Proverbes au Vilain. Untersuchungen zur romanischen Spruchdichtung des Mittelalters, Heidelberg, 1966; E. RUHE, Untersuchungen zu den altfranzösischen Übersetzungen der Disticha Catonis, Munich, 1968 et Les Proverbes Seneke le Philosophe, Munich, 1969; J. FELIXBERGER, Untersuchungen zur Sprache des spanischen Sprichwortes, Munich, 1974.

Voir aussi la bibliographie dans MIEDER, The Proverb and Romance Literature, dans RN, 15 (1973/74), pp. 615-621 et C. BURIDANT, Sélection

Proverbes Seneke le Philosophe et le recueil espagnol de Bergua[9].

En dehors des travaux cités — relevés de proverbes dans un nombre limité de textes et d'auteurs, essais de définitions et analyses stylistiques dans trois recueils — il y a peu de travaux qui concernent directement l'utilisation de proverbes ou expressions proverbiales dans la littérature médiévale et surtout courtoise. Un article de M. Zumthor touche brièvement à la question, mais il concerne l'oeuvre lyrique d'Adam de la Halle[10]. Les cinq articles de la "Rhétorique du proverbe" dans la *Revue des Sciences Humaines*, 163 (1975), n'en comptent qu'un seul dans cette optique[11], tandis qu'il y en a trois à propos de la littérature du XVe siècle. La thèse de Mme Altieri, *Les Romans de Chrétien de Troyes. Leur perspective proverbiale et gnomique*, Paris, Nizet, 1976, qui, à partir du matériel relevé dans les sept romans de cet auteur aurait pu ouvrir le débat sur le rôle thématique et stylistique de ces éléments dans la littérature courtoise, ne dépasse guère le stade du relevé[12]. La question de l'utilisation et de la fonction des proverbes ou expressions proverbiales dans un contexte courtois reste donc ouverte, surtout du point de vue formel.

Notre propre étude ne vise par conséquent ni le simple relevé d'éléments dits populaires, ni leur regroupement thématique ou leur analyse structurelle, examens déjà entrepris dans la recherche, mais elle concerne l'aspect purement formel de l'intégration et de la fonction du proverbe ou de l'expression proverbiale dans le discours poétique, celui de romans et contes français des XIIe et XIIIe siècles.

À ce propos, nous avons fait des dépouillements dans quarante-deux romans et vingt-neuf contes courtois[13]. Les trois critères suivants ont déterminé notre choix:

— la position "hors-texte" du proverbe[14] souvent introduit par une formule le qualifiant de tel,

— la répétition du même proverbe dans des contextes différents,

— l'appartenance au répertoire des 2500 proverbes par Morawski ou à un autre recueil qui permet de l'identifier comme proverbe médiéval[15].

La distinction entre *populaire* et *savant* ne peut être considérée comme critère de base, parce qu'il est difficile de séparer avec certitude le "proverbe populaire ancestral" du proverbe emprunté à un autre contexte culturel et social ou d'un

Car a cheval donné
Ne regardés les dens.

Proverbes en rimes, f. 17v.

bibliographique: études sur les proverbes, dans *RSH,* 163 (1976), pp. 431-436.

10. Voir P. ZUMTHOR, *Entre deux esthétiques: Adam de la Halle,* dans *Mél. J. Frappier,* Genève, 1970, vol. II, p. 1165.

11. M.-L. OLLIER, *Le discours d'autorité chez Chrétien de Troyes,* dans *RSH,* 163 (1976), pp. 329-357, essaie d'analyser les dimensions possibles de seize proverbes dans *Yvain.*

12. La publication la plus récente à propos des proverbes en ancien français de Ricarda LIVER, *Moderne Definitionsversuche des Sprichworts und Sprichwortbezeichnung im Altfranzosischen,* à paraître dans *Zr Ph,* Sonderband, classe les définitions existantes et relève un certain nombre de terme en afr. désignant le *proverbe.*

13. Nous avons dépouillé les textes suivants: quatre romans antiques (*Thèbes, Eneas, Troie, Florimont*), les romans de Chrétien de Troyes (avec *Guillaume d'Angleterre*), les versions du *Tristan*, 40 romans d'aventures, les lais de Marie de France et d'autres contes, ainsi que les textes épiques occitans (y compris *Guillaume de la Barre*). Pour les éditions utilisées dans l'article, voir l'Appendice.

14. La position "horstexte" veut dire qu'«au niveau de la langue parlée, les proverbes et les dictons se découpent nettement de l'ensemble de la chaîne... on peut prétendre qu'un proverbe ou un dicton apparaissent comme des éléments d'un *code particulier,* intercalés à l'intérieur de messages échangés», A.J. GREIMAS, *op. cit.,* pp. 56-57.

15. J. MORAWSKI, *Proverbes français antérieurs*

au XVe siècle, CFMA, 47, Paris, Champion, 1925, y inclus les recueils qui forment la base du choix de Morawski, et les titres cités ci-haut, notes 8 et 9, de S. SINGER, E. RUHE, ainsi que les recueils de M. LE ROUX DE LINCY, *Le Livre des Proverbes Français,* 2 vols, Paris, 1859, et de I. et O. VON DÜRINGS-FELD, *Sprichworter der germanischen und romanischen Sprachen,* 2 vols, Leipzig, 1872/75.

16. A. JOLLES, *Formes simples,* Paris, 1964, pp. 123 et 127.

17. Voir par exemple les relevés de Bouchet, Ebert, Wandelt et Schepp cités à la note 7 où on constate entre les chansons de geste, les textes théâtraux et les romans antiques, une grande différence de fréquence pour les éléments proverbiaux.

18. MORAWSKI, no. 1098: «Li mort aus morz, li vif aus vis». Voir aussi LE ROUX DE LINCY, *op. cit.,* II, pp. 228 et 333, EBERT, *op. cit.,* no. 94 (4 ex. dans les chansons de geste), *Perceval,* v. 3616, *Fergus,* v. 3531, *Amadas et Ydoine,* v. 5369 et *L'Escoufle,* v. 2653.

19. MORAWSKI, no. 2368, LE ROUX DE LINCY, *op. cit.,* II, pp. 419, 424, 483, DÜRINGSFELD, *op. cit.,* II, 1 et l'analyse comparative de SCHEPP, *op. cit.,* pp. 41 s, autour du proverbe «Al vespre loe en le jor e al matin son hoste». Voir aussi RUHE, *Les Proverbes Seneke,* p. 116.

20. Par rapport à l'histoire de ces proverbes, voir S. SINGER, *Sprichworter,* I, p. 15 ss, no. 84 et MORAWSKI, nos 1333, 1570, 1877.

"proverbe" inventé par un auteur[16]. Nous nous sommes tenue par conséquent aux trois critères formels cités qui permettent d'identifier le proverbe comme élément pré-fabriqué par la tradition orale ou écrite et transmise dans les recueils parémiologiques médiévaux comme *Li Proverbes au Vilain* et d'autres.

Notre relevé permet quelques constations générales: la fréquence de ces éléments proverbiaux varie considérablement selon l'époque, le genre littéraire et l'auteur[17]. L'exemple des romans antiques est particulièrement frappant: les auteurs des romans de *Thèbes* et d'*Eneas* se distinguent de celui de *Troie,* Benoît de Sainte-Maure, par un style qui favorise l'emploi de proverbes répandus que Morawski relève dans son recueil de proverbes populaires. Citons quelques exemples. Dans le *Roman d'Eneas* nous trouvons entre autre les deux proverbes bien connus:

"Tenir estuet lo mort al mort,
lo vif al vif, ço est confort" (v. 1345-46)
(Les morts avec les morts,
les vivants avec les vivants, juste réconfort!)[18],

et

"Tel rit al main qui al soir plore" (v. 683)
(Tel rit le matin qui pleure le soir)[19],
ou encore les fameuses railleries autour de l'inconstance des femmes, telles que
"Fous est qui en fame se fie" (v. 1600)
(Il est fou celui qui se fie à une femme);
"Mout par est fous qui femme croit" (v. 1589)
(Il est fou celui qui croit une femme);
"Cuers de femme tost se mue" (v. 9960)
(Coeur de femme change rapidement)[20].

Dans le *Roman de Thèbes* nous relevons entre autre les éléments proverbiaux également répandus comme les suivants:

Qui (en) contre aguillon eschaucire,
Dous feiz se point, tout tens l'oi dire.

Proverbes en rimes, f. 39v.

"Qui (en) contre aguillon eschaucire,
Dous feiz se point, tout tens l'oi dire" (v.
5227-28)
(Celui qui regimbe contre l'aiguillon,
se pique deux fois, je l'ai entendu souvent)[21],
et le fameux
"Em petit d'eure Deus labore" (v. 9277)
(Dieu agit dans peu de temps)[22]
ou encore dans une position étrangement isolée
l'emploi ironique de
"Chaus devient en/en poil pelant" (v.
7568)[23]
(On devient chauve en se coupant les poils).

Le passage bien connu de la Bible (*Mat.* 26, 52)
que l'auteur rapporte à Pline
"Li vilains dit: Qui glaive fet,
sanz doutance a glaive revet" (v. 8579-80)
(Le vilain dit: Celui qui se sert de l'épée,
mourra par l'épée)

21. Voir SINGER, *op. cit.,* I, p. 36, no. 25b et II, p. 89, no. 251; voir aussi MORAWSKI, no. 1873; apparaît également dans *Eneas,* v. 8651-52 (voir l'analyse comparative dans SCHEPP, *op. cit.,* pp. 36-37).

22. Voir surtout SINGER, *op. cit.,* II, p. 73, no. 187; LE ROUX DE LINCY, *op. cit.,* I, pp. 17 et 20, II, pp. 475 et 489; EBERT, *op. cit.,* p. 27 et les exemples dans *Floire et Blancheflore,* v. 1425; *Le Bel Inconnu,* v. 8.

23. MORAWSKI, no. 1107: «Le poil qui ne peut durer ung an ne vault rien».

se présente sous une forme légèrement différente de celle du proverbe dans le recueil de Morawski[24].

Dans les plus de trente mille vers du *Roman de Troie* cependant, il y a peu de proverbes connus: nous relevons quelques expressions proverbiales près des formules traditionnelles autour de l'amour, l'orgueil, la folie, la sagesse et le destin[25] mais la rareté de cet élément stylistique dans une oeuvre aussi développée est à souligner.

Par rapport à l'exemple des romans antiques, la situation des *contes et romans courtois* des XIIe et XIIIe siècles, d'origine arthurienne surtout, semble encore plus complexe. De nouveau, il existe des différences considérables entre les auteurs.

Le roman d'aventure d'inspiration classique, *Florimont*, a une haute fréquence de proverbes nettement identifiables[26]. Par contre, les *Lais* de Marie de France — de la même époque — n'en utilisent que peu[27]. La raison semble être à chercher plutôt dans les intentions stylistiques de l'auteur que dans la brièveté du genre, parce que d'autres lais comme celui du *Narcisse* ou celui d'*Aristote* et les fabliaux les utilisent fréquemment.

Chrétien de Troyes et Jean Renart s'opposent à la masse des romans d'aventures et même à *Jaufre* et *Flamenca* de la littérature occitane par un emploi particulier de l'expression proverbiale dont il sera question plus loin.

Le *Roman de la Rose* mériterait une analyse à part parce que l'opposition entre la partie de Guillaume de Lorris et celle de Jean de Meung est flagrante: il se trouve, dans les 4028 vers du premier, onze proverbes bien attestés par le recueil de Morawski entre autre. Dans la deuxième partie du roman par contre, le nombre de proverbes employés est beaucoup moins élevé: Jean de Meung n'intègre que cinquante proverbes identifiables dans les 17,000 vers de son

24. MORAWSKI, no. 1891: «Qui de glaive vit de glaive doit morir». Voir aussi *Roman de Troie*, l'emploi ironique dans v. 10161-162.

25. Par exemple, à propos de l'amour, les vers 13415 - 6, 13445 - 6, 13419-20, l'orgueil, v. 2843-46, 7588-89, la folie, v. 6425-30, la sagesse, v. 6415-16, 3646-50, le destin, v. 6157-59. Les vers 6081-86 correspondent à Morawski, no. 2387; v. 30107-8, à Morawski, no. 63; v. 18440-441, à Morawski, no. 89; v. 3801-07, à Morawski, nos 386 et 1043.

26. Voir les vers 736, 774, 1150, 2857, 2880s, 3503-4, 3604, 4279, 4421-22, 4814, 5368-77, 5640, 5760, 6163-4, 6183-4, 6391-2, 6404, 7651, 8260, 8297, 8509-10, 10149-150, 10335, 10359-360, 10971-972, 10983 - 984, 12318, 12932, 12954, 13623 ss.

27. Par exemple *Yonec*, v. 85; *Chaitivel*, v. 19-26; *Eliduc*, v. 61-63.

oeuvre, la moitié de ces éléments proverbiaux se rattachant expressément à la tradition latine et non française et populaire[28].

Si déjà la fréquence de ces éléments proverbiaux, "préfabriqués" par la tradition orale ou écrite, varie entre les oeuvres analysées, la variation est encore plus forte en ce qui concerne *l'emploi et la forme de leur intégration*. En dehors de la variété qui relève de la signification du proverbe par lui-même et du sens contextuel, le proverbe exerce une fonction stylistique dans le récit et même dans l'ensemble de l'oeuvre. Les *Arts poétiques* signalent ce procédé rhétorique expressément et lui attribuent un rôle particulier dans le discours. Mathieu de Vendôme comme Geoffroi de Vinsauf et la rhétorique latine avant eux accordent une place importante à l'emploi du proverbe ou de la sentence dans une oeuvre poétique, surtout pour commencer ou conclure et pour enchaîner du général au particulier dans le discours.

Il est possible de distinguer trois types d'intégration de cet élément dans le discours direct ou indirect:
a) le type qui isole le proverbe par une formule introductive ou concluante,
b) celui qui l'emploie comme simple élément stylistique sans appuyer sur son côté "hors-texte" et
c) celui qui l'emploie comme élément constitutif d'un ensemble identifiable dans le récit.

Nous essayerons à l'aide d'exemples choisis dans notre *corpus* d'illustrer les différentes formes d'emploi de l'élément proverbial.

a) **Le proverbe isolé dans le discours (indirect ou direct)**

Ce *premier type,* qui appuie sur l'isolement de l'élément proverbial, a déjà été indiqué mais non analysé par Ebert et Kadler dans leurs relevés de proverbes dans 18 romans d'aventures et un

28. Voir les notes de l'éd. LECOY.

certain nombre de chansons de geste. Cnyrim et Peretz le signalent dans leurs dépouillements de textes occitans. Les formules introductives comme "li vilains dist", "li vilains dit par repruveir", "les genz dient", "li vilains tient à savoir", "on dit tos jors", "mais hom dist", "si oï dire" et d'autres ont été citées dans ces travaux[29], tandis que la formule suivante du *Roman de Troie* est rare et n'a pas été relevée:

> «*Li vilains dist, mais il menti*
> Que ja hom morz n'avra ami» (v. 10393-394)
> (Le vilain le dit mais il a tort
> que le mort n'a pas d'amis)[30].

Soulignons également les formules concluantes telles que "un proverbe c'on retrait", "ce est la somme", "c'est chose seüe", qui sont moins fréquentes. Ces éléments introductifs ou concluants se trouvent dans le récit ou, plus souvent, à l'intérieur d'un discours direct. Il n'est pas possible de dégager une règle de leur utilisation. L'intégration du proverbe qui suit ou qui précède de telles formules stéréotypées permet par contre de distinguer certains types de fonction dans l'emploi du proverbe.

a-1) Le proverbe isolé dans le récit

Le proverbe isolé dans le récit est *commentaire de l'événement rapporté*, par exemple, dans *Le Bel Inconnu* où il a une fonction ironique: Robert, compagnon et vassal du jeune chevalier arthurien, découvre après la défaite des deux géants leur repaire où le repas était déjà prêt. Commentaire de l'auteur: rien n'est sûr!

> «Li vilains dist: Par Saint Martin,
> Tels fait viengne, n'i cuit roissin» (v. 915-916)
> (Le vilain dit: Par Saint Martin,
> On peut préparer la vigne sans en récolter le raisin)[31].

Le proverbe isolé dans le récit peut être également le *résumé d'une digression de l'auteur*.

29. Voir EBERT, *op. cit.*, pp. 37-38, KADLER, *op. cit.*, pp. 7-11, CNYRIM, *op. cit.*, pp. 7-11, PERETZ, *op. cit.*, pp. 23-27.

30. MORAWSKI, no. 846: «Home mort n'a ami».

31. MORAWSKI, no. 229: «Belle vigne sans resin ne vault rien». Voir aussi LE ROUX DE LINCY, I, p. 87 et pour *Saint Martin*, SINGER, *op. cit.*, II, pp. 29-30, no. 51, et pp. 31-32, no. 53; comparer aussi SINGER, *op. cit.*, I, no. I, 487.
Cas comparables: *Galeran de Bretagne*: le traitement subi par Fresne après le départ de Galeran commenté par l'auteur de la manière suivante:
«Ce puet Fresne leans veoir,
Mais fiance en a en son savoir,
Amis charnelz vault plus qu'avoir» (v. 3715-17),
voir MORAWSKI, no. 1240 et 1241 et SINGER, *op. cit.*, I, p. 52, no. 95, 16.
Richard li Biaus: l'effet du "vin fort" sur Clarisse commenté par l'auteur:
«Telz cuide bien aler qui glisse» (v. 305),
ceci près de MORAWSKI, nos 2344, 2347 et surtout 2371.

Ainsi dans *Joufroi de Poitiers,* l'auteur commente l'entente entre Agnès et Joufroi en l'approuvant expressément comme attitude courtoise qui trouve le juste milieu entre l'attente et l'aveu de l'amour. Il résume son propre exposé de la manière suivante:

«Li vilains dit, que n'est sofrant

Qu'a poine puet estre mainant» (v. 2097-98)

(Le vilain dit: Celui qui manque de patience peut difficilement devenir riche et puissant)[32].

Le proverbe isolé dans le récit est en outre une *mise en relief à l'intérieur d'une description,* par exemple, dans *Amadas et Ydoine,* l'auteur intercale un proverbe dans une sorte de discours indirect décrivant les peines d'amour d'Amadas:

«Mais mult l'avès oï souvent

En reprouvier dire a la gent:

Fort cose a u faire l'estuet» (v. 462-64)

(Vous avez souvent entendu dire par les gens en proverbe qu'une chose importante pousse à agir)[33].

a-2) Le proverbe isolé dans le discours direct

Le deuxième cas que nous avons à considérer est l'emploi du *proverbe isolé dans le discours direct.* Le proverbe occupe dans cette position les mêmes fonctions que dans le récit de l'auteur: il

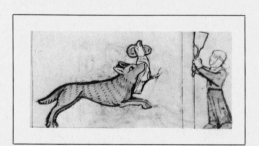

32. Voir MORAWSKI, no. 1060 et surtout 2193. Cas comparables: *L'Escoufle,* l'auteur commente après une digression sur les peines d'amour, la souffrance de l'empereur par

«Mout par est de pute nature,

Que n'a de nul home pitié» (v. 2434-35).

Flamenca: les peines d'amour de Guilhem amènent la digression de l'auteur qu'il clôt par:

«Proverbis es: qui trop s'azaisa,

Greu er si per amor no-s laiza» (v. 1830-32);

voir CNYRIM, *op. cit.,* no. 676 et *Flamenca,* éd. GSCHWIND, II, p. 917, note pour 1830-37.

33. Voir MORAWSKI, no. 761 et 236: «Besoing fait vielle troter»; SINGER, II, p. 11, no. 2 et p. 25, no. 38; LE ROUX DE LINCY, II, p. 247 et 486; DÜRINGSFELD, II, no. 192. Cas comparable: GERBERT DE MONTREUIL, *Continuation de Perceval,* dans l'histoire des quatre frères, de Leander et de l'attaque inattendue contre Perceval, l'auteur marque par un récit moralisant scindé de proverbes identifiés comme tels la méchanceté des agresseurs:

«As peres retraient li oir» (v. 11 582),

«Qui mal chace a mal doit venir» (v. 11 596),

«Car on dist que li cuers fait l'oevre»,

trois proverbes qui correspondent à MORAWSKI, nos 2318, 1983, 437 et 1069.

34. Dans le discours direct, le proverbe est *commentaire*, par exemple, dans le *Roman de la Violette*: Aiglente, après avoir appris la blessure de Gérard:
«Lasse, fai-elle, j'en cuidoie
Mon ami faire, mais c'est fable.
Ceste parole est veritable
Que tels cuide prendre, ki faut» (v. 2991-94),
et également dans *Guillaume de Palerne*, dans la décision des barons de combattre:
«Verrons cui on devra amer
Et cui proisier et cui blasmer.
Au grant besoing, ce est la somme,
Doit on conoistre le preudomme» (v. 5009-12).
Les deux proverbes soulignés correspondent à MORAWSKI, nos 2347 et 47.

35. Dans le discours direct, le proverbe est *résumé d'une digression*, par exemple, dans le récit des serfs qui ont laissé l'enfant Edyppus dans la forêt: *Roman de Thèbes*, v. 121-24:
«Dient au roi: Seur soiez desormès vous esjoissiez.
Se vos pouez des vis garder,
des mors ne vos estuet douter».
Voir MORAWSKI, no. 1098, LE ROUX DE LINCY, I, p. 247 et II, p. 493, SINGER, I, p. 67, no. 1/24 et même DÜRINGSFELD, II, no. 464.

36. Dans le discours direct, le proverbe est *mis en relief*, par exemple dans *Floriant et Florete*, v. 4422. Yvain accentue son argumentation dans le conseil d'Arthur par «Folie n'est pas vasselage»;
voir LE ROUX DE LINCY, II, p. 474.

37. Pour l'explication du proverbe, voir la note 34. Un cas comparable se trouve dans *Ille et Galeron*, dans la délibération des barons qui partent en guerre:
«Signor! Laissiés ço ester,

est commentaire[34], résumé[35] et mise en relief[36], mais le discours direct lui donne encore une autre dimension, celle d'une règle de conduite ou d'une expérience personnalisée. Ne citons que deux exemples: dans *Guillaume de Palerme*, au moment de la décision des barons de combattre, un des nobles dit:

«Verrons cui on devra amer
Et cui proisier et cui blasmer.
Au grant besoing, ce est la somme,
Doit on conoistre le preudomme» (v. 5009-12)
(Essayons de voir qui doit être préféré,
qui louer, qui blâmer parce que c'est vrai
qu'au danger on reconnaît le vaillant)[37].

Dans le *Roman de Flamenca*, celle-ci souligne expressément dans sa plainte d'amour ce côté personnalisé par les propos:

«Mais un proverbi diso-1 laïc
Qu'ieu ai proat aras en me:
Adura ben, aquel ti ve,
Adura mal, fai atertal» (v. 2053-56)
(Il y a un proverbe, chez les laïcs,
dont j'éprouve maintenant la vérité:
Supporte bien, le bien te vient,
supporte mal, le mal fait de même)[38].

Un tel emploi du proverbe isolé enlève malgré la teinte personnelle le caractère d'une expérience individualisée et permet une certaine généralisation de l'expérience que E. Köhler considère comme un des éléments constitutifs du roman courtois[39].

b) Le proverbe comme simple élément stylistique

Le *deuxième type* d'intégration d'un proverbe est celui de l'emploi comme *simple élément stylistique* dans le récit et le discours direct sans signe d'identification explicite. L'auteur se sert d'une manière consciente d'un élément figé qu'il adapte à la forme métrique du contexte.

Nombreux sont les exemples où le proverbe reste facile à reconnaître parce qu'il est à peine modifié et qu'il garde les formules typiques comme "mieux vaut", "sages est", "fols est", ou le "qui" sans antécédent[40].

Citons un cas typique qui en plus est toujours lié au même contexte, le combat entre chevaliers. Morawski atteste le proverbe suivant: «Teus cuide venchier sa honte qui la croist» (no. 2351), (Celui qui pense venger sa honte, l'augmente)[41]. Ce proverbe est repris par plusieurs auteurs:

«Plus cuide sa honte vengier
Cui en avint grant encombrier» (v. 2844-45)
(À celui qui croit venger sa honte, arrive
beaucoup d'ennui),

dit le *Roman de Troie.* Chrétien de Troyes formule dans *Erec et Enide:*

«Tiex cuide, se il li loist,
Vengier sa honte qui l'acroist» (v. 2891-92)
(Celui qui croit, s'il le peut, venger sa honte,
l'augmente).

Dans *Fergus,* le même proverbe apparaît sous la forme suivante:

«Tels cuide vengier sa honte
Qui l'acroist ançois et amonte» (v. 2981-82)
(Celui qui croit venger sa honte, l'augmente
et l'agrandit au contraire).

L'élément significatif *vengier sa honte* reste partout et la liste des variantes littéraires qui pourrait être complétée par d'autres textes ne concerne que le fait de l'augmenter; l'intégration dans la forme métrique du texte littéraire est ainsi simplifiée.

Il y a d'autre manières plus habiles d'intégrer un élément proverbial, par exemple l'application au cas concret de la jeune femme malmariée qui — au lieu de citer le proverbe «A longe corde tire que autrui mort desire» (Morawski no. 68) — se plaint de la manière suivante:

«A forte corde trai e tir,
il ne purrat jamés morir!» (*Yonec,* v. 85-86)

...
Dementres que li fers est caus,
Le doit on batre, qu'il ne monte,
Et vengier esranment sa honte.
Cou est del miex si con moi sanle» (v. 725-30).

38. Voir MORAWSKI, nos 199, 203, SINGER, I, p. 92, no. 1/289.

39. Voir E. KÖHLER, *L'aventure chevaleresque. Idéal et réalité dans le roman courtois,* Paris, 1974, pp. 269 ss.

40. Voir MORAWSKI sous les formules indiquées et KADLER, *op. cit.,* pp. 21-30.

41. Voir MORAWSKI, no. 2338 et SINGER, III, p. 35, no. 64/22. Voir aussi *Florimont,* v. 743-44 et 10 *Florimont,* v. 743-44 et 10359-60, *Cligès,* v. 632-34 et 2891-92, *Le Bel Inconnu,* v. 1220-21, *Ipomedon,* v. 2146.

(Je tire et tire avec une grosse corde, il ne mourra jamais!).

Le proverbe est respecté mais nettement personnalisé.

La situation est différente dans le cas de Jean Renart et de l'auteur de *Flamenca* qui semblent particulièrement conscients du schéma stylistique fourni par la structure proverbiale. Les deux auteurs s'en servent d'abord dans des buts humoristiques, comme le montrent les exemples qui suivent.

Jean Renart s'exclame en plein milieu d'une discussion entre l'empereur, l'archevêque et sa suite dans *Guillaume de Dole*

«Ahi! plus tire cus que corde!» (v. 5300)[42], pour souligner que les désirs charnels tirent plus de leur côté que la plus forte corde et que les vraies raisons sont celles-là qui font insister l'empereur pour faire avancer la date du mariage.

Flamenca chuchote un proverbe dans l'oreille de son ami quand elle l'embrasse en disant:
«*Sempre pesca qui una pren,*
E talz baisar en cort donatz
Val mout d'autres baisars privatz» (v.738-40)
(Toujours pêche qui en prend un et tel baiser donné en cour en vaut bien d'autres donnés en lieu privé)[43].

Les deux auteurs appliquent à un autre endroit un procédé également répandu qui ne conserve que l'idée générale d'un proverbe tout en lui donnant une forme littéraire variée. Morawski cite le proverbe lapidaire «Villain que villain» (no. 2484) que Jean Renart (*Guillaume de Dole*, v. 2585-86) varie par

«Que ja por nule segnorie
Nuls vilains n'iert se vilains non»
(Quoi que ce soit, jamais pour aucun honneur un vilain sera autre chose qu'un vilain),
et *Flamenca* utilise cette image d'origine classique:

42. À propos de la *corde qui tire,* voir SINGER, II, P. 78, no. 209 qui énumère les exemples du type MORAWSKI, no. 68: «A longe corde tire / Que autrui mort desire» et SINGER, II, p. 36. no. 67 qui cite entre autre *Prov. au Vilain*, 217 et trois traductions dans les *Proverbia Rusticorum*.

43. Voir CNYRIM, *op. cit.*, p. 60, no. 753a et PERETZ, *op. cit.*, no. 263, à comparer aussi éd. GSCHWIND de *Flamenca*, II, p. 218, note pour 7337-8.

De donner est bien couvenable,
A vilain charbonnee d'asne.

Proverbes en rimes, f. 70r.

«Ges ola leu perdre non deu
La sabor don primas s'enbeu» (v. 7867-68)
(La marmite ne peut pas perdre la saveur
dont elle s'est d'abord imprégnée)[44].

c) Le proverbe comme élément constitutif d'un ensemble identifiable

Notre *troisième type* d'intégration d'un proverbe est celui qui le fait apparaître comme *élément
constitutif d'un ensemble identifiable* dans le récit
ou le discours direct, tel que le monologue, le
dialogue ou même comme sousjacent à la structure de toute une oeuvre.

Trois exemples doivent suffire pour illustrer
notre propos. *Jaufre,* roman arthurien en langue
d'oc, contient nécessairement les grands monolo-
gues des amoureux avant la déclaration. Le
monologue de Brunissen est bâti, comme bien
d'autres du même genre, auteur du proverbe

44. Voir aussi GSCH-
WIND, *op. cit.,* II, p. 277
sous 7865; comparer
Guillaume d'Angleterre, v.
1349-50:
«Nature est tex c'onques
ne fause.
Tou jors porte avoec li se
sause».
Voir aussi l'article d'A.
HENRY, *Ancien français
nate que nate,* dans *R,* 69
(1946-47), pp. 174-186.

«Amor veint tute rien» (Morawski no. 84);
nous n'en pouvons citer que quelques vers:

«Car en me vol far aparer
Sa seinoria e so poder,
Car qui de ren s'en vol jausir,
Sos mandemens l'es asseguir
O de follia o de sen;
De tot l'er a far son talen,
Car de tot es sieus lo poderz» (v. 7563-70).
(traduction de Nelli/Lavaud:
«Il veut faire éclater en moi sa puissance,
sa souveraineté. Celui qui veut tirer quelque
joie d'Amour doit observer ses commende-
ments - qu'ils soient fous ou sages - et de
toute façon faire à sa volonté, car il est le
maître de tout»).

Tout le monologue tourne autour de ce dernier
vers, le noyau proverbial.

Une autre façon de développer et même
d'exploiter le matériel fourni par les proverbes se
trouve dans *Le Bel Inconnu* où la formule «Dist li
vilains» clôt toute une série de conseils qui sont à
la fois proverbes, expressions proverbiales et
formules à partir du modèle stylistique du
proverbe:

«Qui ne porchace sa besoigne,
Tost li poet torner a vergoigne,
Cil qui del mal sent le martire
Se doit molt bien mostrer au mire
Sans nul respit, dist li vilains» (v. 3813-17)
(Celui qui ne fait pas ce qu'il doit,
rapidement cela peut lui tourner à honte,
celui qui sent la souffrance de la maladie,
doit se montrer vite au médecin, sans contre-
dit, dit le vilain).

45. Vers 3813-14 sont à rapprocher de MORAW-SKI, no. 1907: «Qui deus chace nule ne prent», vers 3815-16 correspondent à 2192: «Qui veult la guari-son du mire / Y lui convient son meshain di-re».

Dans ce dernier exemple, on fait non seulement
un emploi ironique du proverbe[45] et de son
utilisation dans le contexte du roman courtois,
Renaut de Beaujeu se moque également du cliché
littéraire qui attribue toute sentence ou maxime
au genre du "proverbe au vilain".

Notre répertoire de l'intégration du proverbe devrait se terminer ici s'il n'y avait pas une dernière hypothèse à formuler, qui concerne Chrétien de Troyes et le roman d'aventure *Guillaume d'Angleterre* qui lui est attribué. La structure du récit est simplifiée à l'extrême: le roi et la reine d'un côté, et leurs enfants élevés par des marchands, de l'autre. Les proverbes employés ne sont pas nombreux. Chaque fois, ils apparaissent sous une forme largement développée et se concentrent autour de l'idée de l'opposition entre noble et vilain[46]. Serait-il possible de considérer *Guillaume d'Angleterre* comme un roman bâti autour d'un noyau proverbial comme le suivant:

«Mieux vault courtois mort que vilain vif»[47]

(Mieux vaut un noble mort qu'un vilain vivant)

qui apparaît déjà dans *Yvain?* Une analyse détaillée devrait examiner cette hypothèse.

46. Voir le relevé des passages dans W.L. HOLLAND, *Crestien von Troies, Eine literaturgeschichtliche Untersuchung,* Tubingue, 1854, pp. 264-267; à comparer avec le relevé d'ALTIERI, *Les Romans de Ch. de T.,* pp. 109-113, qui classe les mêmes passages sous les sentences.

47. Voir *Yvain,* v. 31-32:
«car molt valt mialz, ce m'est a vis,
uns cortois morz c'uns vilains vis»;
MORAWSKI, no. 1257; éventuellement il s'agit d'une transformation du proverbe cité par DÜRINGSFELD, *op. cit.,* I, p. 97, no. 187:
«Chien en vie vaut mieux que lion mort».
Voir aussi l'article de SCHNEEGANS sur le proverbe
«Battre le chien devant le lion»,
dans *Rev. des Ét. rabelaisiennes,* 4 (1906), pp. 226-227.

En plusieurs lieux il est d'usage / de pugnir le povre ignorant.
Pour faveur ou pour parentage / on ne s'ose prendre au plus grant.
Le petit est tousjours souffrant / dure et grieve pugnicion,
Et cil que ce va procurant / bat le chien devant le lyon. *Proverbes en rimes,* f. 78r.

A partir de romans et contes des XIIe et XIIIe siècles et de critères purement formels, nous avons essayé de donner un aperçu de l'emploi du proverbe dans la littérature courtoise. Les éléments analysés ont démontré que les auteurs en font un emploi très conscient qui va de la simple intégration bien identifiée jusqu'à l'élargissement du noyau proverbial en partie intégrante de l'ensemble du récit.

Malgré les fréquents renvois aux formules qui attribuent ces proverbes à la sagesse humaine et même populaire ou paysanne, il nous semble que ces éléments servent, dans leur emploi, moins à mettre en évidence une classe ou une façon particulière de percevoir le monde à l'aide d'une *autorité* (la sagesse populaire dans le cas analysé) qu'à créer des distances, d'*impersonnaliser le discours.* Le seul cas où le côté formel et formulaire ne semble pas prévaloir, pourrait être le roman de *Guillaume d'Angleterre* où la sagesse proverbiale adopte la forme d'un message à travers la structure simplifiée du récit linéaire.

APPENDICE

Editions utilisées dans l'article

Roman de Thèbes, 2 vols, éd. *G. RAYNAUD DE LAGE,* CFMA, 94 et 96;

Roman D'Eneas, 2 vols, éd. *J.-J. SALVERDA DE GRAVE,* CFMA, 1924 et 1926;

Roman de Troie, 6 vols, éd. *L. CONSTANS, SATF,* 1904 ss;

Florimont d'AIMON DE VARENNES, éd. *HILKA,* Göttingen, 1933;

Erec et Enide, éd. *M. ROQUES,* CFMA, 80;

Guillaume d'Angleterre, éd. *M. WILMOTTE,* CFMA, 55;

Le Chevalier au Lion ou Yvain, éd. *M. ROQUES,* CFMA, 89;

Amadas et Ydoine, éd. *J.R. REINHARD,* CFMA, 41;

Guinglain ou Le Bel Inconnu, éd. *G.P. WILLIAMS,* CFMA, 38;

Fergus, éd. *E. MARTIN,* Halle, 1872;

Guillaume de Dole, éd. *F. LECOY,* CFMA, 91;

Guillaume de Palerne, éd. *H. MICHELANT,* Paris, 1876;

Joufroi de Poitiers, éd. *P.B. FAY* et *J.L. GRIGSBY,* Genève, 1972;

Jaufre, Flamenca, éd. *R. NELLI, R. LAVAUD,* Bibliothèque européenne, 1960;

Guillaume de la Barre, éd. *P. MEYER, SATF,* 64;

MARIE DE FRANCE, **Lais,** éd. *J. RYCHNER,* CFMA, 93;

Lai d'Aristote, éd. *M. DELBOUILLE,* Paris, Les Belles Lettres, 1951;

Lai du Narcisse, éd. *THYSSENS,* Paris, 1975.

V

La musique populaire médiévale, une question de tout ou rien[1]

Andrew Hughes
Université de Toronto

Y a-t-il une culture populaire? Tel est, si paradoxal que cela puisse paraître, le premier problème qu'on est bien obligé de se poser. Car la culture exige, n'est-il pas vrai, de l'artifice, une structure réfléchie et, peut-être surtout au moyen âge, des soubassements mathématiques. La culture est construite, elle n'est pas naturelle. Tandis qu'on accueille les arts, la poésie, la musique populaires selon un autre mode: par transmission orale, comme legs de la tradition, sans que la science y apporte ses retouches. Si les changements se produisent, c'est de manière purement fortuite, par des failles de la mémoire, ou bien alors au gré des besoins. L'artifice, la formation délibérée sont, dirais-je, absents. Il s'agit là effectivement d'une autre culture, porte occasionnelle d'un second monde[2]. En outre j'hésite à employer le terme de "populaire", avec ce qu'il implique. De quoi s'agirait-il, en effet, quand on qualifierait ainsi la musique? Des genres, des formes qui se diffusent, dans tous les lieux et les milieux? Mais alors les chants de l'Église sont de tous les plus populaires. Or à première vue cette conclusion répugne. Toutefois elle mérite qu'on y réfléchisse et j'y reviendrai. D'autres genres encore, au moins au XIIIe siècle et en certains pays au XIVe siècle ,ont par ailleurs la vie aussi solide que le chant grégorien; je veux parler des oeuvres des troubadours et des

1. Je veux remercier Mlle Wendy Pfeffer et Mlle Marcy Epstein, de l'Université de Toronto, qui m'ont aidé dans la préparation de cette contribution.

2. J'ai tiré la phrase de W.H. AUDEN de *Secondary Worlds*, Londres, 1968, discuté par Gaynor JONES, *Some Criteria for Opera*, dans *Canadian Association of University Schools of Music Journal*, 3, 2 (1974), pp. 30-31.

trouvères, des *laude,* des *cantigas,* des *Geissler-lieder.* Sont-ils populaires? Là encore au premier moment on est tenté de répondre par la négative. Ce sont là des genres écrits, où souvent intervient un travail de façonnement, qui présentent fréquemment des signes d'artifice. Mais leur large diffusion leur confère, comme au chant grégorien, un aspect populaire.

À la réflexion, je comprendrais le mot "populaire" au sens où il s'applique à un art qui provient des gens de la campagne. Mais alors il n'y a presque plus rien à dire au sujet de la musique vu que personne ne voulait ni peut-être ne pouvait l'écrire. Néanmoins à y penser encore, je suggérerais une autre signification, et en fin de compte une signification plus exacte, pour le terme "populaire": il s'agirait des arts qui s'adressent aux gens du peuple, aux paysans. Entre "venir des gens" et "s'adresser aux gens", la différence est notable, évidemment. Et pourtant même dans cette dernière solution on ne pourrait penser qu'à peu de genres. Du moins des oeuvres de ce type existent-elles dans les manuscrits, qui peuvent être décrites. Qu'on se rappelle les caroles. Tirant leurs origines de l'ordre franciscain, les caroles étaient chantées pour les gens, mais assurément point par les gens, parce que les techniques musicales en sont subtiles bien que faciles pour les musiciens accomplis[3].

3. Pour plusieurs exemples du répertoire, voyez *Musica Britannica,* t.4, éd. John STEVENS, Londres, 1958. Une collection des textes se trouve dans R.L. GREENE, *Early English Carols.*

Ces préliminaires étaient importants, voire nécessaires pour établir notre base de départ; ils n'en perdent pas moins une partie de leur valeur du fait que si l'on choisit de définir le "populaire" par un seul de ses aspects, il risque d'en rester si peu d'exemples que l'on sera dans l'impossibilité de poursuivre l'étude de notre sujet. Assurément, la plus grande partie de la musique médiévale que l'on entend aujourd'hui, soit sur disque, soit en salle de concert, n'est pas populaire. Il est opportun, donc, d'exclure quelques genres, surtout si les chroniques du moyen âge nous disent que ces genres ne sont pas pour les *illittera-*

ti. Par exemple, l'auteur Johannes de Grocheo, qui a écrit dans les environs de l'an 1300, décrit le motet du treizième: «on ne doit pas jouer cette espèce de musique en public devant les gens qui ne peuvent pas la comprendre ni prendre plaisir aux sons, mais seulement devant les *litterati* et ceux qui cherchent les *"subtilitates"* de l'art»[4].

Le motet est une espèce de musique à trois voix. Les *"subtilitates"* se manifestent dans la structure complexe du motet, et surtout dans les origines des mélodies, qui empruntent aux chants des trouvères ou aux chants de l'Eglise, et quelquefois aux deux ensemble, une mélodie se trouvant dans une voix, l'autre dans une autre et peut-être même une troisième dans une troisième voix. Deux de ces voix chantent les textes, et il y a toujours au moins deux textes différents et quelquefois des langues différentes qui se chantent en même temps[5]. Le tissage de tous ces fils, entrecroisés par un symbolisme complexe, et avec leurs références continuelles à d'autres répertoires n'est compréhensible que par les savants. Néanmoins, il y a des exceptions. Voici un exemple qui se base sur la mélodie suivante plutôt que sur un chant de l'Église:

Fre-se nou-ve-le   muere france, muere, muere fran-ce

Ce chant, c'est un cri qui vient des champs de foire, des rues de Paris. Est-il populaire? Avec ce texte, il y a deux autres textes, et la pièce n'est pas facile à comprendre, bien qu'on la trouve facile à écouter[6]:

On parole de batre et de vanner Et de foïr et de hanner

4. E. ROHLOFF, *Die Quellenhandschriften zum Musiktraktat des Johannes de Grocheo*, Leipzig, 1967, p. 144: «Cantus autem iste non debet coram vulgaribus propinari, eo quod eius subtilitatem non (anim-) advertunt nec in eius auditu delectantur, sed coram litteratis et illis qui subtilitates artium sunt querentes».

5. Pour une collection du répertoire des motets, voir l'édition de Y. ROKSETH, *Polyphonies du XIIIe siècle: Le Manuscrit H. 196 de la Faculté de Médecine de Montpellier*, 4 t., Paris, 1939.

6. Voir *Historical Anthology of Music*, éd. W. APEL et A. DAVIDSON, Londres, 1949, t. 1, pp. 35-36. Cette composition est sur disque Archiv 2723045 Stéréo.

Comprendre ou prendre plaisir sans réflexion, qu'est-ce qui est "populaire"? De ce point de vue, on peut rappeler les trois divisions qui servaient de base aux disciplines musicales à travers le moyen âge. Boèce les a formulées clairement au Ve siècle[7], les dénommant *musica mundana, musica humana,* et *musica instrumentalis.* De cette division le premier terme correspond à la compréhension intellectuelle dont le motet a besoin et pour laquelle les sons ne jouent théoriquement aucun rôle. Le troisième, celui de *musica instrumentalis,* correspond à la musique qui ne se réalise qu'avec les sons (les instruments et aussi les voix), et pas du tout avec l'intellect: on est là sans doute particulièrement proche de la musique populaire que nous cherchons. Le second terme, beaucoup moins facile à définir que les autres, correspond peut-être à la musique que les compositeurs du moyen âge ont faite.

Voici un chant du XIVe siècle, un morceau moins intellectuel que les motets du XIIIe siècle. La base est peut-être aussi d'origine populaire[8].

7. Pour le texte de Boèce, voir *De institutione arithmetica libri duo. De institutione musica libri quinque...* éd. Gottfried FRIEDLEIN, Leipzig, 1867 et Francfort, 1966. Pour quelques commentaires, voir M. BUKOFZER: *Speculative Thinking in Medieval Music,* dans *Speculum,* 17 (1942), pp. 165-180, et L. SPITZER, *Classical and Christian Ideas of World Harmony,* Baltimore, 1963.

8. Voir *French Secular Music of the Late XIVth Century,* éd. W. APEL, (American Institute of Musicology, 1970), t. 1, pp. 21-22. Cette composition est sur disque EMI SLS 863.

Je veux signaler à votre attention quelques mots du commencement: *Rossignolin du bos jolin.* Formule très rebattue. Ici j'introduirai un thème nouveau. Voici le commencement d'un chant que quelques-uns d'entre vous pourraient reconnaître.

Cette chanson était recueillie "aux environs de Québec et en Acadie" par Marius Barbeau[9]. Je ne veux pas poursuivre ce thème pour le moment, mais j'y reviendrai.

9. M. BARBEAU, *Le Rossignol y chante,* Ottawa, 1962, p. 23.

Retournons à l'auteur médiéval que je viens de citer, Johannes de Grocheo, qui est le seul théoricien qui parle de la musique populaire, et le premier à parler de la musique séculière, sans en dire d'ailleurs bien long. Il traite d'autre part du *cantus gestualis,* peut-être la chanson de geste, mais nous n'avons pas la musique et on n'en peut rien dire. En tout cas, Johannes déclare que ce genre est «puissant pour la conservation de l'État entier»[10]; ce n'est pas l'affaire de tout le monde ou des paysans. Les *cantus coronati,* d'après ce qu'il dit, étaient faits par les rois et les nobles, étaient couronnés par les *"magistri* et *studentes"* (qu'est-ce que cela veut dire?), et ces chants parlent de la valeur, de la magnanimité, de la charité, de l'amitié, utilisant des sujets délectables mais ardus. Ici il s'agit de genres philosophiques et très élevés.

10. E. ROHLOFF, *Die Quellenhandschriften,* p. 130: «Et ideo iste cantus *(gestualis)* valet ad conservationem totius civitatis».

D'autre part, Johannes dit que les jeunes filles et les jeunes gens en Normandie chantaient les cantilènes qui se nomment *rotundelli* aux fêtes et aux banquets[11] et il cite un exemple qui n'existe plus: «Toute sole passerai le vert boscage». Des exemples que Johannes cite, ceux qui sont des danses, comme les *estampies, ductia,* etc., ceux aussi qui sont chantés par les jeunes, la plupart

11. *Ibid.,* p. 132: «Et huius modi cantilena versus occidentem, puta in Normannia, solet decantari a puellis et iuvenibus in festis et magnis conviviis ad eorum decorationem».

ont disparu. Les pièces que l'on peut trouver dans les manuscrits actuels se trouvent dans les chansonniers du XIIIe siècle.

Retournons donc aux chansonniers et aux chansons monophoniques que l'on appelle chansons des troubadours et trouvères. Ecrits souvent par des nobles comme Guillaume d'Aquitaine, le Roi de Navarre, le Roi Thibaut, etc., aussi bien que par les poètes bourgeois, les textes s'occupent de l'amour courtois, de la chevalerie et autres sujets raffinés et élevés. On ne sait vraiment ni qui a composé les mélodies (peut-être les poètes eux-mêmes), ni qui les a chantées, mais si les gens *illitterati* de la classe la moins élevée les ont composées et chantées, il me semble difficile de décrire ces oeuvres comme populaires et elles ne le sont assurément pas pour ce qui est du destinataire. Les mélodies elles-mêmes, comme beaucoup d'autres au moyen âge, ont un côté peut-être populaire dont je vais parler bientôt. Mais, voyant l'ensemble, je crois que l'on peut mettre de côté les chansons de la France. Même pour les *cantigas,* et les *laude,* les sentiments sont trop polis, l'effet trop réservé ou symbolique. Mais il faut se rappeler que les *cantigas,* au moins, racontent des petites histoires et des miracles de la Vierge, que tout le monde devait connaître, et il faut encore se rappeler que ces histoires se disent en langue vulgaire[12].

12. Voir *La Musica de las Cantigas de Santa Maria del Rey Alfonso el Sabio,* éd. H. ANGLÉS, Barcelone, 1964.

En Angleterre seulement on trouvera des chansons qui subsistent toujours et qui ressemblent plus à ce que nous cherchons. Une douzaine de chants simples du XIIIe siècle, d'allure spontanée, ont survécu dans des manuscrits divers: c'est-à-dire qu'il n'est pas question ici de chansonniers, mais de manuscrits qui, sauf une ou deux chansons, ne s'occupent pas du tout de la musique. Les chansons sont le plus souvent des ajouts après coup, des griffonnages. Les textes sont en moyen anglais qui, il faut le noter, était la langue du bas peuple puisque celle de la noblesse était le français et celle des lettrés, le latin.

Quelques-unes de ces chansons sont renommées, à cause de leur fraîcheur et leur attrait même pour les oreilles de notre siècle[13]:

13. *New Oxford History of Music*, t. 2, Oxford, 1954, p. 251.

London, British Library, Arundel 248

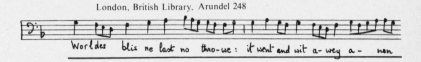

Au XIVe siècle en Angleterre, on ne peut plus trouver de telles chansons, bien que les poètes comme Chaucer, ou l'auteur de Piers Plowman, ou d'autres poètes anonymes fassent allusion fréquemment à la musique et même à des genres évidemment populaires[14]. Mais ils ne les décrivent pas.

14. Pour discussion du sujet, voir J. JUSSERAND, *English Wayfaring Life in the Middle Ages*, trad. L.T. SMITH, Londres, 1950. Pour un glossaire contemporain, voir F. PADELFORD, *Old English Musical Terms*, Bonn, 1899 et H. CARTER, *A Dictionary of Middle English Musical Terms*, New York, 1968.

Les fabliaux, les romans émanant de la France, les poèmes de Guillaume de Machaut ou d'un Rabelais, les épopées allemandes, et sans doute la littérature en langue vulgaire de la plupart des pays nous offriraient une telle quantité de richesses que l'on ne pourrait les cueillir dans une seule vie: j'ai dit "offriraient" parce que la quête ne peut aller qu'au hasard. Nos prédécesseurs en littérature, en linguistique, ont publié d'ordinaire des éditions sans index et souvent sans glossaire. Il y a là un champ libre et très riche pour celui qui veut s'y promener, mais ce serait un dur travail, que de la parcourir en investigant chacun des mots pertinents.

Ce n'est pas moi qui m'y lancerai, et je peux dire que les références littéraires que j'ai vues concernent en grande partie les instruments et les exécutants, plutôt que les compositeurs, et c'est là peut-être un autre aspect des produits qui réfléchit le caractère populaire. L'expression populaire aime le tangible, rejette l'abstraction, les "philosophismes": le rythme se groupe en cellules répétitives qui ont leurs origines dans la danse et dans les gestes physiques sur les instruments de percussion. La mélodie populaire trouve volontiers son principe de composition dans les mouvements des doigts sur l'instrument, par exemple. Je désirerais m'étendre dans un instant sur ce sujet. En outre les mélodies se déploient en des phrases symétriques. Souvent une phrase arrivera à un point ouvert, incomplet, l'autre à un point de repos, le point clos. On peut trouver partout dans les manuscrits du moyen âge des mélodies possédant ces caractéristiques, mais d'ordinaire elles apparaissent dans les pièces que l'on peut à peine décrire comme populaires. J'ai choisi un cas extrême, une pièce du compositeur Pérotin, de l'école de Notre-Dame de Paris, qui a vécu dans les environs de l'an 1200; elle est strictement liturgique et pleine d'abstractions philosophiques. Par exemple, les phrases appuient fortement sur les numéros trois, quatre, et sept; quatre mesures chacune de trois syllabes en forme de trochée (pour ainsi dire) pour faire une phrase de sept notes: longue, brève, longue, brève, longue, brève, longue[15].

15. Pour la composition entière, voir *The Works of Pérotin,* éd. E. THURSTON, New York, 1970, pp. 3-30. J'ai fait moi-même la présente transcription, qui diffère peut-être des autres transcriptions à cause des ambiguités de la notation du manuscrit.

Elle est d'un genre aussi élevé que possible. Sans doute, mais détachons-en les mélodies individuelles et jouons-les sur des instruments populaires avec percussion. Voici ce qui se produit:

C'est une danse paysanne, n'est-ce pas? Pour produire ce morceau de la pièce, je n'ai rien changé au préalable de l'écriture: j'ai omis deux voix, et j'ai jeté par les fenêtres mes pré-conceptions en ce qui concerne l'espèce de son ordinairement sombre que l'on s'attend à entendre dans la musique religieuse du moyen âge. S'il est possible de transformer la musique de "style enflé" en une danse de pays par une transformation simple du son auquel on s'attend, dans quelle incapacité sommes-nous de distin-guer le vrai populaire! Comment récupérer les sons authentiques? C'est une hypothèse, peut-être, mais je crois que Pérotin et les autres compositeurs de musique similaire ont entrelacé les mélodies populaires, même les danses, dans cette musique liturgique. Et il n'y a pas là de quoi nous étonner: on employait cette technique jusqu'au XVIe siècle. Jusqu'ici personne n'a osé la reconnaître dans la musique du moyen âge. Et, encore une fois, aucune preuve stricte n'est possible.

Je n'ai pas le temps d'énumérer ici en détail tous les instruments du moyen âge: ils sont très nombreux, on les affuble de dénominations qui se substituent les unes aux autres au fur et à mesure qu'ils apparaissent. Avant le XVe siècle il n'existe qu'une seule description exacte (encore s'agit-il seulement de la vielle et du rebec) par un auteur autorisé en musique[16]. À part cela il faut se fier aux ambiguïtés des peintures, des miniatures, et des amateurs probables, tels que les poètes.

16. E. de COUSSEMA-KER, *Scriptorum de Musica Medii Aevi*, Paris, 1864 et Milan, 1931, t. 1, pp. 152-153.

Bande de musiciens avec instruments: citole, harpe, violon ordinaire, psaltérion. Enluminure de Jehan de Grise, Bruges, 1339-1344; ms. Oxford, Bodleian Libr., Bodl. 264, f. 180r.

Continuant à se préoccuper de la musique séculière, le théoricien Johannes de Grocheo, déjà mentionné plus haut, donne une liste des instruments, avec quelques détails: sur la vielle, par exemple, «se laissent plus précisément distinguer toutes les formes de la musique», et «les *tympani* et les *tubae* conviennent aux fêtes, aux tournois»[17].

17. E. ROHLOFF, *Die Quellenhandschriften*, p. 136: «In viella tamen omnes formae musicales subtilius discernentur... Licet enim aliqua instrumenta suo sono magis moveant animos hominum, puta in festis, hastiludis et torneamentis tympanum et tuba».

Mais dans tout ce que j'ai décrit jusqu'à maintenant, on trouve peu de musique; les références littéraires et techniques, les peintures des instruments, ne nous disent rien de la musique elle-même. On ne peut faire que des hypothèses. Par exemple, les érudits de la musique populaire des autres époques s'accordent à croire qu'il existe plusieurs caractéristiques propres à définir cette musique populaire. L'exécutant est plus important que le compositeur; la transmission et l'instruction se font par l'oreille plutôt que par l'oeil et par suite l'écriture et la notation ont peu d'importance; en conséquence aussi la musique et les textes se composent au moyen de formules qui varient selon l'improvisation de l'exécutant. Il n'y a rien de l'original qui ne puisse être changé[18]. Et, à cause de la dépendance à l'égard du tangible, les formules musicales réfléchissent souvent le fait que les hommes ne peuvent opérer qu'avec quatre doigts.

Pour jouer d'un instrument comme la vielle, le pouce se trouve de l'autre côté du col de l'instrument. Pour jouer d'un instrument à vent, c'est la même chose; le pouce est derrière la pipe, pour la tenir contre les doigts. Quatre doigts seulement sont donc libres pour presser les cordes[19] ou couvrir les trous. Et personne ne nierait qu'une grande partie des formules de la musique populaire, folklorique, et médiévale s'arrangent autour d'un quart musical. Plutôt qu'une mélodie coulante, qui s'intéresse aux quintes et triades du système tonal des siècles plus récents, la mélodie médiévale utilise la plupart du temps de petites cellules qui s'enroulent avec des ornementations comme un tapis de la forêt, fait de feuilles crépelées, toutes les mêmes et toutes différentes. La structure quaternaire est toujours là. Elle s'exprime sous une forme rudimentaire en de nombreux chants d'enfant aujourd'hui, et je suppose que cela est toujours vrai. Pace que je ne connais pas d'exemples de la culture française, je cite un exemple anglais, un chant pour ridiculiser un pauvre.

18. J'ai trouvé cette citation appropriée au sujet: «Popular music is like a unicorn; everyone knows what it is supposed to look like, but no one has ever seen it» (S. DENISOFF, *Solid Gold,* 1975).

19. C'est vrai que la corde à vide ajoute une cinquième note, mais souvent la forme et la grandeur de l'instrument causent quelques difficultés quand on essaie de presser la corde avec le petit doigt.

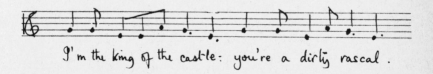

Trois notes seulement, et un ambitus d'un quart sous la forme d'une tierce et un pas: c'est la forme la plus ordinaire. Voilà une formule caractéristique de nombreuses cultures sans écriture, et de la musique vraiment populaire. Je rappelle le chant *Rossignolin* que j'ai présenté plus haut. Il n'est pas nécessaire de se souvenir du chant d'Église: avec d'autres formules plus raffinées, cette espèce de "motif musical" (je veux dire le quart qui consiste en une tierce plus un ton) se trouve partout.

Pour découvrir la musique populaire du moyen âge donc, on est obligé d'obéir à la subjectivité: si l'on accepte une telle évidence subjective, on peut dire qu'au fond presque toute la musique du moyen âge est populaire. Il s'agit peut-être de "tout ou rien".

Pour conclure, je vais parler d'une autre approche. Elle consisterait à comparer les chansons folkloriques d'aujourd'hui et les mélodies médiévales. Plusieurs savants l'ont fait. C'est là encore une méthode presqu'entièrement subjective. Je ne nierai ni la permanence, ni la longévité, ni l'exactitude de la transmission orale, en dépit de la présence de l'ornementation improvisée, mais la recherche jusqu'ici n'a pas révélé entre les deux termes de mon parallèle des ressemblances musicales qui puissent me convaincre. Les chanteurs, les collectionneurs et ceux qui transcrivent la musique sont tous trop faillibles. Les conclusions que l'on peut lire s'expriment souvent en termes comme «nous laissons au lecteur le soin de voir s'il y a... des analogies...»[20]. D'autre part quand un peuple possédant une culture vivante se déplace vers un autre pays, la culture semble retenir les caractéristiques très anciennes: en anglais on appelle cela "marginal survival". Il en est ainsi pour la culture québécoise.

20. P. COLLAER, *Moyen-âge et traditions populaires*, dans *Festschrift Walter Wiora*, éd. L. FINSCHER et C.-H. MAHLING, Kassel, 1967, pp. 205-213.

Sans grands efforts, j'ai découvert des références médiévales dans les chansons du vieux Québec et de l'Acadie. Les textes utilisent souvent les motifs du moyen âge (ou peut-être sans âge); j'ai cité *Le Rossignolet du Bois* et *Rossignolin des Bois Jolis*. Un autre poème que mentionne

Johannes de Grocheo contient la formule "le vert boscage": dans l'édition de Barbeau elle se trouve à la page qui suit Rossignolet...[21]. Le genre que Barbeau met sous la rubrique *Complaintes du moyen âge* rappelle souvent les thèmes et les histoires médiévaux. Malheureusement, les mélodies ont peu de rapports avec des styles du moyen âge. Pour un chant du texte célèbre *Marianson*, Barbeau dit que «c'est ainsi qu'autrefois on devait "chanter" les épopées, du moins au moyen âge»[22]. Voici la mélodie dont il parle, je crois[23]:

21. M. BARBEAU, *Le rossignol*, p. 25.

22. *Ibid.*, p. 136.

23. E. GAGNON, *Chansons populaires du Canada*, Québec, 1908.

Marian-son dame jo-lie, où est al-lé votre ma-ri

Barbeau a-t-il raison? Je ne sais même pas où accrocher la comparaison. Mais évidemment on doit faire des recherches sur cet aspect de la musique au Canada. À l'Université de Columbia à New York, M. Jay Rahn a trouvé, d'après ce qu'il me dit, des survivances au Canada de la chanson française du XVe siècle, quant aux textes, et quelquefois aux mélodies. Peut-on joindre le XIIIe siècle au XVe?

Je n'ai rien dit de plusieurs sujets importants: il faudrait réfléchir sur les termes comme "ménestrel, jongleur", etc., et sur la fonction de ces musiciens dans les deux cultures dont j'ai parlées[24]. Il faudrait décrire l'entrelacement de la musique et de la magie[25], évaluer l'importance de la musique pour un métier comme celui de médecin[26]. Et il faut rappeler l'influence, sans doute fort étendue, des Arabes, surtout quant à l'introduction et au développement des instruments de musique[27]. Mais tous ces sujets, comme les autres dont j'ai discutés, ne nous font presque rien découvrir de la musique elle-même.

Pour finir, je n'ai pas de conclusion à proposer parce que je n'ai que des questions à poser. Je

24. Voir, par exemple, L.M. WRIGHT, *Misconceptions concerning the Troubadours, Trouveres and Minstrels*, dans *Music & Letters*, 48, 1 (1967), pp. 35-39.

25. Voir, par exemple, J. COMBARIEU, *La Musique et la magie*, Paris, 1909, et A. MACHABEY, *Notions scientifiques disséminées dans les textes musicologiques du moyen âge*, dans *Musica Disciplina*, 17 (1963), pp. 7-20.

26. Voir G. VECCHI, *Medicina e musica, voci e strumenti nel 'Conciliator' (1303) di Pietro da Abano*, dans *Quadrivium*, 8 (1967), p. 5-22, et N. SIRAISI, *The Music of Pulse in the Writings of Italian Academic Physicians (14th and 15th Centuries)*, dans *Speculum*, 50 (1975), pp. 689-710.

27. Voir Andrew HUGHES, *Medieval Music: The Sixth Liberal Art*, Toronto, 1974, pp. 153-155.

28. *New Oxford History of Music,* t. 2, Oxford, 1954, p. 106.

termine, donc, avec un mot d'Isidore de Séville: «Si les sons de la musique ne sont pas retenus dans la mémoire, ils périssent, parce que l'on ne peut pas les écrire»[28]. Même pour la musique que l'on a vraiment écrite, les sons et le sens ont tous les deux disparu.

Cinq danseurs masqués: âne, singe, bouc, taureau et vautour. Enluminure de Jehan de Grise, Bruges, 1339-1344; ms. Oxford, Bodleian Libr., Bodl. 264, f. 181v.

ORIENTATION BIBLIOGRAPHIQUE

Je donne ici une brève liste des savants qui ont traité de la musique populaire et folklorique du moyen âge:

ALLEMAGNE:

WIORA, Walter, *Elementare Melodietypen als Abschnitte mittelalterlichen Liedweisen,* dans Miscelánea en homenaje a monseñor Higinio Anglés, t. 2, Barcelone, 1958, pp. 993-1009.

ANGLETERRE:

CHAMBERS, E.K., *The Medieval Stage,* 2 t., Oxford, 1903.

CHAYTOR, Henry J., *The Troubadours and England,* Cambridge, 1923.

SALMEN, Walter, *Die Beteiligung Englands am internationalen Musikantenverkehr des Mittelalters,* dans *Die Musikforschung,* 11 (1958), pp. 315-320.

ESPAGNE:

MENÉNDEZ-PIDAL, Ramon, *Poesía juglaresca y juglares,* Madrid, 1924.

EUROPE DU NORD:

SPRUIT, J.E., *Van vedelaars, trommers en pijpers,* Uthrecht, 1969.

FRANCE:

ANGLÉS, Higinio, *Die volkstümlichen Melodien bei den Trouvères,* dans *Zum 70. Geburtstag von Joseph Müller-Blattau,* éd. C.-H. MAHLING (Saarbrücker Studien zur Musikwissenschaft), Kassel, 1966, t. 1, pp. 15-22.

FARAL, Edmond, *Les jongleurs en France au moyen âge,* Paris, 1910.

MÉDITERRANÉE:

COLLAER, P., *Polyphonies de tradition populaire en Europe méditerranéenne,* dans *Acta Musicologica,* 32 (1960), pp. 51-66.

PAYS-BAS:

VANDERSTRAETEN, Edmond, *Les ménes-*
trels aux Pays-Bas du XIIIe au XVIIIe siècles,
Bruxelles, 1878 et Genève, 1972.

SUÈDE:

NORLIND, Tobias, *Bilder ur svenska musikens*
historia från äldsta tid till medeltidens slut,
Stockholm, 1947.

VI

Entre magie et religion. Recherches sur les utilisations marginales de l'écrit dans la culture populaire du haut moyen âge

Joseph-Claude Poulin
Université Laval

Par "utilisations marginales", il faut entendre ici toutes sortes de fonctions remplies par l'écrit, autres que sa vocation première qui est d'enregistrer et de transmettre la pensée ou la parole humaines. Ces rôles accessoires, qui s'ajoutent et parfois même supplantent les utilisations courantes de l'écrit, découlent soit de la matérialité, soit du contenu du document considéré. Dans le premier cas, l'écrit est traité comme un objet purement matériel, sans égard pour le contenu du texte qu'il porte: ainsi l'observation du mouvement de rotation d'un psautier dans le cadre d'une procédure d'ordalie[1]. Dans le second cas, l'écrit peut être apocryphe ou pseudépigraphe et tirer son efficacité de l'origine ou provenance supposées de son contenu, comme par exemple le texte d'une prière ou d'une règle monastique soi-disant tombé du ciel[2]; mais nous pouvons également avoir affaire à des écrits authentiques, habituellement à caractère religieux, dont le contenu vise à provoquer des effets ouvertement supra-naturels, encore qu'on se contente le plus souvent d'en tirer des interprétations hors contexte, de façon à leur attribuer une portée totalement étrangère à l'esprit de leur auteur[3].

Notre champ d'observation pour l'étude de ces utilisations marginales de l'écrit est l'Europe occidentale des Ve - Xe siècles, c'est-à-dire à un

1. A. FRANZ, Die kirchlichen Benediktionen im Mittelalter, Fribourg, 1909 (réimpr. 1960), tome II, pp. 391-392; témoignage recueilli dans un ms. du XIIe siècle. L'étude la plus récente sur ce cas particulier est de W. DUERIG, Das Ordal der Psalterprobe in Codex Latinus Monacensis 100. Ihr liturgietheologischer und volkskundlicher Hintergrund, dans Munchener Theologische Zeitschrift, 24 (1973), pp. 266-278.

2. H. GUENTER, Die christliche Legende des Abendlandes, Heidelberg, 1910, p. 92.

3. E. LE BLANT, Le premier chapitre de saint Jean et la croyance à ses vertus secrètes, dans Revue archéologique, 3e s., 25 (1894), pp. 8-13; K. ZICKENDRAHT, Das Johannesevangelium im Volksglauben und Volksbrauch, dans Archives suisses des traditions populaires, 23 (1920-1921), pp. 22-30.

4. Telles les lettres de protection portées par des combattants des guerres contemporaines: L. GOU-GAUD, *La prière dite de Charlemagne et les pièces apocryphes apparentées*, dans *Revue d'histoire ecclésiastique*, 20 (1924), p. 211; R. STUEBE, art. *Grafenamulett, Kettenbrief, Oelberspruch* et *Schutzbrief*, dans *Handwörterbuch des deutschen Aberglaubens* (éd. H. BÄCHTOLD-STÄUBLI) (désormais *HWDA*); F. MACLER, *Correspondance épistolaire avec le ciel. Lettres adressées par les Juifs d'Hébron et des environs aux patriarches, traduites de l'hébreu et annotées*, dans *Revue des traditions populaires*, 20 (1905), pp. 65-82 (lettres composées et recueillies au tournant du XXe siècle).

5. P. RICHÉ, *Éducation et culture dans l'Occident barbare (VIe - VIIIe siècles)*, Paris, 1ère éd. 1962, p. 262; le même, *La magie à l'époque carolingienne*, dans *Académie des Inscriptions et Belles-Lettres. Comptes rendus*, 1973, pp. 127-138; quelques notations également chez H. FICHTENAU, *Mensch und Schrift im Mittelalter*, Vienne, 1946, pp. 106-108. Nous en saurons sans doute davantage grâce à la thèse d'État en préparation de M. BANNIARD, *Communication écrite et orale en Occident latin entre le IVe et le IXe siècle*, sous la direction de M.J. FONTAINE.

6. Ces attitudes se rencontrent également chez les Scandinaves et les Slaves de la même époque: L. MUSSET, *Les peuples scandinaves au moyen âge*, Paris, 1951, pp. 15-16; M. KOS, *Carta sine litteris*, dans *Mitteilungen des Instituts fur osterreichische Geschichtsforschung*, 62 (1954), p. 99. Les mots "idiota" et "illitteratus", appliqués aux personnes qui ne pratiquaient pas le latin, n'avaient toutefois pas encore de connotation péjorative, H. GRUNDMANN, *Litteratus -*

moment bien particulier dans l'histoire de la communication écrite, alors que le flambeau de la civilisation de l'écrit a dangereusement vacillé en Occident. Si les textes écrits ont tant bien que mal continué à circuler aux heures les plus sombres du haut moyen âge, le nombre d'utilisateurs compétents s'est très fortement amenuisé, ce qui n'est peut-être pas étranger à la floraison des utilisations marginales de l'écrit. Certains de ces usages ont d'ailleurs survécu jusqu'à notre époque[4]; ils ne sont donc pas exclusifs à des sociétés anciennes peu familières avec l'écrit.

Jusqu'à présent, les historiens ont relativement peu étudié ce phénomène dans son ensemble; dans sa thèse classique sur la vie culturelle à l'époque mérovingienne, P. Riché y a seulement consacré un paragraphe, sous l'intertitre évocateur de "superstition de l'écrit"[5]. De nombreux cas particuliers ou groupes d'exemples de même type ont été étudiés par leurs inventeurs ou des chercheurs curieux de folklore, notamment des érudits germaniques; nous tenterons ici de prendre la mesure de l'ensemble de la question des utilisations marginales de l'écrit, en la replaçant dans un cadre plus vaste d'histoire culturelle.

Face à l'écrit, les anciens habitants de l'Empire romain avaient des points communs avec les nouveaux arrivants introduits lors des Grandes Invasions: Germains comme "Romains" étaient dans leur immense majorité des illettrés fonctionnels. Ils connaissaient l'existence de l'écriture, latine pour les uns, runique pour les autres; mais à défaut de pouvoir l'utiliser personnellement, ils lui reconnaissaient surtout une valeur symbolique ou une fonction religieuse[6]. De plus, le christianisme a encore accentué la dimension sacrale de l'écrit: ce n'est pas un hasard si le Christ fut le seul dieu à être représenté un livre à la main dans l'art de l'Antiquité tardive.

Dans ce contexte culturel bien particulier, comment procéder pour étudier de façon historique les utilisations marginales de l'écrit? Nous sommes bien aise de pouvoir disposer des collectes de documents et réflexions de nombreux devanciers, même si les critères de leurs dépouillements ou leurs perspectives méthodologiques ne correspondent pas exactement aux nôtres. Ainsi, les témoignages considérés comme folkloriques réunis par S. Thompson, même s'il laisse de côté les problèmes de filiation et d'évolution; ou les commentaires d'un dom Gougaud ou d'un P. Delehaye, bien qu'ils se situent surtout sur le terrain de la théologie savante ou de l'histoire littéraire, alors que leur documentation permet d'atteindre la culture religieuse populaire et non seulement celle de l'élite[7].

A partir de semblables travaux d'approche, nous voudrions maintenant rassembler en un même dossier tous les types d'utilisations marginales de l'écrit et tenter d'en dégager des enseignements sur la culture populaire. De tels comportements sont-ils simplement attribuables à la crédulité, à la naïveté ou à l'incohérence d'esprit des hommes du haut moyen âge? S'agit-il uniquement d'aberrations individuelles, ou devons-nous y introduire une dimension collective? Le monde médiéval naissant a-t-il innové en ces matières, ou reprend-il simplement à son compte des habitudes antérieures?

La très grande dispersion des sources et des études (souvent anciennes) ainsi que les limitations imposées par les ressources des bibliothèques de nos régions empêchent cette étude de prétendre à autre chose qu'à la valeur d'un sondage. De plus, la complexité des problèmes soulevés exigerait d'un historien qu'il soit à la fois folkloriste, ethnologue, historien des religions comparées et probablement aussi germaniste, étant donné la vogue de ces questions auprès des érudits de langue allemande (dans le champ de la *Volkskunde*, notamment). Faute de posséder toutes ces qualités, nous offrons cette modeste contribution à de plus compétents, dans l'espoir

Illitteratus. Die Wandlung einer Bildungsnormen vom Altertum zum Mittelalter, dans *Archiv für Kulturgeschichte*, 40 (1958), pp. 6-7; Y. CONGAR, *Clercs et laïcs au point de vue de la culture populaire au moyen âge: "laicus"= sans lettres*, dans *Studia mediaevalia et mariologica P. Carolo Balic o. f. m. septuagesimum explenti annum dicata*, Rome, 1971, pp. 309-332.

7. S. THOMPSON, *Motiv-Index of Folk-Literature. A Classification of Narrative Elements*, Bloomington, 1966, s.v. *Letter* et *Sacred Writings*; T.P. CROSS, *Motiv-Index of Early Irish Literature*, Bloomington, 1952, s.v. *Magic Book, Magic Writing* et *Sacred Writings*; L. GOUGAUD, *Prière de Charlemagne* (op. cit. à la note 4), pp. 211-212; H. DELEHAYE, *Un exemplaire de la lettre tombée du ciel*, dans *Recherches de science religieuse*, 18 (1928), pp. 166-168.

8. R. ROEHRICHT, *Ein "Brief Christi"*, dans *Zeitschrift fur Kirchengeschichte*, 11 (1890), pp. 436-442 et 619; T. BIRT, *Schreibende Gottheiten*, dans *Neue Jahrbücher für das klassische Altertum, Geschichte und deutsche Literatur und für Pädagogik*, 19-20(1907), pp. 700-721, pour l'Antiquité grecque et romaine. Nous n'avons pas vu les travaux de V.G. KIRCHNER, *Wider die Himmelsbriefe. Ein Beitrag zur religiosen Volkskunde*, Leipzig, 1908, III-81 pp. et surtout de R. STUEBE, *Der Himmelsbrief. Ein Beitrag zur allgemeinen Religionsgeschichte*, Tübingen, 1918, IV-55 pp., mais la substance de cette dernière étude semble être passée dans divers articles du HWDA,: R. STUEBE, *Himmelsbrief*, dans HWDA, 4 (1931-1932), 22-23; R. HINDRINGEN, *Himmelsbriefe*, dans *Lexikon fur Theologie und Kirche*(1ère éd.), 5 (1933), 56; K. BEITL, *Brief und Briefsammlung. Rel. Volkskunde*, dans *Lexikon fur Theologie und Kirche* (2e éd., désormais *LThK*), 2 (1958), 687; J. SCHNEIDER, *Brief*, dans *Reallexikon fur Antike und Christentum*, 2 (1954), 572-573; L. ROEHRICH, *Himmelsbrief*, dans *Die Religion in Geschichte und Gegenwart*, 3 (1959), 338-339. Les conditions d'apparition et de transmission de ces documents demeurent toujours assez obscures.

9. H. GUENTER, *Christliche Legende* (*op. cit.* à la note 2), p. 92; P. SAINTYVES, *Les reliques et les images légendaires*, Paris, 1912, pp. 307-308 et 312. Prière contre la foudre éditée par E.-P. SAUVAGE, *Notes sur saint Ouen, son culte, ses ouvrages*, Rouen, 1886, pp. 20-23. Bénédiction contre les empoisonnements: W. SCHMITZ, *Tironische Miscellen.* I-*Vom Himmel gefallene Briefe*, dans *Neues Archiv*, 15 (1889), pp. 602-605; le

de les intéresser à ce domaine d'études trop négligé.

Pour mettre un peu d'ordre dans une documentation assez disparate, nous avons classé le bagage documentaire en trois grandes familles: les échanges de correspondance avec l'au-delà, les tirages au sort à l'aide de documents écrits et enfin tous les écrits qui ont pour but ou effet d'entraîner ou de provoquer des effets merveilleux. Il ne s'agit là que d'une division dans l'ordre logique, pour faciliter l'analyse, car certains témoignages appartiennent à plus d'une famille ou glissent d'une catégorie à une autre au fil des temps.

I — Les échanges de correspondance avec l'au-delà

Le courrier circule principalement de haut en bas et la majorité des documents de cette catégorie sont des lettres tombées du ciel. Loin d'être propre à l'Occident médiéval, cette littérature appartient à un genre littéraire très ancien, connu des Égyptiens, des Babyloniens et des Chinois; à ces peuples, qui comptent parmi les premiers à avoir connu l'usage de l'écriture, il a paru naturel d'imaginer que les dieux aussi savaient écrire, et qu'il était par conséquent possible de nouer avec eux des relations épistolaires[8]. Ces missives célestes ont servi à justifier toutes sortes de prétentions, ce qui a amené P. Saintyves à les qualifier de "reliques apologétiques": donner des instructions, formuler des interdits, donner un cachet d'authenticité à certaines prières contre la foudre ou les tremblements de terre...[9].

Le plus répandu de tous ces messages tombés du ciel est sans contredit la "lettre du dimanche", dont le noyau primitif réclamait le respect du repos dominical et fulminait des menaces envers les contrevenants. Paradoxalement, sa fortune générale et durable obscurcit quelque peu son histoire ancienne, de sorte que les spécialistes discutent encore des lieu et date de sa provenance initiale; l'argument central pourrait venir d'un sermon du pseudo-Pierre d'Alexandrie, mais la lettre aurait acquis sa forme classique en Méditerranée occidentale (Afrique, Espagne, Gaule du Sud?) au plus tard au VIe siècle[10]. Le succès de cette lettre dans tout l'Occident est en tout cas bien attesté par l'existence de trois rédactions du document dès le haut moyen âge. L'état le plus ancien qui nous soit connu apparaît dans les Baléares à la fin du VIe siècle; un remaniement en fut effectué vers le milieu du IXe siècle en Angleterre ou en Irlande; mais la version finalement la plus répandue serait tombée à

même, *Nochmals ein vom Himmel gefallener Brief und ein Segen gegen Gift*, dans *Neues Archiv*, 23 (1897), pp. 762-763.

10. H. DELEHAYE, *Note sur la légende de la lettre du Christ tombée du ciel*, dans *Académie royale de Belgique. Bulletin de la Classe des Lettres*, 1899, pp. 211-212; le même, dans *Analecta Bollandiana*, 20 (1901), p. 103; G. MORIN, *À propos du travail du P. Delehaye sur la Lettre du Christ tombée du ciel*, dans *Revue bénédictine*, 16 (1899), p. 217; L.H. GRAY, *Letters, Celestial and Infernal*, dans *Encyclopedia of Religion and Ethics* (éd. J. HASTINGS), 7 (s.d.), 897-898; E. RENOIR, *Christ (lettre du)*, dans *Dictionnaire d'archéologie chrétienne et de liturgie* (désormais *DACL*), III-1 (1913), 1534-1535. Nous ne connaissons l'étude de R. PRIEBSCH, *Letter from Heaven on the Observance of the Lord's Day*, Oxford, 1936, XXIII-37 pp. que par la recension de N.H. BAYNES dans *Modern Language Review*, 32 (1937), pp. 649-651; Priebsch favoriserait une origine wisigothique plutôt que franque pour la lettre tombée du ciel. G. GRAF en a trouvé une version arabe dans un ms. du Xe siècle: *Der vom Himmel gefallene Brief Christi (Nach Cod. Monac. arab. 1067)*, dans *Zeitschrift für Semitistik und verwandte Gebiete*, 6 (1928), pp. 11-15. C. BRUNEL, *Versions espagnole, provençale et française de la lettre du Christ tombée du ciel*, dans *Analecta Bollandiana*, 68 (1950), pp. 384-385; J. MICHL, *Briefe, apokryphe*, dans *LThK*, 2 (1958), 689; A. CLOSS, *Himmelsbrief*, dans *Reallexikon der deutschen Literaturgeschichte*, 1 (1958), 656; H. HUBER, *Geist und Buchstabe der Sonntagsruhe*, Salzbourg, 1958, pp. 92-93.

Entre magie et religion: les images de protection. L'inscription de ce s. Christophe assure: «Chaque jour où tu auras regardé le visage de Christophe, ce jour-là tu ne mourras pas de mort violente. 1423». Gravure sur bois colorée, provenant de Buxheim (Allemagne du Sud); Manchester, John Rylands Library.

11. R. STUEBE, *Sonntagsbrief*, dans *HWDA*, 8 (1936-1937), 100-103; R. PRIEBSCH, *Quelle und Abfassungszeit der Sonntagsepistel in der irischen "Cain Domnaig". Ein Beitrag zur Entwicklungs-und Verbreitungsgeschichte des vom Himmel gefallenen Briefes Christi*, dans *Modern Language Review*, 2 (1907), pp. 138-154; A. CLOSS, *Himmelsbriefe. Beitrag zur Entwicklung der Sonntagsepistel* (notamment en Grande-Bretagne), dans *Festschrift für Wolfgang Stammler*, Berlin, 1953, pp. 25-28; W.R. Jones, *The Heavenly Letter in Medieval England*, dans *Medievalia et Humanistica*, N.S. 6 (1975), pp. 163-178; F. PATETTA, *Una pretesa lettera di Gesù Cristo in un'iscrizione ligure dell'alto medioevo*, dans *Storia di Genova dalle origini al tempo nostro*, Milan, 1941, tome 2, pp. 281-308 (rédaction partiellement revue d'un article d'abord paru en 1907); l'A. propose de dater cette inscription (conservée dans la région de Gênes) de la seconde moitié du VIIe ou du début du VIIIe siècle; É. DELARUELLE, *La lettre tombée du ciel sur l'autel de Saint-Baudile à Nîmes*, dans *Carcassonne et sa région* (congrès de 1968), Toulouse, 1970, pp. 47-55, édition du texte à la p. 55; d'après un ms. du XIe siècle qui remonterait sans doute à un modèle du VIIe siècle.

12. T. ZAHN, *Geschichte des Sonntags, vornehmlich in der alten Kirche*, dans *Skizzen aus dem Leben der alten Kirche*, Leipzig, 3e éd., 1908, p. 163; L.L. McREAVY, *The Sunday Repose from Labour. An historico - theological examination of the notion of servile work. (From the era of the Apostles to the advent of Charlemagne)*, dans *Ephemerides theologicae Lovanienses*, 12 (1935), pp. 310-315; H. HUBER, *Geist und*

Rome en 746[11]. Ce groupe de documents est très intéressant pour l'histoire de la religion savante, car il permet de suivre les progrès de l'interprétation judaïsante de l'obligation dominicale[12]; mais il l'est plus encore pour l'histoire de la religion populaire et d'une certaine forme de pastorale.

Un deuxième groupe de documents à circuler entre la terre et l'au-delà concerne l'enregistrement et l'absolution des péchés des hommes. Puisque Dieu sait écrire, les anges et le diable peuvent en faire autant: c'est ainsi que les bonnes actions comme les mauvaises sont enregistrées par écrit. Rufin d'Aquilée († c. 410) raconte l'histoire du prêtre Piammon qui vit un ange écrire les noms des moines qui communiaient, sauf deux, parce qu'ils étaient en état de péché mortel; à la fin de sa vie, saint Magloire de Dol († VIe s.) reçut l'assurance que son nom était déjà noté dans la liste des élus. Inversement, l'abbé Aichard de Jumiège († c. 687) vit le diable inscrire

Écrit et divination profane: sphère de la vie et de la mort, ici appelée *Sphère de Pythagore*, utilisée pour prédire la durée et l'issue d'une maladie. Ms. Oxford, Bodleian Libr., Digby 46, f. 107r.

une peccadille au moment où il la commettait[13]. D'une façon générale, les fidèles croyaient à la valeur contraignante de contrats écrits passés avec le diable, mais également à la possibilité d'être absous ou délié par effacement ou restitution d'un écrit compromettant. Le mime Genès de Rome, qui s'était beaucoup moqué des chrétiens avant sa conversion, obtint l'effacement de la liste de ses crimes par l'eau même de son baptême; mieux encore, un document écrit pouvait tomber du ciel pour signifier le pardon divin, comme dans le cas de Charlemagne, grâce aux prières de saint Gilles, mais surtout dans la célèbre histoire de Théophile, qui récupéra son contrat avec le diable, grâce à l'intercession de la Vierge[14].

Enfin, des écrits peuvent opportunément tomber du ciel pour indiquer la conduite à tenir ou la décision à prendre dans une circonstance donnée. Alors qu'il s'apprêtait à dépecer le corps de s. Marcoul de Nanteuil pour y prélever des reliques, saint Ouen de Rouen vit atterrir dans sa main une missive céleste lui interdisant de prendre la tête du défunt. Ailleurs, quant vint le moment de choisir l'emplacement de fondation de ce qui allait devenir l'abbaye de Saint-Hubert dans les Ardennes, l'épouse de Pépin d'Herstal découvrit un message providentiellement caché sous un tas de pierres, lui indiquant la volonté divine à cet égard[15].

Dans l'autre sens, c'est-à-dire de la terre vers le ciel, les échanges épistolaires sont nettement moins nombreux et moins faciles à établir. Grégoire de Tours rapporte que le roi Chilpéric consulta saint Martin par écrit; mais le parchemin destiné à la réponse, posé sur le tombeau du saint protecteur de la dynastie, demeura vierge malgré un triduum de prières pressantes. L'abbé saint Oyend du Jura fut plus heureux avec une lettre adressée au diable:

Buchstabe (op. cit. à la note 10), pp. 153-154; C.S. MOSNA, Storia della domenica dalle origini fino agli inizi del V secolo. Problema delle origini e sviluppo. Culto e riposo. Aspetti pastorali e liturgici, Rome, 1969, pp. 358-359.

13. RUFIN D'AQUILÉE, Historia monachorum, c. 32; Vita s. Maglorii, c. 27 (BHL, 5144, seconde moitié du IXe siècle); dans la même vita, c. 5, un ange écrit sur la tablette d'écolier du jeune saint; Vita s. Aichardi, c. 44-45 (BHL, 181, Xe siècle); H. GUENTER, Christliche Legende (op. cit. à la note 2), p. 88; J. BOLTE, Der Teufel in der Kirche, dans Zeitschrift fur vergleichende Literaturgeschichte, N.F. 11 (1897), pp. 249-266; W. KOEHLER, Himmels - und Teufelsbrief, dans Die Religion in Geschichte und Gegenwart (éd. Gunkel et Scheel), 3 (1912), 29-35; l'image du diable écrivant les péchés a même fini par devenir un thème iconographique: F. BEYERLE, Seelenwaage und Sunderregister, dans Zeitschrift fur deutsches Altertum und deutsche Literatur, 60 (1923), pp. 230-232 (fresque dans l'église St-Georges de Reichenau).

14. FLODOARD DE REIMS († 966), De sancto Genesio dans son De Christi triumphis apud Italiam, VII-7 (BHL, 3326); Vita s. Aegidii, c. 20-21 (BHL, 93, Xe siècle); Miraculum s. Mariae de Theophilo poenitente, III, 14-15 (BHL, 8121), connu assez tôt en Occident grâce à la traduction latine effectuée par Paul Diacre († 795) sur l'ordre de Charlemagne.

15. Vita s. Audoeni, XVIII-47 (BHL, 753, IXe siècle) ou Vita s. Marculfi, c. 21 (BHL, 5267); Vita s. Beregesi, c. 13-15 (BHL, 1180, vers 937).

16. GRÉGOIRE DE TOURS, *Historia Francorum*, V-14; B. KRUSCH, *Kulturbilder aus dem Frankenreiche zur Zeit Gregors von Tours* († 594). *Ein Beitrag zur Geschichte des Aberglaubens*, dans *Sitzungsberichte der preussischen Akademie der Wissenschaften (Berlin). Philosophischhistorische Klasse*, 1934, p. 790; *Vita s. Eugendi*, c. 144 (*BHL*, 2665, vers 520), éd. F. MARTINE, *Vie des Pères du Jura*, Paris, 1968, pp. 392-395.

17. *Epistola III ad Vincentium episcopum*, éd. J. MADOZ, *Liciniano de Cartagena y sus cartas. Edición crítica y estudio histórico*, Madrid, 1948, pp. 125-129 et commentaire pp. 69-75; *Acta synodi Romanae - 745*, éd. P. JAFFÉ, *Monumenta Moguntiae*, Berlin, 1866 (réimpr. 1964), pp. 142-143; CHARLEMAGNE, *Admonitio generalis*, c. 78; ANSÉGISE DE FONTENELLE, *Capitularia*, I-73; RÉGINON DE PRÜM († 815), *De ecclesiasticis disciplinis et religione christiana. Appendix prima*, c. 1.

18. P. LEBRUN, *Histoire critique des pratiques superstitieuses*, Rouen, 1702, pp. 366-375; F. ROCQUAIN, *Les sorts des saints ou des apôtres*, dans *Bibliothèque de l'École des Chartes*, 41 (1880), p. 458; C. KAYSER, *Gebrauch von Psalmen zur Zauberei*, dans *Zeitschrift der deutschen morgenlandischen Gesellschaft*, 42 (1888), pp. 456-462; R. HEIM, *Incantamenta magica graeca latina*. X-*Versus Homerici et Vergiliani* et XI-*Loci scripturae sacrae*, dans *Jahrbucher fur classische Philologie. Supplementband*, 19 (1893), pp. 514-522; Von DOBSCHUETZ, *Sortes Apostolorum oder Sanctorum*, dans *Realencyklopadie fur protestantische Theologie und Kirche*, 18 (1906), 537-

l'Esprit du mal obtempéra à l'ordre reçu en libérant une possédée[16].

Le grand succès de ce genre de littérature pendant le haut moyen âge est attesté à la fois par les condamnations répétées dont il fut l'objet et les témoignages d'utilisation répartis sur toute la période. À la fin du VIe siècle, l'évêque Vincent d'Ibiza crut bon de lire à ses fidèles une lettre tombée du ciel; il la communiqua ensuite à son collègue Licinien de Carthagène, qui lui reprocha sévèrement, dans une lettre de 584, d'avoir ajouté foi à une pareille fable. Mais tous les évêques de ce temps ne partageaient pas cette rigueur critique, car Grégoire de Tours, de son côté, ne semble pas douter de l'existence d'une correspondance écrite avec l'au-delà. Au milieu du VIIIe siècle, le charlatan Aldebert, qui se réclamait notamment d'une lettre tombée du ciel, trouva des évêques pour recevoir ses prétentions et... l'élever à l'épiscopat! À la demande de saint Boniface, le pape Zacharie condamna cet imposteur au concile de Latran de 745; mais cette riposte de l'orthodoxie ne semble pas avoir porté des fruits durables, car Charlemagne dut la réitérer dans son capitulaire programmatique de 789. D'un côté, les compilations canoniques carolingiennes ont continué de répéter les interdits officiels, mais de l'autre des clercs hagiographes des IXe-Xe siècles ont continué de faire place à cette littérature céleste dans leurs compositions[17].

II — Les *SORTES SANCTORUM* et autres tirages au sort

La consultation au hasard de livres sacrés — *apertio librorum* — est un moyen de divination connu depuis la plus haute antiquité et pratiqué partout dans le monde; les hommes y recouraient soit pour trancher un dilemme dans le présent, par exemple obtenir un conseil utile ou éclairer un choix difficile, soit pour connaître l'avenir et prévoir la destinée[18]. En gros, le déroulement de la cérémonie était le même partout. On choisissait un livre auquel on attachait une valeur particulière: les oeuvres d'Homère chez les Grecs ou de Virgile chez les Romains, le Coran chez les Arabes ou la Bible chez les chrétiens. Après des exercices de piété, on l'ouvrait au hasard; la première phrase ou le premier vers qui tombait sous les yeux du lecteur se voyait attribuer une valeur prophétique[19]. Chez les chrétiens, cette procédure est habituellement désignée par des expressions comme *sors sanctorum* (article important dans le dictionnaire Du Cange), *sortes apostolorum, inspectio evangelii...* Dans tous les cas, il s'agissait de forcer les puissances de l'au-delà à manifester leur volonté ou faire connaître leur décision et de répondre à une attente comparable à celle qui entourait les jugements de Dieu.

Plusieurs témoignages de recours aux sorts bibliques nous sont parvenus pour la période qui nous intéresse. Grégoire de Tours présente deux scènes de ce type, où les protagonistes cherchaient à connaître le proche avenir politique et militaire. Les fidèles de saint Hubert de Liège consultèrent l'évangile pour savoir s'ils pouvaient transférer les reliques de leur saint, et sainte Consortia de Cluny († fin VIe s.) obtint de même une confirmation divine de son refus du mariage[20]. Mais, le plus souvent, le recours aux *sortes* se rencontre dans le cadre d'une élection épiscopale. Un précédent retentissant fut créé à cet égard par l'élection de saint Martin au siège de Tours, alors qu'une lecture "improvisée" du psautier avait confirmé le choix de Martin et confondu ses adversaires; l'oeuvre de Sulpice Sévère assura ensuite la popularisation de ce thème dans l'hagiographie médiévale[21].

Boehm est cependant d'avis que cette sorte de consultation des Écritures a changé de sens pendant le haut moyen âge: jusqu'au Ve siècle, les *sortes* auraient servi à décider ou confirmer le choix d'un pontife; du Ve au XIIe siècle, ils

539; A. JACOBY, *Biblische Worte im Zauber,* dans *HWDA,* 1 (1927), 1225-1226; O. RUEHLE, *Bibel,* dans *HWDA,* 1 (1927), 1215-1216; H.A. LOANE, *The Sortes Vergilianae,* dans *Classical Weekly,* 21 (1928), pp. 185-189; J. GESSLER, *À propos des "sortes virgilianae" et de leur survivance,* dans *Hommages à Joseph Bidez et Franz Cumont,* Bruxelles, 1949, pp. 107-109; H. LECLERCQ et H.-I. MARROU, *Sortes sanctorum,* dans *DACL,* XV-2 (1953), 1590-1592; M.R.P. McGUIRE, *Sortes Homericae, Vergilianae, Biblicae,* dans *New Catholic Encyclopedia,* 13 (1967), pp. 443-444.

19. Dans l'Antiquité païenne, on choisissait comme lecteur de préférence un enfant, medium privilégié pour entrer en communication avec la divinité; cet usage a trouvé un écho dans les *sortes sanctorum* du haut moyen âge: P. COURCELLE, *L'enfant et les "sorts bibliques",* dans *Vigiliae Christianae,* 7 (1953), pp. 194-220; repris dans *Les Confessions de saint Augustin dans la tradition littéraire. Antécédents et postérité,* Paris, 1963, pp. 143-154.

20. GRÉGOIRE DE TOURS, *Historia Francorum,* IV-16 et V-14; *Vita la s. Huberti,* III-20 (*BHL,* 3993, milieu VIIIe siècle) ou *Vita IIa s. Huberti,* III-24 (*BHL,* 3994, vers 825-831); *Vita s. Consortiae,* c. 9 (*BHL,* 1925, date incertaine); *Vita vetustissima s. Lamberti,* c. 15-16 (*BHL,* 4677, VIIIe siècle), ou *Vita IIa s. Lamberti,* c. 20 (*BHL,* 4678, IXe siècle); *Vita s. Maglorii,* c. 18 (*BHL,* 5142, pas avant le milieu du IXe s.).

21. SULPICE SÉVÈRE, *Vita s. Martini,* IX, 5-7, repris par FORTUNAT DE POITIERS, *Vita metrica s. Martini,* I, 211-219; voir aussi le commentaire de J. FONTAINE, *Vie de saint*

Martin, Paris, 1968, tome II, pp. 654-656 et sa recension par P. COURCELLE dans Journal des Savants, 1970, pp. 57-58.

22. BOEHM, Los, losen, dans HWDA, 5 (1932-1933), 1376.

23. Vita s. Heriberti, c. 9-10, par LAMBERT DE LIÈGE († 1070) (BHL, 3827); Vita s. Lietberti, c. 18, par RAOUL DE CAMBRAI, vers 1270 (BHL, 4929). L'abbé DU RESNEL voyait un déclin des sortes à partir du VIIIe siècle: Recherches historiques sur les sorts appelés communément par les payens "Sortes Homericae", "Sortes Virgilianae", etc. et sur ceux qui parmi les chrétiens ont été connus sous le nom de "Sortes Sanctorum", dans Mémoires de littérature, tirés des registres de l'Académie royale des Inscriptions et Belles-Lettres, 19 (1753), p. 297. R. GANSZYNIEC diagnostique un renouveau à partir de la fin du XIIe siècle: Les sortes sanctorum, dans Congrès d'histoire du christianisme. Jubilé Alfred LOISY (éd. P.-L. COUCHOUD), Paris-Amsterdam, 1928, tome III, p. 45.

seraient plutôt motivés par la recherche d'un "pronostic" (prognosticum) sur la fortune à attendre du mandat d'un nouveau dignitaire ecclésiastique[22]. Il est exact que nous rencontrons au début du moyen âge des recherches de pronostics à l'aide de consultation d'écrits sacrés, mais l'introduction de ce développement de la formule des sortes est difficile à dater et il semble avoir cohabité longtemps avec l'ancienne méthode de choix d'un candidat. Le cas de saint Aignan d'Orléans, pour un, ne cadre pas avec la chronologie proposée par Boehm, bien que ce prélat ait vécu au Ve siècle († 453), car sa première biographie (BHL, 473, VIe s.) ne contient pas la scène des sortes que relatent ses deuxième (BHL, 474, milieu IXe s./989) et troisième (BHL, 476, Xe s.) biographes, influencés en cela par les Vies de saint Euverte d'Orléans (BHL, 2799-2800, première moitié du IXe s.). La Vie de saint Héribert de Cologne (999-1021) présente bien un cas de sortes-pronostic, mais celle de saint Lietbert de Cambrai (1051-1076) en reste aux sortes-confirmation. Ces quelques exemples illustrent bien la difficulté, dans l'état actuel de l'enquête, de dater l'apparition et l'évolution historique des utilisations marginales de l'écrit en culture populaire[23].

Néanmoins, même pour des clercs lettrés, le maniement des sortes sanctorum posait nécessairement des problèmes d'interprétation: quelle signification concrète et immédiatement applicable attribuer à une citation choisie au hasard et réputée manifester la volonté divine? Pour clarifier les enseignements à tirer de cette méthode de divination, le haut moyen âge chrétien a utilisé des solutions tout à fait comparables à celles des manuels païens de tirage au sort. Une méthode courante consistait à ajouter dans la marge ou en annexe du texte sacré des petits commentaires applicables à toutes sortes de situations: c'est ainsi qu'un manuscrit de Saint-Gall (sortes Sangallenses) du VIe siècle —

qui pourrait remonter à un archétype du IIe siècle — présente un curieux mélange de réponses préfabriquées, tantôt à résonance chrétienne («recommande ton âme à Dieu»), tantôt à contenu carrément païen («tu auras l'occasion de tuer ton ennemi»). De son côté, un évangéliaire de St-Germain (IXe s.) nous a conservé le texte de l'évangile de saint Jean découpé en 316 sections, dont 185 sont accompagnées de courtes devises que S. Berger assimilait à des formules de bonne aventure. À la limite, les interprètes des *sortes sanctorum* pouvaient recourir à des traités spécialisés comme ces *Sortilegia per literas et sacros libros* transmis par un manuscrit de Munich des Xe-XIe siècles: il suffisait alors de se reporter aux indications pertinentes à une lettre tirée d'un mot choisi au hasard dans le psautier[24].

24. BOEHM, *Losbücher*, dans *HWDA*, 5 (1932-1933), 1390 et *Los, losen, ibid.*, 1377; J.R. HARRIS, *The Sortes Sanctorum in the St. Germain Codex (g')*, dans *American Journal of Philology*, 9 (1888), pp. 58-63; extraits des *Sortilegia* de Munich cités par P. RICHÉ, *Documents de l'histoire de Bretagne* (dir. J. DELUMEAU, Toulouse, 1971, p. 98; S. BERGER, *Histoire de la Vulgate pendant les premiers siècles du moyen âge*, Paris, 1873, pp. 69-70; O. STEGMUELLER, *Zu den Bibelorakeln im Codex Bezae*, dans *Biblica*, 34 (1953), pp. 13-22; M. FOERSTER, *Zwei kymrische Orakelalphabete für Psalterwahrsagung*, dans *Zeitschrift für celtische Philologie*, 20 (1935), pp. 228-233; W. DUERIG, *Ordal der Psalterprobe* (op. cit. à la note 1), pp. 277-278.

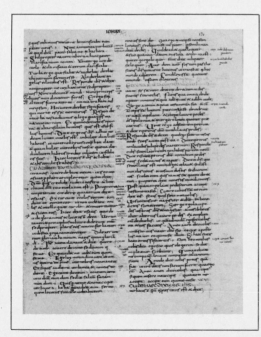

À des fins de tirage au sort, l'évangile de saint Jean a été découpé en 316 sections numérotées en chiffres romains; dans un bon nombre de cas, ces sections sont accompagnées en marge d'un bref commentaire destiné à guider l'interprétation qu'en tire le lecteur. Ms. Paris, Bibl. Nat., lat. 11553, f. 131r (IXe siècle).

Selon l'interprétation proposée par J.R. Harris, cette circonférence divisée en huit compartiments remplis de chiffres a dû servir dans la procédure de tirage au sort de l'une des 316 sections découpées dans l'évangile de saint Jean *(The Sortes Sanctorum in the St. Germain Codex (g'),* dans *American Journal of Philology,* 9 (1888), p. 60-61). Ms. Paris, Bibl. Nat., lat. 11553, f. 89v (IXe siècle).

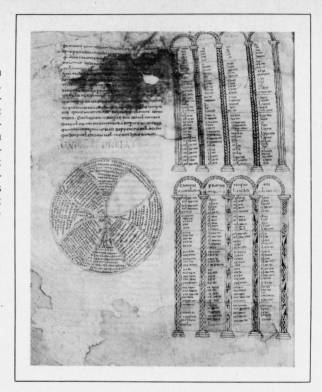

En plus de ces situations parfois assez complexes, l'écrit pouvait être utilisé dans le cadre de simples tirages au sort: on plaçait alors sur l'autel des billets portant les diverses réponses possibles à la question débattue; après des exercices de piété intense, le tirage au sort rendait manifeste la volonté divine. C'est ainsi que saint Patrocle de Berry († 516) prit sa décision de partir au désert, que trois évêques tranchèrent la question de l'attribution des reliques de saint Léger d'Autun († 678/679) et que saint Oustrille de Bourges († 624) essaya de se choisir une épouse. Les païens aussi bien que les chrétiens ajoutaient foi à ce procédé de révélation de la volonté céleste; c'est du reste ce qui sauva la vie à saint Willehad de Brême († 789), car le sort le favorisa quand des païens mécontents cherchèrent à savoir s'il convenait ou non de faire périr ce destructeur de leurs idoles[25].

Plus encore que dans le cas des lettres tombées du ciel, les condamnations officielles des *sortes* furent nombreuses et insistantes pendant le haut moyen âge. La trame de cette répression ecclésiastique est constituée d'une liste imposante de canons conciliaires (Vannes dans la deuxième moitié du Ve siècle, Agde en 506, Orléans en 511, Auxerre à la fin du VIe siècle, Leptines en 743...) et d'interdits des pénitentiels[26]. À cela s'ajoutèrent les interventions de personnalités de premier plan, comme Isidore de Séville, Bède le Vénérable, Charlemagne, Raban Maur, Léon IV... et finalement les compilations de canonistes tels Réginon de Prüm († 915) et Burchard de Worms († 1025)[27]. La seule répétition inlassable de ces admonestations suffirait à rendre sceptique sur leur efficacité.

Or, nous devons y joindre des témoignages d'une indulgence évidente de certaines autorités ecclésiastiques et même d'une participation directe de nombreux clercs. Saint Augustin le premier ne pouvait condamner absolument les *sortes sanctorum*, puisqu'il leur devait en quelque sorte sa propre conversion — la scène du "Tolle, lege..."; à tout prendre, il les jugeait encore préférables à la consultation des démons. Quant aux simples tirages au sort, il les admettait «comme mode de choix, et non en vue d'obtenir un présage»[28]. Grégoire de Tours, de son côté, reconnaît sans gêne avoir eu personnellement recours aux *sortes librorum* et paraît ignorer complètement les interdits conciliaires de son temps sur ce point. Son cas n'était pas isolé, s'il faut en croire les condamnations rapportées par Burchard de Worms à propos de la participation directe des clercs aux divers modes de divination par l'écrit[29].

Faut-il s'étonner de voir les clercs associés à ces utilisations marginales de l'écrit, qui n'étaient pas un monopole de laïcs à la foi mal éclairée? À cette

25. GRÉGOIRE DE TOURS, *Liber vitae Patrum*, IX - De s. Patroclo, c. 2 (*BHL*, 6519); URSIN DE LIGUGÉ, *Passio IIa s. Leodegarii*, c. 24-25 (*BHL*, 4851, fin VIIe siècle); *Vita s. Austregisili*, c. 3 (*BHL*, 839, c. 700); ANSKAR DE HAMBOURG, *Vita s. Willehadi*, c. 3 (*BHL*, 8898, milieu IXe siècle).

26. On les trouvera commodément réunis dans l'éd. F.W.H. WASSERSCHLEBEN, *Die Bussordnungen der abendländischen Kirche*, Halle, 1851 (réimpr. 1958), pp. 239, 272, 368, 381, 394, 409, 414, 422, 516, 544, 597, 604, 707; W. BOUDRIOT, *Die altgermanische Religion in der antiken kirchlichen Literatur des Abendlandes vom 5. bis 11. Jahrhundert*, Bonn, 1928 (réimpr. 1964), p. 78; S. McKENNA, *Paganism and Pagan Survivals in Spain up to the Fall of the Visigothic Kingdom*, Washington, 1938, pp. 112-113.

27. J. FEHR, *Der Aberglaube und die katholische Kirche des Mittelalters. Ein Beitrag zur Kultur - und Sittengeschichte*, Wiesbaden, 1857 (réimpr. 1969), pp. 89 et 104-106; RÉGINON DE PRÜM, *De ecclesiasticis disciplinis*, II-358; BURCHARD DE WORMS, *Decretorum libri*, X- *De incantatoribus et auguribus*, c. 26 et 43.

28. AUGUSTIN, *Epistula LV ad inquisitiones Januarii*, c. 37; P. COURCELLE, *Source chrétienne et allusions paiennes de l'épisode du "Tolle, lege" (Saint Augustin, Confessions, VIII, 12, 19)*, dans *Revue d'histoire et de philosophie religieuses*, 32 (1952), pp. 192-193.

29. GRÉGOIRE DE TOURS, *Historia Francorum*, V-14; BURCHARD DE WORMS (*op. cit.* à la note 27), c. 9, 27, 48; DU RESNEL, *Recherches historiques* (*op. cit.* à la

note 23), p. 310; R.
GANSZYNIEC, *Sortes
sanctorum* (*op. cit.* à la
note 23), pp. 47-48.

30. A. FRANZ, *Die
kirchlichen Benediktionen*
(*op. cit.* à la note 1),tome II,
pp. 435-436;. P. RICHÉ,
*Croyances et pratiques
religieuses populaires
pendant le haut moyen
âge*, dans *Le christianisme populaire. Les dossiers
de l'histoire* (dir. B.
Plongeron et R. Pannet),
Paris, 1976, p. 83; A. de
MOLIN, *Étude sur les
agrafes de ceinturons
burgondes à inscriptions*,
dans *Revue archéologi-
que*, 3e s., 40 (1902), pp.
355 et 365. GRÉGOIRE DE
TOURS rapporte deux cas
d'utilisation de phylactères à la manière païenne
par des mauvais chré-
tiens: *Liber de virtutibus s.
Juliani*, c. 46a, et *Liber I de
virtutibus s. Martini*, I-26.
Nous y verrons peut-être
plus clair quand sera
achevée la dissertation en
cours d'élaboration par U.
ARENDS, *Die Amulette
der Merowingerzeit*.

31. GRÉGOIRE LE
GRAND, *Epistola XII* (*PL*,
77, col. 1316); *Vita s.
Eugendi*, c. 141 et 148 et
le commentaire de F.
MARTINE, *Vie des Pères*
(*op. cit.* à la note 16), p. 63;
J. COUSIN, *Syncrétisme
religieux dans la démono-
logie du VIe siècle*, dans
*Revue de l'histoire des
religions*, 125 (1942), pp.
147-150. H.J. MAGOU-
LIAS rapporte un compor-
tement semblable à celui
d'Oyend chez un saint
oriental, s. Siméon Salos
(VIe s.): *The Lives of
Byzantine Saints as
Sources of Data for the
History of Magic in the
Sixth and Seventh
Centuries A.D.: Sorcery,
Relics and Icons*, dans
Byzantion, 37 (1967), pp.
240-241.

époque, les clercs étaient pratiquement les seuls à posséder une culture littéraire, fondée sur les écritures saintes, précisément; leur compétence technique et l'autorité morale de leur fonction les désignait comme des interprètes naturels des *sortes*, sans toujours empêcher qu'ils soient psychologiquement plus proches de la masse du peuple chrétien que des Pères de l'Église. Même entourées de prières, de veilles et de jeûnes, de telles pratiques n'ont pas paru orthodoxes à beaucoup de responsables ecclésiastiques; mais les condamnations répétées n'ont pas davantage réussi à les déraciner.

III — Utilisations de l'écrit qui entraînent ou provoquent des prodiges

Enfin, nous pouvons réunir dans une troisième catégorie d'utilisations marginales de l'écrit tous les cas où des documents causent ou visent à obtenir des effets merveilleux. À ce titre, nous rencontrons au premier rang les phylactères, dont le haut moyen âge fit un usage très voisin de ceux qui sont observables dans l'antiquité païenne. Ces brèves inscriptions sur un billet portées sur soi ou accrochées au cou en guise d'amulette étaient connues des Babyloniens, des Grecs, des Romains, des Juifs, des Germains, et enfin des chrétiens[30]. Le pape Grégoire le Grand lui-même aurait offert un phylactère en cadeau à la reine Théodelinde. Mais le cas le plus circonstancié que nous connaissions concerne saint Oyend du Jura: après que le diable se fût moqué de tous les phylactères qu'on pouvait accrocher au cou d'une possédée pour obtenir sa délivrance, sauf s'ils venaient de l'abbé Oyend, le saint homme se laissa convaincre d'en rédiger un qui obtint l'effet escompté. Après quoi les fidèles continuèrent de faire appel à ses écrits si efficaces à soulager de l'esprit du mal ou de la maladie; finalement, toute la communauté — frères et prêtres — se lança dans la production de phylactères, comme si elle participait du pouvoir guérisseur d'Oyend[31].

En plus de ces billets, les lettres rédigées par de saints personnages possédaient un pouvoir thaumaturgique, habituellement sans relation avec leur contenu; comme tout objet possédé par un saint ou entré en contact avec lui, le parchemin se chargeait alors d'une vertu merveilleuse sans lien avec sa fonction naturelle. Cette utilisation marginale de l'écrit par application mécanique d'une lettre était connue des païens, mais également pratiquée dans les milieux ascétiques du Proche-Orient. Selon la relation de Sulpice Sévère, Postumianus l'avait observée chez les Pères d'Égypte; nous la retrouvons dans la biographie de saint Martin, puis elle se répandit dans l'hagiographie du haut moyen âge. Une dévote de saint Oyend mit une lettre du bienheureux sur ses yeux, puis dans sa bouche, pour échapper à une maladie mortelle; Fortunat relate deux scènes de guérison par lavage de lettres de saint Germain de Paris; un navire échappa au naufrage grâce à une lettre de saint Cybard d'Angoulême († 581) appliquée sur les flots par un spectateur sur la rive. Exceptionnellement, des saints ont même pris l'initiative de s'adresser par écrit aux forces de la nature — en l'occurrence à deux fleuves, pour les enjoindre de ne pas dépasser la limite qui leur était fixée: saint Séverin de Norique († c. 482) fit graver une inscription à l'intention du Danube et saint Sabin de Plaisance († fin IVe s.) fit copier par un notaire un avis destiné au Pô[32].

À la limite, il suffisait de lire à un malade la biographie d'un saint, ou de le mettre en contact avec le manuscrit d'un texte sacré, pour provoquer la guérison. À ce titre, l'exemple le plus émouvant que nous ayons rencontré est un évangéliaire du Xe siècle, utilisé en Haute-Bavière pour soigner la folie ou la possession: on appliquait les illustrations du manuscrit sur la tête des malades. Le texte de ce manuscrit est encore bien conservé, mais certaines illustrations sont complètement effacées à force d'avoir servi; il est rare

32. F. GRAUS, *Volk, Herrscher und Heiliger im Reich der Merowinger. Studien zur Hagiographie der Merowingerzeit*, Prague, 1965, p. 82; SULPICE SÉVÈRE, *Dialogi*, I-20 et *Vita s. Martini*, XIX-1, ainsi que le commentaire de J. FONTAINE, (*op. cit.* à la note 21), pp. 869-870 et 876; FORTUNAT, *Vita s. Germani Paris.*, c. 49 et 58 (*BHL*, 3468); *Vita s. Eparchii*, c. 13 (*BHL*, 2559, début IXe siècle); EUGIPPE († 511), *Vita s. Severini*, c. 15 (*BHL*, 7656); GRÉGOIRE LE GRAND, *Dial.*, II-10 (pour s. Sabin).

L'usure anormale de ces deux miniatures, alors que le reste du manuscrit s'est conservé en bon état, témoigne du frottement de la tête des malades sur lesquels on a appliqué cet évangéliaire du Pürten (Haute-Bavière) pour obtenir une guérison (A. FRANZ, *Die kirchlichen Benediktionen im Mittelalter*, Fribourg, 1909, t. II, p. 437, note 1). Ms. Munich, Staatsbibl., Clm. 5250, ff. 67r et 152 r.

de saisir aussi concrètement les traces d'une utilisation marginale de l'écrit[33].

Pour être complet, il faut joindre au dossier les écrits qui servaient de moyens de protection ou d'instruments de libération quasi magiques. Laissons de côté la prière dite de Charlemagne, supposément tombée du ciel et destinée à garantir des blessures ceux qui la portaient; malgré le patronage de l'illustre empereur, il semble qu'elle n'est pas apparue avant le XIIIe siècle. Mais des documents apparentés ont certainement circulé bien avant, comme en témoigne Bède le Vénérable. Il raconte en effet l'histoire d'un prisonnier qu'on n'arrivait pas à ligoter: les liens les plus serrés et les plus solides tombaient sans cesse. Bède rapporte que ses geôliers finirent par lui demander s'il portait, cachées sur sa personne, des *litterae solutoriae,* qui rendaient vaine toute tentative d'immobilisation... Outre les personnes, un écrit pouvait également protéger un immeuble contre tout accident ou visiteur malveillant. Un manuscrit écrit en Angleterre au VIIIe siècle contient une addition à la lettre d'Abgar, qui transformait ce document en garantie contre les

33. Miracles à l'audition de la Vie de s. Martin: GRÉGOIRE DE TOURS, *De virtutibus s. Martini*, II, 29 et 49. Guérisons par application d'un manuscrit de la *Vita s. Nicetii* (GREG. TUR., *Liber vitae Patrum*, VIII-12) ou de la *Vita s. Martini* (GREG. TUR., *De virtutibus s. Martini*, I-2). Sur l'évangéliaire de Pürten, cf. A. FRANZ, *Die kirchlichen Benediktionen* (*op. cit.* à la note 1), tome II, pp. 436-437. Le simple voisinage d'un manuscrit prestigieux pouvait provoquer des prodiges: H. OMONT, *Manuscrit des oeuvres de s. Denys l'Aréopagite envoyé de Constantinople à Louis le Débonnaire en 827*, dans *Revue des études grecques*, 17 (1904), p. 232 (dix-neuf miracles dans la nuit du 8 au 9 octobre 827); nous remercions notre collègue P. Boglioni d'avoir attiré notre attention sur ce codex fameux.

attaques du diable, des ennemis et les fléaux naturels[34]. Sur le continent, une inscription énigmatique a été gravée sur le seuil de la *memoria* de Mellébaude (près de Poitiers); ce tombeau chrétien était protégé par une inscription qui se lit à peu près: GRAMA GRUMO AX CAX PIX, plus proche d'une formule cabalistique que d'une prière chrétienne. Selon É. Mâle, «cette inscription devait arrêter par sa force magique ceux qui voudraient violer le tombeau»[35].

Les condamnations officielles de toutes ces pratiques n'ont pas manqué ici encore, non sans ambiguïté toutefois, car l'intervention active de clercs continuait d'être indispensable pour rédiger ou transcrire les phylactères, les lettres des saints ou de libération. Mais cette fois la tolérance de saint Augustin, qui souffrait l'utilisation de l'Évangile comme amulette de préférence au recours à des pratiques supersti-

34. L. GOUGAUD, *Prière de Charlemagne* (*op. cit.* à la note 4), pp. 213 et 232-233; BÈDE, *Historia ecclesiastica,* IV-22 et le commentaire de F. GRAUS, *Die Gewalt bei den Anfängen des Feudalismus und die "Gefangenenbefreiungen" der merowingischen Hagiographie,* dans *Jahrbuch für Wirtschaftsgeschichte,* I-1 (1961), p. 103; H. LECLERCQ, *Abgar (la légende d')* dans *DACL,* I-1 (1907), 87-97. La pèlerine Égérie a peut-être ramené en Occident à la fin du IVe siècle une copie de la lettre du Christ à Abgar: P. DEVOS, *Égérie à Édesse. S. Thomas l'Apôtre. Le roi Abgar,* dans *Analecta Bollandiana,* 85 (1967), pp. 392-393.

35. É. MÂLE, *La fin du paganisme en Gaule et les plus anciennes basiliques chrétiennes,* Paris, 1950, p. 179; H. LECLERCQ, *Mellébaude,* dans *DACL,* XI-1 (1933), 253-254. F. EYGUN propose toutefois de n'y voir qu'un anagramme inoffensif ("Anagramma: Ama Agrum Carum Pio") dans son *Hipogée des Dunes à Poitiers,* Poitiers, 1964, pp. 19-20.

36. A.A. BARB, *The Survival of Magic Arts*, dans *The Conflict between Paganism and Christianity in the Fourth Century* (éd. A. MOMIGLIANO), Oxford, 1963, p. 124; A. FRANZ, *Die kirchlichen Benediktionen* (*op. cit.* à la note 1), tome II, p. 436; J. FEHR, *Der Aberglaube* (*op. cit.* à la note 27), pp. 62-63 et 84-85; OHRT, *Segen*, dans *HWDA*, 7 (1935-1936), 1602-1603; M.E. KEENAN, *The Terminology of Witchcraft in the Works of Augustine*, dans *Classical Philology*, 35 (1940), p. 296.

37. E. VACANDARD, *L'idôlatrie en Gaule au VIe et au VIIe siècle*, dans *Revue des questions historiques*, 65 (1899), p. 449; W. BOUDRIOT, *Die altergermanische Religion* (*op. cit.* à la note 26) pp. 5-6, 13-16, 28-29, 64-65. G.J.M. BARTELINK, *Phulakterion - phylacterium*, dans *Mélanges Christine Mohrmann. Nouveau recueil offert par ses anciens élèves*. Utrecht-Anvers, 1973, pp. 51-53.

38. Concile de Rome en 721, ca. 12; *Vita s. Eligii*, II-5 (*BHL*, 2474, par s. OUEN de Rouen, mais connue seulement par un remaniement du milieu du VIIIe siècle); *Dicta abbatis Pirminii de singulis libris canonicis Scarapsus*, c. 22 et 28, éd. G. JECKER, *Die Heimat des hl. Pirmin, des Apostels der Alemannen*, Munster, 1927, pp. 54 et 68 et commentaire pp. 152-153; F.W.H. WASSERSCHLEBEN, *Die Bussordnungen* (*op. cit.* à la note 26), pp. 272, 239-240, 596; BURCHARD DE WORMS, *Decretorum libri*, X- *De incantatoribus et auguribus*, c. 23 et XIX-*De poenitentia*, c. 5; G.J.M. BARTELINK, *Phylacterium* (*op. cit.* à la note 37), pp. 33-34, 42-43, 51 et 55.

tieuses, ne semble guère avoir fait école[36]. Peut-être faut-il attribuer ce fait à l'influence de la prédication vigoureusement hostile de Césaire d'Arles; nous savons qu'il présidait le concile d'Agde en 506, qui condamna énergiquement les phylactères, *même* fabriqués par des clercs[37]. Des échos à cette réaction se rencontrent ensuite dans le *Scarapsus* de Pirmin († 753), dans un sermon attribué à saint Eloi de Noyon, ainsi que dans la littérature pénitentielle du haut moyen âge[38].

Conclusion

Avant de tirer des conclusions de ce *corpus* assez diversifié des principaux types d'utilisation marginale de l'écrit pendant le haut moyen âge, il est nécessaire de les replacer dans un contexte plus large et de critiquer les documents qui nous servent de sources.

Parmi tous les objets matériels utilisés par les fidèles pour rendre plus concrètes leurs relations avec l'au-delà, les écrits occupent une place qui n'est ni unique, ni même prépondérante: les lettres et messages divins ne sont pas les seuls objets réputés tombés du ciel; la consultation des Écritures saintes n'était qu'une façon parmi d'autres d'interroger le sort; on a utilisé toutes sortes d'autres talismans que des billets écrits. Mais pour les chrétiens, le recours à des utilisations marginales de l'écrit était favorisé par le fait que leur religion est une religion du livre; ceci explique sans doute les liens étroits du phénomène avec les comportements religieux. Par son ampleur, il déborde en tout cas largement le niveau de simples aberrations individuelles pour devenir un trait de mentalité collective.

L'origine disparate de nos renseignements sur de tels comportements empêche néanmoins d'accorder à tous la même valeur démonstrative. Nous trouvons tantôt un simple enregistrement de pratiques en usage dans la masse des fidèles, qui pourraient n'être que des façons originales de vivre le christianisme, ou bien la transposition dans le monde chrétien de pratiques nullement exclusives à une religion en particulier, mais profondément enracinées dans l'histoire de l'humanité; tantôt nos témoignages sont le fruit d'une élaboration savante — "moralité" sur la lutte entre le paganisme et le christianisme dans le miracle de Théophile, parabole sur la grâce du baptême chez le mime Genès... Et parmi les déviations condamnées par certaines autorités ecclésiastiques, combien reflètent une situation réellement vécue par l'auteur et combien ne sont que le résultat d'une compilation de canoniste à caractère répétitif? Au fil des temps, certaines mises en scène d'utilisation marginale de l'écrit ont fini par donner naissance à un genre littéraire, comme l'effacement miraculeux d'une confession écrite dans la biographie de saint Jean de l'Aumône († 616), qui se retrouve ensuite dans la Vie de sainte Ségolène de Troclar, pour devenir enfin un lieu commun de la littérature médiévale[39].

Une fois éclaircie la provenance de notre information, quand elle peut l'être, le problème du contenu de l'information demeure entier: s'agit-il d'un vieux fond de magie ou de traits de folklore communs à toute l'humanité, d'autant plus importants que le bagage doctrinal ou la réflexion théologique sont minces? faut-il y voir des survivances païennes en marge d'un christianisme encore superficiellement implanté dans les masses? avons-nous affaire à un syncrétisme de la religion nouvelle qui absorbe des pratiques anciennes en les christianisant progressivement?[40]

Les réponses sont d'autant plus difficiles à donner que la matérialité d'un objet à fonction magique ou superstitieuse est une chose, la façon de s'en servir ou la motivation de l'usager en est une autre...

Pour l'historien, s'ajoute la difficulté supplémentaire de serrer la chronologie de ces

39. *Vita s. Johannis Eleem.*, c. 94-96 (*BHL*, 4388, traduite en latin par Anastase le Bibliothécaire † 879); *Vita s. Segolenae*, IV, 24-25 (*BHL*, 7570, deuxième moitié VIIe siècle); L. de KERVAL, *L'évolution et le développement du merveilleux dans les légendes de s. Antoine de Padoue*, dans *Opuscules de critique historique*, XII-XIV (1906), pp. 261-262.

40. F. GRAUS, *Volk, Herrscher und Heiliger* (*op. cit.* à la note 32), pp. 162-163, 167-170, 182; L. JALABERT, *Citations bibliques dans l'épigraphie grecque*, dans *DACL*, III-2 (1914), 1749 et 1753; O. WEINREICH, *Antike Himmelsbriefe*, dans *Archiv für Religionswissenschaft*, 10 (1907), pp. 566-567. Certains estiment que bien des pratiques païennes ont survécu plus ou moins christianisées: W. DUERIG, *Ordal der Psalterprobe* (*op. cit.* à la note 1), pp. 268 et 276-277; d'autres récusent toute filiation: R. GANSZYNIEC, *Sortes sanctorum* (*op. cit.* à la note 23), pp. 45 et 50-51.

questions, et partant de clarifier influences et emprunts. Et pourtant, ces comportements apparemment immuables à travers les siècles ont évolué: c'est ainsi que les lettres tombées du ciel, spécialisées au haut moyen âge dans le renforcement de l'obligation dominicale, ont glissé au bas moyen âge dans la catégorie du pamphlet ou de la satire, notamment à l'époque du Grand Schisme. Il convient donc de se méfier des rapprochements plus apparents que réels, des généralisations qui chevauchent trop allègrement siècles et continents[41]. Pour la période et l'objet qui nous intéressent, pouvons-nous discerner une évolution? La période mérovingienne, par exemple, aurait-elle été plus "crédule" que la période carolingienne, c'est-à-dire plus friande d'utilisations marginales? Parlant des *sortes* bibliques, McGuire est d'avis que leur utilisation aurait décliné à partir du début de l'époque carolingienne[42]. Il est de fait que de nombreux exemples — et condamnations — d'utilisations marginales de l'écrit appartiennent au tout premier moyen âge; devons-nous en conclure que le renouveau de la civilisation de l'écrit aux VIIIe-IXe siècles les aurait fait reculer? Et comment distinguer les emprunts à l'Orient des innovations occidentales, s'il en est? Seule une enquête beaucoup plus vaste que la nôtre permettrait de répondre avec quelque sécurité.

En attendant, constatons que malgré la présence de masses illettrées, l'écrit a trouvé une place en tant qu'écrit dans la culture populaire du haut moyen âge, soit qu'on l'utilise indépendamment de son contenu, soit que le lien avec son contenu (par lecture ou interprétation) se voie assuré par des clercs qui partagent les convictions populaires sur l'efficacité thaumaturgique ou la valeur symbolique de l'écrit. Ces réactions ne sont peut-être pas sans rappeler celles qu'observent les anthropologues qui étudient les contacts entre civilisations de l'oral et civilisations de l'écrit.

41. L. ROERICH, *Aberglaube.* 3- *Geschichtliches,* dans *Die Religion in Geschichte und Gegenwart,* I (1957), 57-60.

42. M.R.P. McGUIRE, *Sortes Homericae (op. cit.* à la note 18), 444.

Pour le haut moyen âge occidental, il s'ensuit que "culture populaire" ne désigne pas exclusivement "culture des laïcs": des clercs, et non des moindres, participent aux croyances de la masse analphabète en l'efficacité de certaines utilisations marginales de l'écrit. Cette rencontre témoigne probablement d'un enracinement relativement faible de l'écrit comme moyen de communication sociale dans la civilisation occidentale à ce moment, ou d'un état d'impréparation doctrinale ou théologique chez de larges groupes d'hommes d'Église; elle démontre certainement que la ligne de clivage entre culture populaire et culture savante ne passait pas entre monde laïc et monde clérical, puisque nous comptons des clercs et des laïcs de part et d'autre.

Quant à son contenu, enfin, cette culture populaire apparaît très composite et ses éléments constitutifs sont difficiles à décanter: qu'est-ce qui est commun à toute l'histoire de l'humanité? Qu'est-ce qui est réminiscence du paganisme antique, peu ou prou travestie en comportement chrétien? L'observateur est constamment ballotté entre religion et magie, entre folklore et superstition[43]. Il convenait néanmoins de redonner à ces documents leur place dans l'histoire culturelle du haut moyen âge, sans projeter sur les hautes époques une reprise en main postérieure et une épuration progressive de la part des plus hautes autorités ecclésiastiques.

Si les pratiques marginales de l'utilisation de l'écrit sont des herbes folles à éliminer du champ de la religion, comme disait dom Gougaud, elles ne sont certainement pas à éliminer du champ des préoccupations de l'historien de la culture populaire.

43. On trouvera de suggestives réflexions sur ces questions dans les travaux récents de K. THOMAS, *Religion and the Decline of Magic,* New York, 1971, pp. 30-32 et 49-40 ainsi que J.-C. SCHMITT, *"Religion populaire" et culture folklorique,* dans *Annales (Economies, Sociétés, Civilisations),* 31 (1976), pp. 944-949.

VII

La coercition des saints dans la pratique religieuse médiévale

Patrick J. Geary
Université de Princeton

Dans une étude récente, le professeur Pierre André Ségal a analysé la littérature du châtiment divin tel qu'il apparaît dans l'hagiographie des XIe et XIIe siècles[1]. Les saints manifestaient leur puissance non seulement en opérant des guérisons, en permettant de trouver des objets perdus et par d'autres types de miracles bienfaisants, mais aussi en punissant par divers tourments les gens qui les avaient, d'une façon ou d'une autre, offensés. Dans les collections de miracles qu'il a examinées, les saints punissent ceux qui pillent les possessions monastiques, les voleurs des trésors de l'Église et ceux qui attaquent les pèlerins qui vont au sanctuaire ou en reviennent. De plus, un ensemble plus large de personnes ou d'animaux qui avaient pénétré en la présence sacrée des reliques des saints sans une préparation ou le respect adéquats sont les victimes du courroux divin: même un regard jeté par mégarde sur des reliques découvertes accidentellement au cours de la construction ou de la rénovation d'églises pouvait attirer une sérieuse punition physique.

Le professeur Ségal va au-delà de la pure description et classification de ces punitions et examine les mécanismes psychologiques d'après lesquels des malheurs arrivés à certaines personnes étaient attribués à une intervention miraculeuse reliée à Dieu ou aux saints. Dans la

1. *Un aspect du culte des saints: le châtiment divin aux XIe et XIIe siècles, d'après la littérature hagiographique du midi de la France*, dans *La religion populaire en Languedoc du XIIe siècle à la moitié du XIVe siècle* (Cahiers de Fanjeaux, 11), Toulouse, 1976, pp. 39-59.

majorité des cas, l'interprétation établissant un lien causal était le produit non pas de celui qui punissait mais plutôt de sa victime, dans les cas de ceux qui avaient attaqué l'Église ou les pèlerins d'un saint, ou bien le produit d'un autre, une tierce partie qui serait comme l'observateur des deux événements. Dans une minorité de cas, le lien est établi par la victime du châtiment surnaturel, laquelle reconnaît sa faute après la visite de la colère divine ou bien en arrive graduellement à la conscience de sa culpabilité, ordinairement à travers des songes dans lesquels le saint lui apparaît et le rosse pour son crime. Dans les deux cas, la perception du châtiment divin repose sur une compréhension partagée par tous de ce qu'est la sainteté et la nature des saints: les saints étaient des individus capricieux, puissants, sévères, jaloux de leurs droits et prompts à récompenser ou punir ceux qui avaient violé ces droits ou ceux qui leur avait dénié le respect exigé.

La punition céleste, lors des plaies d'Égypte: les ulcères. Bible allemande, fin du XVe s.; Parme, Bibl. Palatina, Inc. 224.

Maintenant je voudrais analyser le côté inverse de cette relation si bien décrite par le professeur Ségal: si les saints étaient tout à fait capables d'exiger leur dû et bien prêts à frapper ceux qui les offensaient, ces mêmes saints avaient également des obligations réciproques envers leurs fidèles. Aux XIe et XIIe siècles, le clergé aussi bien que le peuple n'hésitait pas à exercer des pressions, à menacer et même à punir physiquement les saints qui ne faisaient pas leur devoir.

Une sensibilité moderne nous porterait à supposer que la coercition et la punition physique des saints devaient être considérées par la société aussi bien religieuse que civile comme quelque chose d'inconvenant et qu'il devait exister, dans la loi sinon en pratique, certaines limites claires dans les moyens par lesquels les saints pouvaient être poussés à aider leurs fidèles. Toutefois, lorsqu'on essaie d'examiner les paramètres des moyens normaux par lesquels les saints pouvaient être invoqués, suppliés ou séduits aux XIe et XIIe siècles, il apparaît vite clair que ce sujet fut virtuellement ignoré par les canonistes et les théologiens, comme d'ailleurs presque tous les autres aspects du culte des saints et de leurs reliques[2]. La dévotion aux saints était si universellement acceptée et le culte des reliques était considéré comme une partie si naturelle de la vie humaine que le besoin de régler et de limiter ces phénomènes n'était même pas pris en considération, à l'exception de cas spécifiques lorsque les abus ou les fraudes étaient si évidents qu'ils ne pouvaient pas être ignorés, à cause du dommage porté à la communauté des fidèles. Ainsi, la force et l'intensité avec lesquelles les fidèles, laïcs ou religieux, essayaient de gagner la faveur des saints se développèrent naturellement et atteignirent des niveaux toujours plus élevés avec l'urgence des problèmes portés à l'attention des saints. Normalement, les saints étaient honorés d'abord dans leur corps ou dans leur relique, lesquels, dans un sens très réel et concret,

2. Sur la lente formation d'un droit canonique sur les reliques, voir N. HERMANN - MASCARD, *Les reliques des saints. Formation coutumière d'un droit*, Paris, 1975.

3. À ce propos, voir le chapitre 6 de mon étude: *Furta Sacra: Thefts of Relics in the Central Middle Ages,* Princeton, 1978.

étaient le saint qui continuait à vivre parmi les siens[3].

Depuis le haut moyen âge, leurs reliques ou leurs tombeaux se trouvaient habituellement dans des monastères ou dans des églises, et ainsi leur accès était sous le contrôle du clergé. Ce clergé assurait un culte officiel continu des saints et orchestrait l'approche physique et rituelle des fidèles, aussi bien laïcs que religieux, en la présence sacrée du saint. Normalement, les pèlerins de toutes les classes et de toutes les positions sociales sollicitaient la même aide, de la même façon. Les invocations les plus fréquentes concernaient la guérison physique, l'aide pour récupérer des biens perdus et la protection des menaces des hommes ou de la nature. Ces pèlerins entraient en contact avec le sacré par les mêmes voies qui ont mené tant d'autres gens de culture et de religion diverses à rencontrer le sacré: ils se préparaient par le jeûne et par l'épreuve d'un long voyage, ils entraient dans l'église et essayaient de s'approcher le plus près possible de la châsse du saint et de la toucher pour assurer un contact physique avec le sacré. Souvent ils passaient la nuit en dormant ou en veillant à côté du reliquaire, en invoquant continuellement le nom du saint[4].

4. Voir l'étude très détaillée de Jacques PAUL, *Miracles et mentalité religieuse populaire à Marseille au début du XIVe siècle,* dans *La religion populaire en Languedoc,* pp. 62-90.

Le clergé qui exerçait son ministère dans les églises s'occupait peu, habituellement, de régler la nature exacte de chacune de ces phases. Il se contentait d'empêcher les pèlerins d'interférer avec leurs célébrations officielles du culte monastique aux heures prévues. Les efforts déployés pour aller au-delà de ce contrôle minimal et pour réglementer le temps réservé à l'attouchement des reliques ainsi que les genres de prières et de suppliques populaires n'aboutissaient en général qu'à des succès très mitigés. À Conques, par exemple, les pèlerins étaient habitués déjà au Xe siècle à passer la nuit dans l'église de Ste-Foy en chantant toutes sortes de chansons rustiques et en tenant entre eux des propos que les moines considéraient comme des conversations frivoles. Mais lorsque la communauté essaya d'exclure les pèlerins de l'église pendant la nuit, les portes s'ouvrirent miraculeusement et le lendemain matin on retrouva les pèlerins en train de poursuivre leurs invocations populaires comme d'habitude. Les moines prirent ce miracle comme un signe de la volonté de Dieu de permettre aux paysans un accès illimité à Ste-Foy et abandonnèrent leurs efforts pour fermer l'église pendant la nuit[5].

5. *Liber miraculorum Sancte Fidis*, Liber II, XII, éd. A. BOUILLET, Paris, 1897, pp. 120-122.

On manifesta une tolérance semblable à propos de certains types plutôt extravagants de prières que les gens utilisaient pour pousser le saint à les aider. À la Chaise-Dieu, un vieux mendiant aveugle se tint debout devant le tombeau de saint Robert pendant trois jours, en criant continuellement à haute voix le nom du saint. Sa femme essaya enfin de le faire taire en lui suggérant qu'une invocation de type plus spirituel et intérieur pouvait être plus efficace: «Penses-tu vraiment que le saint ne t'entendra pas sans ces supplications exagérées? Tu ferais mieux d'attendre en silence et de dire tes prières seulement dans le coin secret de ton coeur». Mais l'homme refusa avec dédain ce conseil en lui disant de se tenir tranquille et en répondant: «Penses-tu que le saint a des oreilles assez délicates pour être dérangé par des cris trop éclatants?». Apparemment saint Robert supporta fort bien le style d'invocation plus physique et extérieur du mendiant, puisqu'il le guérit de sa cécité. L'écrivain monastique qui enregistra ce miracle trouvait également que l'homme avait manifesté une bien grande dévotion et il le compare à l'aveugle de l'Évangile qui supplie à haute voix le Seigneur, même lorsque les disciples essaient de le réduire au silence[6].

6. *Miracula S. Roberti auctore Bertrando*, dans *AASS*, avril, III, p. 330.

Ainsi les pèlerins pouvaient compter sur une latitude considérable dans leur dévotion aux saints et lorsque les moyens ordinaires ne suffisaient pas, certains moyens extrêmes, *improbi* selon les mots de la femme, étaient non seulement permis mais encouragés. Bien plus, ces moyens étaient pratiqués non seulement par la populace inculte, mais par les moines eux-mêmes. Pour reprendre l'exemple de Conques, on voit qu'un seigneur de l'endroit osait impunément laisser brouter son cheval favori sur les terres du monastère. Puisque cet homme ne pouvait être convaincu d'empêcher son cheval de détruire les moissons, les moines, selon les paroles de Bernard de Chartres, «se mirent à exciter sainte Foy par des cris démesurés *(improbis clamoribus)* et à la solliciter avec de longues prières pour qu'elle daigne faire cesser ce fléau». Le cheval mangea jusqu'à en crever littéralement: ses flancs éclatèrent et il tomba mort sur le terrain des moines. Ceux-ci interprétèrent la chose comme la réponse de sainte Foy à leurs prières[7].

Ces *improbi clamores* n'étaient pas nécessairement limités à de longs et bruyants appels à la protection du saint. Ces cris pouvaient aussi contenir la menace que si le saint ne remplissait pas ses obligations, on cesserait de l'honorer et on le punirait même par des châtiments physiques. À propos des saints cisterciens, on trouve souvent relaté dans les documents que les abbés leur ordonnaient d'arrêter de faire des miracles, selon une tradition qui remonte probablement aux origines mêmes de l'Ordre et selon laquelle les monastères ne devaient pas ëtre des endroits de pèlerinage[8]. Après la mort d'Étienne de Grandmont, pour ne citer qu'un seul exemple, les miracles opérés sur sa tombe furent à l'origine d'un pèlerinage qui risquait de menacer la paix et l'isolement de la communauté. Le prieur s'approcha donc du tombeau du saint et lui commanda solennellement de cesser de faire des miracles. Il lui dit que s'il ne voulait pas arrêter, son corps serait exhumé et jeté dans la rivière voisine[9].

7. *Liber miraculorum Sancte Fidis,* Appendice, pp. 229-230.

8. G.G. COULTON nous donne plusieurs exemples de ce topos dans son ouvrage ancien, mais encore parfois valable: *Five Centuries of Religion,* III, Cambridge, 1936, pp. 98-99.

9. *Ibid.,* 99, *Vita S. Stephani Grandimontensis,* dans *PL,* 204, 1030.

Les menaces ne se limitaient pas à des mots seulement. Bien souvent, dans des périodes de crise, les appels à la protection du saint étaient dramatisés par la suspension du culte et les églises étaient fermées aux fidèles qui auraient éventuellement désiré aller prier ou faire des offrandes au saint. Encore plus grave était le rite de l'humiliation des saints[10]. Quand des communautés religieuses étaient incapables d'obtenir gain de cause par d'autres moyens, les reliques et les images les plus précieuses étaient descendues sur le sol et couvertes de ronces, d'orties ou de cilices. On les gardait là, seules et oubliées, tant que l'injustice n'était pas réparée. Ensuite, lorsque l'ordre de la société avait été rétabli, les reliques étaient remises à leur place d'honneur.

10. Voir P. GEARY, *L'humiliation des reliques*, dans *Annales. Économies, Sociétés, Civilisations*, 1979 (sous presse).

Le clergé, ayant le contrôle des églises où étaient déposées les reliques, avait l'accès le plus immédiat aux corps des saints et pouvait donc plus facilement exercer de fortes pressions sur eux pour qu'ils exécutent leurs demandes. Même les laïcs, toutefois, pouvaient occasionnellement avoir accès aux saints, dans des contextes où ils sentaient que la gravité de leur situation justifiait une action plus drastique que les *improbi clamores*. A St-Calais-sur-Aille, par exemple, les paysans d'une propriété monastique isolée dûrent subir en silence les injustices répétées d'un seigneur voisin. Enfin, comme ils ne voyaient aucun autre moyen de s'en sortir, ils se mirent en route pour St-Calais-sur-Aille pour invoquer directement le saint qui, en tant que propriétaire du monastère, était dans un sens très réel leur seigneur et donc le responsable de leur protection. Ils arrivèrent tard dans la nuit, après une journée complète de jeûne, et convainquirent le portier de leur permettre d'entrer seuls dans l'église. Une fois à l'intérieur, ils se jetèrent devant l'autel et puis deux d'entre eux enlevèrent les nappes et commencèrent à frapper l'autel avec leurs bâtons en criant: «Pourquoi ne nous défends-tu pas, très saint patron? Pourquoi dors-tu et nous ignores-tu? Pourquoi ne libères-tu pas tes serviteurs de l'ennemi qui les accable?». Le portier entendit tout le bruit qui se faisait et quand il aperçut ce qui était en train de se passer, il expulsa de l'église les paysans. Toutefois, au lieu de punir les paysans pour leur audace, le saint fit exactement ce qu'ils lui avaient demandé de faire et terrassa le seigneur coupable[11].

11. *Miracula S. Carilefi ad ipsius sepulcrum facta,* dans *Acta Sanctorum Ordinis Sancti Benedicti,* I, pp. 650-651.

Ces types de coercition de plus en plus sévères, ces supplications prolongées et à haute voix, ces menaces, cet abandon, ces mauvais traitements physiques et enfin ces châtiments corporels apparaissent à première vue contredire l'image du pouvoir sacré jaloux et courroucé présentée dans le travail du professeur Ségal. Si les saints étaient si prompts à punir ceux qui les avaient touchés, même accidentellement, ou qui s'étaient conduits sans respect en leur présence, comment auraient-ils pu tolérer de telles injures? En réalité, le châtiment que les gens infligent aux saints n'est qu'une extension raisonnable des châtiments que les saints font subir aux gens et ils éclairent le schéma des droits et des responsabilités réciproques qui lient le saint et ses fidèles. Les saints étaient des membres essentiels et puissants de la société et exigeaient révérence, honneur, respect et dévotion. Ils avaient droit à l'hommage, au service et à un culte enthousiaste. Lorsque des individus, de façon délibérée ou accidentelle, manquaient à leur donner ce qui leur était dû, soit directement par un comportement inapproprié à la présence de leur relique, soit indirectement en empiétant sur leurs *honores,* c'est-à-dire leur propriété, leur communauté ou tout simplement leurs fidèles, les saints pouvaient rétorquer avec des représailles violentes. Toutefois, ils devaient en retour certains services à leurs fidèles en fonction de la nature particulière de la communauté. Ils étaient obligés de défendre la vie et les biens de leurs familles monastiques et laïques. Ils étaient supposés, normalement, opérer les miracles qui formaient la base de l'enthousiasme suscité par leur culte, et par là de l'utilité de l'Église dans une société laïque. Dans d'autres communautés telles que les maisons cisterciennes, ils étaient au contraire obligés d'éviter ces sortes de miracles matériels qui auraient eu comme effet de déranger l'isolement des moines. Lorsque les saints manquaient à leurs engagements dans ce marché, ils pouvaient s'attendre à être menacés ou injuriés jusqu'à ce qu'ils reviennent à de meilleurs sentiments. Lorsque, par exemple, Foulques V d'Anjou et de Touraine osa violer l'immunité de Saint-Martin de Tours en détruisant une tour qui appartenait à l'un des chanoines, le saint ne fit rien pour empêcher cette injustice. Les chanoines alors couvrirent de ronces le tombeau du saint patron et descendirent les autres reliques sur le plancher de l'église en signe à la fois de l'insulte et de l'injure opérées par le comte envers le saint, mais aussi implicitement comme un moyen pour faire pression sur Martin[12].

Or, si de telles menaces et de tels châtiments pouvaient être drastiques, ils n'étaient jamais, toutefois, irrévérencieux. Bien au contraire, les saints cisterciens menacés d'exhumation et d'expulsion du monastère continuaient à être l'objet d'une attitude déférente, même lorsque leurs options leur étaient contestées sans ménagement. L'humiliation des reliques était accomplie selon un rituel élaboré et l'action de placer les reliques sur le plancher était accomplie par les membres du plus haut grade de la communauté. Même le geste paysan de frapper les saints était préparé de la même façon d'après laquelle on se disposait à rencontrer le sacré dans des circonstances plus normales: les paysans jeûnaient, faisaient un pèlerinage et se prosternaient devant le saint comme dans une préparation respectueuse à son châtiment.

Le choix d'un châtiment particulier n'était pas non plus livré aux caprices de chacun: il s'agissait de châtiments identiques à ceux infligés par les

12. *Acta Sanctorum Ordinis Sancti Benedicti*, IV, p. 108.

13. Voir l'article de Lester LITTLE, *Pride Goes before Avarice: Social Change and the Vices in Latin Christendom*, dans *American Historical Review*, 76 (1971), pp. 16-19.

saints à leurs fidèles lorsque ceux-ci manquaient à leurs obligations. Le châtiment divin le plus fréquent pour des seigneurs irrespectueux ou méchants était de les jeter en bas de leur cheval — le châtiment traditionnel pour l'orgueil[13]. L'humiliation des saints était exactement du même ordre — ils étaient descendus de leur lieu élevé d'honneur et placés à même le sol. Le professeur Ségal a déjà remarqué que souvent les saints apparaissaient aux fidèles dans leurs rêves et les frappaient avec des bâtons; les paysans de St-Calais et d'ailleurs firent tout simplement la même chose à l'égard des saints. Il n'y a pas, au fond, de quoi surprendre, si le châtiment infligé à un saint pouvait conduire au châtiment du fidèle par le saint qui avait été puni. Vers l'an 1036, Henri I aliéna une propriété du monastère de St-Médard de Soissons et la donna au duc Gozelon de Lorraine. Les moines, qui réclamaient cette propriété en vertu d'une donation carolingienne, furent incapables de rentrer en sa possession, malgré les appels adressés au roi ou au duc. En désespoir de cause, ils humilièrent les corps de leurs saints principaux. Une année entière passa, pendant laquelle les reliques demeurèrent sans culte et les offices furent suspendus, mais le duc resta dans son obstination. Finalement, pendant qu'il assistait aux offices de la semaine sainte dans le monastère des saints Marie et Servat à Troyes, le duc s'endormit et vit en songe les patrons de St-Médard, le pape Grégoire le Grand, Sébastien, Médard et Gildard, qui discutaient entre eux sur ce qu'il convenait de faire à quelqu'un qui avait décidé de garder injustement une propriété de l'Église. Sur l'ordre de Grégoire, Sébastien prit un bâton et commença à frapper le duc sur la tête. Le duc se réveilla en se rendant compte qu'il saignait de la bouche et des oreilles et, s'étant ravisé, restitua la terre au monastère[14]. Dans cet exemple tout à fait semblable à ceux examinés par le professeur Ségal, on peut voir une reconnaissance progressive de la culpabilité ressentie comme

14. *Recueil des historiens des Gaules et de la France*, XI, pp. 455-456.

un châtiment infligé par le saint, châtiment qui à son tour fut causé par celui qu'on avait infligé au saint lui-même.

Les punitions des saints ressemblaient à la punition des fidèles non seulement dans la variété des châtiments, mais aussi dans les effets de ces actions sur l'ensemble de la société. Nous avons déjà vu que la portée la plus profonde du châtiment de Dieu ou des saints ne consistait pas dans l'impression produite sur la personne punie, mais plutôt sur le reste de la société, laquelle était amenée par un événement violent et inaccoutumé à voir le lien entre l'offense initiale et l'événement subséquent interprété comme punition surnaturelle. De la même façon, l'ensemble de la communauté était impliqué dans la coercition des saints et amené à comprendre à la fois le châtiment en question et les événements qui l'avaient rendu nécessaire. *Improbi clamores,* menaces, isolement, humiliations, coups, étaient en fait des actions très visibles, démontrant de façon dramatique la gravité de la situation qui les rendait nécessaires. Ces actions publiques et solennelles s'adressaient donc non seulement aux saints eux-mêmes, mais aussi au reste de la société. La plus grande partie des événements qui poussaient à la coercition des saints était des problèmes à dimension sociale: trop grand nombre de pèlerins à un monastère qui désirait l'isolement, mépris des droits monastiques par des seigneurs locaux, abus envers des paysans d'un monastère. On ne pouvait régler ces situations que par le recours à une forme quelconque de changement social. Ainsi, les punitions physiques, brandies comme des menaces ou effectivement exécutées à l'encontre des personnes les plus importantes dans les médiations entre le monde naturel et le monde surnaturel, rendaient dramatiquement évident ce qui avait été fait à ces personnes et aidait en même temps à polariser l'opinion publique contre l'individu ou le groupe qui était responsable de cette situation anormale. L'humiliation aboutissait presque invariablement à l'arbitrage par une ou des tierces parties qui exerçaient des pressions sur le seigneur responsable de l'offense pour qu'il trouvât un arrangement avec les religieux. Le châtiment de St-Calais réussit justement à sensibiliser la conscience des moines sur la situation des paysans dans leur propriété lointaine. Il est bien évident que le fait de fermer les portes de l'église et de suspendre le culte des saints créait un désordre dans la société, laquelle comptait sur ce culte pour s'assurer la faveur divine et la prospérité. Ainsi, la coercition des saints comme la coercition des fidèles rendaient explicites les postulats implicites de la société médiévale sur le type adéquat de relations entre les saints et les hommes, en même temps qu'elles servaient de mécanisme par lequel les saints aussi bien que les pécheurs pouvaient être contrôlés.

Ce bref examen des façons selon lesquelles la société percevait les relations entre le saint et l'homme et leurs moyens réciproques d'interaction ne peut pas ne pas soulever certaines questions fondamentales sur la nature de la religion du moyen âge. Faut-il voir des interactions telles que la coercition des fidèles par les saints, et vice-versa, comme une forme de religion, ou s'agit-il plutôt d'une forme de magie qui a traversé tout le moyen âge jusqu'au XIIe siècle sans opposition sérieuse, à côté d'aspects proprement religieux du christianisme, et dont la condamnation ne commença graduellement qu'au XIIIe siècle pour conduire à une lente élimination pendant le bas moyen âge et la Réforme? La discussion récente entre Hildred Geertz, anthropologue bien connu, et Keith Thomas, auteur de *Religion and the Decline of Magic*[15], discussion publiée il y a deux ans dans le *Journal of Interdisciplinary History,* aura servi à éclairer les termes et les paramètres d'un débat sur la nature du christianisme médiéval[16]. Thomas a bien montré dans son livre, et il l'a répété de

15. New York, 1971.

16. *An Anthropology of Religion and Magic,* dans *Journal of Interdisciplinary History,* 6 (1975), pp. 71-109.

nouveau dans sa réponse à la critique que Geertz en a faite, que les diverses définitions par lesquelles les historiens, les théologiens et même, jusqu'à tout récemment, les anthropologues ont essayé d'atteindre les différents sytèmes ou pratiques, sont elles-mêmes un produit des débuts de la période moderne. Des distinctions comme «la religion est basée sur un mécanisme d'intercession, la magie sur un mécanisme de coercition»[17]; ou bien «'la religion' est un terme qui couvre ces ensembles de croyances ou de pratiques de type global organisées et préoccupées de fournir des symboles généraux de la vie, comme opposée à 'magie' qui serait une étiquette pour ces croyances et ces pratiques qui sont de type spécifique, incohérentes et préoccupées essentiellement de fournir des solutions pratiques à des problèmes immédiats sans être intégrables à aucun système organisé d'idée»[18] — de telles distinctions ont été formulées d'abord par les réformateurs du XVIe siècle dans le but d'attaquer ces éléments de la religion médiévale qu'ils ne pouvaient pas accepter. Ainsi, quelle que soit la légitimité d'employer de telles étiquettes lorsqu'on étudie la religion des débuts de l'époque moderne, ces notions sont liées de façon irréversible à leur contexte culturel et ne peuvent pas être appliquées à d'autres cultures ou à d'autres périodes sans un risque très prononcé de ne pas arriver à une intelligence intégrale de ces autres systèmes. Déjà, le chapitre de Thomas sur la *magie de l'Église médiévale*[19] fait voir jusqu'à quel point de telles catégories sont inadéquates pour illustrer les réalités de la période antérieure à la réforme. Certaines caractéristiques essentielles de la religion médiévale, telles que les sacrements et des pratiques cultuelles mises en relation avec les saints, ont été perçues par les réformateurs comme des réalités "magiques", et leurs survivances fragmentaires dans l'Europe postérieure à la réforme représentent certainement l'image de moyens incohérents et spécifi-

17. *Ibid.*, p. 96.

18. *Ibid.*, p. 72.

19. *Religion and the Decline of Magic*, pp. 25-50.

ques ayant pour but de lier les pouvoirs
surnaturels afin d'atteindre des objectifs particuliers. Mais lorsque de tels phénomènes sont
replacés dans le contexte de la société médiévale,
ils apparaissent tout à fait différents. Le fait de
punir un saint sur ses reliques corporelles peut
bien être dirigé vers un but particulier, mais il fait
partie intégrante d'une vue large et systématique
des relations verticales et horizontales d'une
société qui englobait à la fois les vivants et les
morts. Chaque groupe était engagé dans des
relations de devoirs et de droits vis-à-vis les autres
et de telles relations, bien que non articulées et
non définies par la loi ou par la foi, étaient
néanmoins très largement acceptées, si l'on en
juge par des actions telles que la coercition et le
châtiment des fidèles et des saints. Que de telles
structures ne soient pas conformes à la perception
du christianisme que purent avoir la Réforme et
la Contre-Réforme est un fait non pertinent, car
la religion médiévale n'était ni religion, ni magie
dans les acceptations modernes de ces termes.
Beaucoup plus englobante que notre religion
moderne compartimentée et en même temps
moins rationalisée, moins codifiée et moins
articulée, la religion médiévale était l'expression
d'une certaine façon de voir le monde, pouvant se
traduire tantôt par de joyeuses danses liturgiques,
tantôt par les violences physiques du désespoir
extrême.

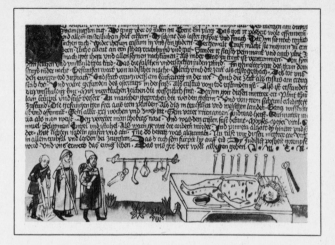

Feuillet de pèlerinage, pour le tombeau de saint Simon de Trente (église San Pietro, Trente). Ce bambin, que le peuple croyait tué par les Juifs pour un sacrifice rituel, était devenu l'objet d'une grande vénération populaire (1475). La gravure sur bois, rehaussée de couleurs et enrichie du texte, montre le meurtre de l'enfant, des ex-voto (on identifie une main, un pied, des yeux, une figure humaine nue) et trois pèlerins, dont le premier semble apporter un os en cire. Nuremberg, vers 1480; *Legenden- und Wallfahrtsblatt für die Wallfahrt zu s. Simon von Trient;* Munich, Staatsbibl. Cf. Lenz KRISS-RETTEN-BECK, *Ex voto. Zeichen, Bild und Abbild im christlichen Votivbrauchtum,* Zurich, 1972, fig. 7.

VIII

Quelques thèmes de la religion populaire chez le théologien Thomas d'Aquin

Benoît Lacroix — Albert-M. Landry
Université de Montréal

Quand il étudie et interprète la culture populaire médiévale, ou même la culture tout court, l'historien se trouve à devoir tenir compte en particulier de deux inconnues: la coutume et la tradition orale. Dans l'un et l'autre cas qui ont déjà fait l'objet d'investigations scientifiques, — pensons à la *Treuga Dei* et à la musique des Troubadours[1] — l'historien se doit de demeurer attentif aux moindres indices, sans pour autant pouvoir se permettre d'espérer en arriver à des certitudes absolues.

Il ne sera jamais facile, en effet, d'étudier la culture[2] de ceux qu'on appelle aujourd'hui la majorité silencieuse, le menu peuple, l'ouvrier de la ville ou le paysan de la campagne qui n'écrit pas, qui ne lit pas. On sait un peu, grâce à l'histoire de l'art en particulier, ce que l'homme du peuple médiéval a pu avoir sous les yeux et regarder en fait de représentations; mais le bilan n'en demeure pas moins un peu mince si on s'arrête à considérer les éléments et facteurs qui ont constitué sa vie et ses connaissances. De même, l'histoire et l'ethnologie médiévales réussissent, mais avec combien de difficultés encore, à laisser percevoir ce que le peuple a quotidiennement pensé et senti[3].

Est-il davantage possible d'apprendre ce que ce même peuple illettré a pensé et vécu en matière

1. Voir L. GLEIMAN, *Some Remarks on the Origin of the Treuga Dei,* dans *Études d'histoire littéraire et doctrinale* (Publications de l'Institut d'études médiévales, XVII), Montréal-Paris, 1962, pp. 117-137; Hélène LUBIENSKA DE LENVAL, *Trève de Dieu,* Tournai, Casterman, 1959, pp. 9-10; H. VAN DER WERF, *Written and Oral Traditions,* dans *The Chansons of the Troubadours and Trouvères, A Study of the Melodies and Their Relation to the Poems,* Utrecht, Hooiberg NV, Epe, 1972, pp. 26-34.

2. Sur la culture populaire, voir A.L. KROEBER and C. KLUC-KOHM, *Culture. A Critical Review of Concepts and Definitions,* dans *Papers of the Peabody Museum of American Archaeology and Ethnology of Harvard University,* XLVII (1952), pp. 1-233; E. MORIN, *Culture de masse,* dans *Encyclopaedia Universalis,* vol. 5, Paris, 1969, pp. 228-232.

3. Outre les célèbres synthèses d'Émile Mâle, voir une bibliographie sélective dans Jacques LE GOFF, *La civilisation de l'Occident médiéval.* (Les grandes civilisations, collection dirigée par Raymond BLOCH), Paris, Arthaud, 1972, pp. 657-675.

4. Voir É. DELARUEL-LE, *La vie religieuse du peuple chrétien*, dans É. DELARUELLE, E.-R. LABANDE, Paul OUR-LIAC, *L'Église au temps du grand schisme et de la crise conciliaire (1378-1449)* (A. FLICHE et V. MARTIN, *Histoire de l'Église depuis les origines jusqu'à nos jours*, 14), Paris, Bloud et Gay, 1962-64, pp. 605-884.

5. *Les documents hagiographiques et l'étude de la religion du peuple au moyen âge*, dans *Les vies de saints dans l'art, les lettres et la pensée du moyen âge et de la Renaissance* (Actes du quatrième symposium annuel de la Société des médiévistes et des humanistes d'Ottawa-Carleton), éd. Raymond ST-JACQUES, Université d'Ottawa, pp. 1-24.

6. Sur les caractère et méthode de la littérature théologique médiévale, voir en particulier M. GRABMANN, *Geschichte der scholastischen Methode nach den gedruckten und unge-druckten Quellen darge-stellt*, 2 vols., nouv. éd., Berlin, 1956; pour la scolastique naissante, A.M. LANDGRAF, *Intro-duction à l'histoire de la littérature théologique de la scolastique naissante* (Publications de l'Institut d'études médiévales, XXII), trad. de l'allemand par L.-B. GEIGER, O.P., éd. française par les soins de Albert-M. LANDRY, O.P., Montréal-Paris, 1973, 212 pp.; autres éléments bibliographiques dans M.-D. CHENU, *Toward Understanding St. Tho-mas*, Trans. with Correc-tions and Bibliographic Additions by A.-M. LANDRY and D. HUGHES (The Library of Living Catholic Thought), Chica-go, Regnery, 1964, p. 77.

7. Cf. G. PARÉ, A. BRUNET, P. TREMBLAY, *La Renaissance du XIIe siècle. Les écoles et l'enseignement* (Publica-

de piété, de dévotions et de pratiques religieuses[4]? Le collègue P. Boglioni a déjà abordé cette question redoutable en examinant ce que peut apporter l'une des sources de nos connaissances en ce domaine, les vies de saints[5]. Nous nous engageons aujourd'hui dans une voie analogue en adressant nos questions à une autre forme de documentation, les écrits théologiques[6]. Que disent, en effet, les meilleurs théologiens du moyen âge sur les images, les reliques, les pèlerinages, l'astrologie divinatoire, la sorcellerie de leur époque? Que pensent-ils des anges, des démons, du ciel, du purgatoire, de l'enfer, de tant d'autres êtres et lieux qui obsèdent l'esprit des gens de leur époque? Témoignage fort important, semble-t-il, puisque ce sont les théologiens qui, au moyen âge, sont les idéologues par excellence de tout ce qui a trait aux pratiques et croyances religieuses. C'est en maîtres et docteurs qu'ils nous en parlent. Et n'oublions pas que le régime scolaire de l'époque, qui se développe grâce surtout aux gens d'église, accorde la première place à la théologie, ce dont fait foi l'histoire des universités médiévales: *theologia regina scientia-rum*[7].

Dans cette perspective de l'histoire de la culture et de ses interprétations possibles, nous interro-geons aujourd'hui l'un des plus grands théolo-giens du XIIIe siècle, Thomas d'Aquin, en utilisant surtout pour notre propos son oeuvre maîtresse, la *Summa theologiae*, qu'il composa entre 1267 et 1273[8]. Et à l'exemple du procédé qu'il utilisa largement lui-même, nous procéde-rons nous-mêmes par la méthode dite abélar-dienne du *Sic et non* en confrontant les raisons que nous aurions de nous interroger et de ne pas nous interroger à son sujet[9].

I

Et d'abord, par quel champ lexical Thomas d'Aquin exprime-t-il sa notion de peuple? Dans l'immense littérature qui s'est développée autour de notre auteur, il n'existe à notre connaissance aucune étude spécifique et exhaustive portant sur les divers aspects de ce problème, qui concerne tout autant ses doctrines ecclésiales et politiques que sa sensibilité sociale personnelle.

Qu'on nous permette d'aligner ici quelques éléments d'un premier survol, sans prétendre à des classifications ou à des analyses critiques que nous nous proposons de livrer éventuellement ailleurs.

Quand saint Thomas utilise les diverses formes latines du mot *populus (populi, populo, populum, populorum, populis)*, il fait généralement référence à l'ensemble d'une population comprenant tous les individus des diverses classes de celle-ci. Ainsi le verra-t-on parler de: *populus novae legis (IIa-IIae*, qu. 87, a. 1, c.), *populus Judaeorum (Ia-IIae*, qu. 98, a. 5, c.), *populus fidelium (IIIa*, qu. 70, a. 2, c.), *populus christianus (Ia-IIae*, qu. 102, a. 4, ad 3), *populus fidelis (IIa-IIae*, qu. 188, a. 4, ad 5), *peccatum populi (Ia-IIae*, qu. 102, a. 4, ad 10), *conservatio populi (ibid.*, a. 5, ad 5), *conditio populi (IIa-IIae*, qu. 87, a. 1, c.), *regimen populi (Ia-IIae*, qu. 105, a. 1, ad 2)[10].

S'il veut désigner la couche particulière de la population à laquelle se réfèrent les mots français "populaire" et anglais "popular", il lui arrivera de préciser ce sens par un qualificatif, comme dans les expressions *infimus populus (IIIa*, qu. 67, a. 2, c.) et *vilis populus (Ia*, qu. 108, a. 2, c.), mais il usera plutôt des substantifs ou substantivera des adjectifs décrivant sans équivoque la classe de la population qu'il veut désigner.

Voici un échantillonnage du vocabulaire utilisé pour désigner les "gens du peuple". Ceux-ci sont des: *illitterati (IIIa*, qu. 60, a. 7, arg. 3); *homines... illitterati et simplices (IIIa*, qu. 44, a. 3, ad 1); *idiotae et illitterati (In II Polit.*, ch. 8, lect. 1); *illitterati et ignobiles, pauperes scilicet piscatores (De rationibus fidei*, ch. 7); *homines*

tions de l'Institut d'études médiévales d'Ottawa, III), Paris-Ottawa, 1933; 2e partie: *L'enseignement de la théologie*, pp. 211-312.

8. Cf. M.-D. CHENU, *Toward Understanding St. Thomas*, pp. 297-322.

9. Cf. *ibid.*, ch. II: Works of St. Thomas and their literary forms, pp. 79-99.

10. Pour le seul mot *populus* sous ses diverses formes, il n'y a pas moins de 1908 références dans l'*Index thomisticus*, sectio II, Concordantia prima, vol. XVII, Fromman, 1974, pp. 489-509. On aura recours au même *Index* pour obtenir les références aux autres tournures et mots signalés dans le texte. — Pour le sens de *populus* chez saint Augustin et saint Jérôme, voir J. DUQUESNAY ADAMS, *The "Populus" of Augustine and Jerome. A Study in the Patristic Sense of Community*, New Haven-Londres, 1971, 278 pp. (Compte-rendu dans *Annales*, 28, 4 (1973), pp. 964-965.) Voir également l'intéressante étude de vocabulaire de Y. CONGAR, *"Ecclesia" et "populus (fidelis)"* dans *l'ecclésiologie de S. Thomas*, dans *St. Thomas Aquinas 1274-1974. Commemorative Studies*, Toronto, 1974, pp. 159-173.

sine litteris et idiotae (*Super I ad Cor.*, ch. 1, lect. 4); *idiotae et irrationales* (*In IV Eth.*, lect. 4); *homines idiotae, id est populares, et privatam vitam agentes* (*In X Eth.*, lect. 13, no. 4); *rustici* (*Cont. Gent.*, I, 3), *rudissimi idiotae (ibid.,); rustici, pauperes, idiotae et sine litteris* (*In ad Gal.*, ch. 2, lect. 2); *simplices* (*Ia*, qu. 29, a. 3, ad 3; et *passim*).

Des *simplices*, il dira en particulier qu'ils sont *non instructi* (*IIIa*, qu. 67, a. 8, arg. 1); *litteris non erudiuntur* (*ibid.*, qu. 66, a. 10, c.); *carent mundana astutia* (*Ia-IIae*, qu. 58, a. 4, ad 2); *in fide titubantes* (*IIa-IIae*, qu. 10, a. 7, c.; 82, a. 3, ad 3); *pastores viles* (*IIIa*, qu. 36, a. 3, c.); *vix aliquid praeter sensibilia suspicari possunt* (*In I Sent.*, d. 34, qu. 3, a. 2, c.); *valde hebetes in cognitione divinae sapientiae* (*In I Sent.*, d. 15, qu. 4, a. 2, arg. 4); *de facili corrumpi possunt* (*In III Sent.*, d. 13, qu. 2, a. 3, c.); *melius inducuntur repraesentationibus quam rationibus* (*In I ad Tim.*, ch. 4, lect. 2); [*conversi sunt*] *sapientes et nobiles et divites et potentes et magni ad praedicationem simplicium et pauperum et paucorum praedicantium Christum* (*In symb. Apost.*, prooem.).

On rencontre encore les associations suivantes: *humiles et parvuli simplices* (*In Is.*, ch. 28); *stulti, idest quantumcumque simplices* (*ibid.*, ch. 35); *simplices et impotentes, et pauperes* (*In Job*, ch. 29); *cum asinis, idest rudibus et simplicibus* (*In Joann.*, ch. 2, lect. 3); *simplices et indocti* (*ibid.*, ch. 1, lect. 16); *corda innocentium, idest simplicium et imperitorum* (*In ad Rom.*, ch. 16, lect. 2); *non simplicibus et imperfectis, sed perfectis* (*In II ad Cor.*, ch. 12, lect. 2); *pro simplicibus et rudibus* (*In ad Col.*, ch. 3, lect. 2); *coram simplicibus et paratis ad errandum* (*Resp. de art. XLII*, art. 32). Seront aussi utilisés des mots comme *minores, parvuli, irrationabiles, ignobiles, stulti, plebeji, contemptibiles, animales homines* (voir les références à ces mots dans l'*Index thomisticus*).

Il ne saurait être question de discuter critiquemment ici ce champ onomasiologique auquel il faudrait ajouter celui qui gravite autour de mots tels que *plebs, turba, multitudo,* et autres semblables. Il est clair que dans cet enchevêtrement complexe se croisent des traditions lexicales léguées par la Bible, par le droit romain, par la philosophie politique et par d'autres traditions culturelles. On remarquera au moins que certains termes (tels que *ignobiles, viles, pauperes*) semblent caractériser le populaire par des dimensions de type politique, social ou économique. D'autres termes (tels que *simplices, illitterati* ou *idiotae*) le relient davantage à des dimensions proprement culturelles. D'autres termes encore (tels que *hebetes, irrationales* ou *stulti*) placent le populaire à un niveau plus fondamental qu'on pourrait appeler anthropologique et selon lequel les *populares* sont des hommes guidés par la sensibilité plutôt que par la rationalité, par les valeurs corporelles plutôt que par les valeurs spirituelles. Il serait du plus haut intérêt d'approfondir les très nombreux éléments de cette "anthropologie du peuple" qu'on peut cueillir chez Thomas d'Aquin et qui constitue le fond théorique des nombreuses remarques qui vont suivre dans le présent travail.

Tour à tour exégète, théologien, philosophe, expert consulté, poète même, Thomas d'Aquin ne semble pas prédisposé à nous parler des croyances et pratiques de ceux qu'on désignait à son époque par des vocables tels que: *illitterati, rudes, simplices, rustici,* tous ces gens sans nom des milieux ruraux et forestiers, tout ce public des foires et des bourgs, sans oublier le menu peuple urbain d'ouvriers et d'artisans. Déjà par ses origines, Thomas d'Aquin n'est pas tellement porté vers ces gens. Ce fils de nobles, homme d'étude avant tout, est un aristocrate racé, distrait, monarchiste convaincu; il dîne chez le roi Louis, rencontre le pape, est consulté par les évêques et les abbés. Il est tout heureux de

Le peuple urbain: le marché des tissus à la *Porta Ravegnana* (Porte de Ravenne), Bologne. On distingue les diverses marchandises: étoffes, vêtements, meubles, ustensiles de cuisine, articles de voyage. Un paysan essaie un habit, pendant qu'un autre marchande une étoffe. Enluminure de la *Matricola dei drappieri* (Livre de l'art des marchands-drapiers), 1411; ms. Bologne, Museo Civico, 97.

11. Cf. L.V. GERULAI-TIS, *The Canonization of Thomas Aquinas,* dans *Vivarium,* 5 (1967), pp. 25-46; aussi James A. WEISHEIPL, O.P., *Friar Thomas d'Aquino, His Life, Thought and Works,* New York, Doubleday, 1974, pp. 338-350.

constater à la lecture du pseudo-Denys qu'il y a hiérarchie sociale même chez les anges. Son activité s'adresse avant tout aux milieux cultivés des écoles de son Ordre et des universités. Il n'ira jamais en croisade, ni même à Saint-Jacques de Compostelle. Même quand la légende s'empare du personnage qu'il est, elle ne fera jamais de lui comme de François et même de Dominique un héros du peuple[11]. À l'encontre de saint

Bonaventure, par exemple, Thomas d'Aquin n'écrira aucune oeuvre hagiographique. Il citera tout au plus, timidement d'ailleurs, quelques *vitae Patrum*, quelques *exempla*, quelques *miracula*, sans plus insister[12]. Rien des *fioretti*, peu des légendes de son temps dans la *Summa theologiae*. Pourtant n'est-il pas contemporain de Jacques de Vitry (†1240), d'Étienne de Bourbon († vers 1261), de Jean de Wailly (†1261) et de Jacques de Voragine (†1298), tous auteurs nourris de merveilleux et de traditions orales et dominicaines comme lui.

Oeuvrant dans les milieux les plus cultivés de son temps, il s'acharne plutôt à réfuter ce qui pourrait nuire à la piété de tous: les apocryphes n'ont guère de crédibilité, le symbole est une forme inférieure de l'expression, la métaphore comme l'image prête à l'abus[13]. Quand il parle du peuple comme tel, il le fait en exerçant sa fonction d'exégète et de théologien et s'en tient dès lors à ne considérer que les peuples auxquels se réfèrent les deux Testaments[14]. S'agit-il de divination et de ses diverses espèces — divination par les songes, nécromancie, géomancie, hydromancie, pyromancie, astrologie, augures, auspices, cris d'oiseaux, présages, chiromancie, sorts et autres pratiques du genre — il cite, plutôt que de se référer à des cas concrets dont il aurait pu avoir connaissance, les Décrétales, Isidore de Séville (†636), Augustin (†430) et d'autres anciens[15]. Mais pour "vieillie" que soit sa documentation, il n'en fournira pas moins des expertises sur des questions dont l'actualité est attestée par l'histoire des sciences occultes au moyen âge[16]. Doit-il parler des activités qui dispensent du travail manuel, il emprunte son énumération à Augustin[17]; par ailleurs nous ne connaîtrons jamais par lui la description des métiers contemporains. Est-il vraiment intéressé au peuple et à sa culture, lui pour qui la foi populaire en est une de *simplices titubantes in fide*[18] et qui conseille de ne pas trop s'arrêter à réfuter

12. Voir le petit nombre de références relevées par les éditeurs léonins, THOMAS D'AQUIN, *Opera omnia*, t. XVI; *Indices*, Rome, S. Sabine, 1948, p. 177.

13. Sur les apocryphes, voir par exemple *IIIa*, qu. 35, a. 6, arg. 3 et ad 3; qu. 36, a. 4, arg. 3 et ad 3. — Sur les symboles, les métaphores et les images, voir M.-D. CHENU, *Toward Understanding St. Thomas*, pp. 169-172.

14. Voir plus haut, note 9. Voir aussi *Ia-IIae*, qu. 102, a. 4 où se trouve une longue discussion sur la raison d'être de certains rites du culte juif.

15. Voir *IIa-IIae*, qu. 95; aussi *Opera omnia*, t. XVI; *Indices*, pp. 194-204, 219-220.

16. Saint Thomas écrira, par exemple, un *De occultis operationibus naturae ad quemdam militem*, un *De judiciis astrorum ad quendam militem ultramontanum*, un *De sortibus ad Dominum Jacobum de Burgo*. Pour l'histoire des sciences occultes, voir L. THORNDIKE, *History of Magic and Experimental Science*, 8 vol., New York, Columbia University Press, 1923-1958, vol. I-III; on trouvera une bibliographie par V. PAQUES, dans *Les sciences occultes d'après les documents littéraires italiens du XVIe siècle*, Paris, 1971, pp. 201-216.

17. Voir *IIa-IIae*, qu. 187, a. 3, obj. 3 et ad 3; *Quodlibet VII*, qu. 7, a. 2, obj. 2 et ad 2; AUGUSTIN, *De operibus monachorum*, XVII.

18. Cf. *IIa-IIae*, qu. 10, a. 7; *In II Tim.*, cap. 2, lect. 2.

19. Cf. *Responsio ad lectorem bisuntinum de articulis VI.*

20. Les *Collationes* sur le *Credo in Deum*, le *Pater Noster*, l'*Ave Maria*, et *De decem praeceptis* auraient été la matière de ce carême prêché à Naples. Recueillies en *reportata* en langue vulgaire, ces *Collationes* furent vite traduites en latin après la mort de saint Thomas et présentées sous la forme de traités scolastiques, ce qu'ils n'étaient pas à l'origine. Voir I.T. ESCHMANN, O.P., *A Catalogue of St. Thomas's Works. Bibliographical Notes*, publié dans Étienne GILSON, *The Christian Philosophy of St. Thomas Aquinas*, New York, Random House, 1956, pp. 425-426. Ce catalogue est reproduit en raccourci par James A. WEISHEIPL, O.P., *Friar Thomas d'Aquino, His Life, Thought and Works*, cit., pp. 401-402.

21. Voir *In symb. Apost. ... expositio*, prol., dans *Opuscula theologica*, éd. Marietti, II, p. 193, n. 862 et *Sermo in tertia dominica post festum Apostolorum Petri et Pauli. Attendite a falsis prophetis...* dans *Opera omnia*, éd. Parme, 24, p. 228; éd. Vivès, 32, p. 676.

22. Voir *Summa theologiae*, prol.

23. Voir en particulier dans la *IIa-IIae*, le traité *De religione*, qu. 81-104, et dans la *IIIa*, les parties intitulées: *De sacramentis*, qu. 66-90 et *Suppl.*, qu. 68 et *De his quae spectant ad resurrectionem, Suppl.*, qu. 69-99. Ce *Supplementum* est tiré textuellement de la dernière partie du texte du *Scriptum super libros Sententiarum*, oeuvre de Thomas-bachelier sententiaire et est particulièrement fertile en matière de thématique populaire.

certaines croyances populaires si elles n'ont pas de répercussions sur l'ensemble du peuple chrétien[19]?

II

Malgré tout ce que nous venons de constater et qu'il serait facile de confirmer par nombre de citations et références, Thomas d'Aquin est loin d'être indifférent à l'égard du peuple et de sa culture. De cela nous avons un bon nombre d'indices disséminés ici et là à travers son oeuvre. C'est lui, par exemple, qui, à la fin de sa vie à Naples, acceptait de prêcher un carême au peuple dans la langue du pays[20] et qui par deux fois au cours de sermons manifestait son respect pour la foi des gens du peuple en rappelant que les philosophes de l'ère préchrétienne en savaient moins long sur Dieu ou sur l'immortalité de l'âme qu'une petite vieille *(vetula)* de l'ère chrétienne avec ce que lui en disait sa foi[21]. Peut-être ne paraît-il pas prédisposé à s'occuper des petites gens, mais il n'en reste pas moins vrai que cette *Summa theologiae*, l'ultime oeuvre de sa vie de professeur et d'universitaire qu'il n'a d'ailleurs pas pu achever, il en entreprend la composition pour faciliter la tâche aux débutants en théologie, considérant que c'est une partie essentielle de sa fonction de docteur de les aider à se départir de leur ignorance en matière de vérité religieuse *(erudire)*[22]. Puis, dans cette *Summa theologiae*, ce sont à peu près tous les thèmes de la religion populaire qui seront tour à tour abordés: les anges, les démons, Satan en tête, l'ange gardien, les miracles, le ciel, le purgatoire, l'enfer, les indulgences, la sorcellerie, le culte des saints, les rites de prières, les manies superstitieuses, les exorcismes, l'idolâtrie, les apparitions et visions, la pénitence, le culte de la vraie croix, le culte marial, les jeûnes et rites pénitentiels, les lieux et les vases sacrés, les rites eucharistiques, le culte des morts, les suffrages, les cierges, les messes, les tombeaux, etc.[23]

Religion populaire et vie agricole. Cet ex-voto à la Vierge (Naples, Madonna dell'Arco, XVIIe s.?) représente une attitude populaire de tous les temps: le paysan prie les puissances célestes de guérir ou préserver son bétail. P. TOSCHI - R. PENNA, *Le tavolette votive della Madonna dell'Arco,* Naples, 1971, t. XLII.

Même si les descriptions, parfois très détaillées, des pratiques religieuses sont plutôt empruntées à des auteurs plus anciens et situées ainsi dans le contexte plus large d'une histoire sainte de la pratique religieuse, le peuple hébreu devenant à la fois source et point principal de référence, n'oublions pas pour autant qu'elles sont rappelées pour instruire ceux qui auront à s'occuper du peuple des baptisés. Et même si Thomas se montre plus enclin à classifier et à mettre de l'ordre en toutes ces matières, il n'en reste pas moins respectueux des faits et coutumes. Pour défendre certaines coutumes de l'Occident, il ira volontiers jusqu'à mettre en contradiction deux de ses autorités préférées, Augustin et Sénè-que[24]. Ni la multiplicité, ni la diversité des rites ne lui font peur[25]. Au contraire, solidaire de tous, surtout de l'expérience communautaire, il donnerait volontiers la préférence à la dévotion du peuple, à propos, par exemple, de la durée de l'oraison, sur l'usage du chant en liturgie, parce

24. Cf. *IIa-IIae,* qu. 94, a. 2, c.

25. Par exemple, *IIa-IIae,* qu. 93, a. 1, ad 3.

que le peuple des simples *qui litteris non erudiuntur* a besoin de signes sensibles, d'images, et ces besoins doivent être respectés[26]. De même, il sera partisan des faits d'expérience commune, étant d'accord, par exemple, qu'on a tout loisir de s'arrêter à observer les effets naturels des astres pour en tirer des pré-connaissances utiles, ce que font d'ailleurs régulièrement les cultivateurs, les navigateurs, et même les médecins[27].

Il sait à l'occasion, nous l'avons dit, citer proverbes[28], récits et *exempla*[29]. Le *De religione* est une mosaïque étonnante d'informations raisonnées en matière de culte et de rites coutumiers. Mais parce que le peuple ne garde pas toujours la mesure et qu'il est porté à l'idolâtrie et à la superstition, Thomas est obligé de réagir fermement contre les abus et les surcharges de la foi populaire[30]. Ainsi à propos de la Vierge Marie: tellement d'histoires, tellement de légendes[31]. De même à propos des signes de croix, des génuflexions, des reliques. Peut-être

26. Sur la longueur de l'oraison, voir *IIa-IIae*, qu. 83, a. 14; contre l'utilisation de la harpe et de la flute, mais en faveur de la présence du chant, *ibid.*, qu. 9, a 2, ad 4 et 5; sur l'importance de l'imagerie pour le peuple ordinaire, *IIIa*, qu. 66, a. 10, c.

27. Cf. *De judiciis astrorum ad quendam militem ultramontanum*, dans *Opuscula theologica*, éd. Marietti, I, p. 155. Voir *IIa-IIae*, qu. 96, a. 3, ad 2.

28. Sur les proverbes, voir l'*Index thomisticus*, éd. BUSA, sect. II, concordantia prima, vol. XVIII, p. 803.

29. Voir *Opera omnia*, éd. léonine, XVI; *Indices*, p. 177.

30. Voir, par exemple, *IIa-IIae*, qu. 93, a. 2, c.

31. Voir, par exemple, *IIIa*, qu. 35, a. 6, arg. 3 et ad 3.

Religion populaire et tracasseries policières. Cet ex-voto (Madonna del Monte, Cesena; début du XVIe s.) représente avec réalisme la "question" que subit l'inculpé: le magistrat est prêt à accueillir les aveux du prisonnier, qui subit l'estrapade et l'écrasement des pieds. L. NOVELLI - M. MASSACCESI, *Ex voto del santuario della Madonna del Monte di Cesena*, Cesena, 1961, t. L.

faut-il concéder à la relique de la vraie croix un culte populaire parce que cette relique nous réfère au Christ[32], mais de là à discuter de la forme quasi-magique de tel ou tel reliquaire, il y a une marge que notre auteur ne veut pas franchir[33]. Il en dirait tout autant à propos des abus de paroles, de promesses, de voeux. Mieux vaut se moquer des fausses promesses que de les observer[34]. Que ne dirait-il pas aussi sur les images? Elles sont recherchées par le peuple de Dieu depuis toujours: voilà un fait à ne pas renier, tout en se rappelant que c'est l'imagerie relative au Christ qu'il faut avant tout promouvoir et protéger contre tout abus[35].

Pour des raisons qui n'ont pas encore été clarifiées et dont on croit qu'elles ont pu être personnelles et familiales, Thomas d'Aquin s'occupe d'une manière particulière des âmes du purgatoire. On dirait qu'il est prêt lui-même à croire à l'apparition de certains défunts et à se ranger du côté de la croyance populaire sur ce point[36]. De même, il discute volontiers des sorts et sortilèges[37], des faits et événements qui semblent sortir de l'ordinaire[38], de l'influence des astres[39], du feu de l'enfer dont il affirme que personne ne l'a jamais vu ni localisé[40].

Les exemples pourraient ici être multipliés. Ainsi, pour n'en citer qu'un autre, notre auteur n'a-t-il pas composé un office *De corpore Christi* devenu celui de la Fête-Dieu et dont une partie était destinée à l'usage immédiat du peuple chrétien en général[41]?

Et maintenant que pense-t-il de la qualité de l'adhésion du peuple à ses croyances et pratiques religieuses? Remarquons d'abord que son respect des convictions des hommes peut aller loin, jusqu'à ne pas vouloir de fait qu'on dérange les hommes de bonne volonté même s'ils ont été induits en erreur[42]. Notre auteur fait beaucoup confiance au peuple, à ses possibilités de vie intérieure. Non, le don de prophétie n'est pas réservé aux seules élites[43], ni l'oraison, qui est

32. Cf. *IIIa*, qu. 25, a. 4.

33. Voir *IIa-IIae*, qu. 96, a. 4, c. et ad 3.

34. Voir *IIa-IIae*, qu. 88, a. 2, ad 2.

35. Voir, par exemple, *IIIa*, qu. 25, a. 3 et 4; *IIa-IIae*, qu. 81, a. 3, ad 3.

36. Voir *Suppl.*, qu. 69, a. 3, s.c.; qu. 70, a. 3, ad 8; *Ia*, qu. 89, a. 8, ad 2. Sur le contexte familial qui aurait entraîné Thomas d'Aquin à croire aux apparitions des défunts, cf. A. WALZ, *Saint Thomas d'Aquin*, adaptation française par P. NOVARINA (Philosophes médiévaux, V), Louvain-Paris, 1962, pp. 108-109.

37. Cf. *IIa-IIae*, qu. 95, a. 8; *De sortibus ad dominum Jacobum de Burgo*, dans *Opuscula theologica*, éd. Marietti, I, pp. 157-167.

38. Cf. *De occultis operationibus naturae*, dans *Opuscula philosophica*, éd. Marietti, 1954, pp. 159-162.

39. Cf. *Ia-IIae*, qu. 9, a. 5, ad 3; *IIa-IIae*, qu. 95, a. 5; *De judiciis astrorum*, dans *Opuscula theologica*, éd. Marietti, I, p. 155.

40. Cf. *Suppl.*, qu. 70, a. 3; *Resp. de articulis 36*, qu. 25, dans *Opuscula theologica*, I, p. 205.

41. Cf. M.-D. CHENU, *Toward Understanding St. Thomas*, p. 344; I. T. ESCHMANN, *A Catalogue of St. Thomas's Works*, p. 424; J. WEISHEIPL, *Friar Thomas d'Aquino...*, p. 400.

42. Cf. *IIa-IIae*, qu. 2, a. 6, ad 2. On ne devrait pas, par exemple, demander à un prédicateur populaire de se rétracter, sauf en cas de scandale public: *Resp. ad lectorem bisuntinum de articulis VI*, qu. 1-3, dans *Opuscula theologica*, I, p. 243.

43. Cf. *IIa-IIae*, qu. 172, a. 3.

44. Cf. *IIa-IIae,* qu. 83, a. 13, c. Même s'ils se trompent dans les mots, les *idiotae* peuvent accomplir l'essentiel qui est le regard vers Dieu.

45. Voir *IIa-IIae,* qu. 82. a. 3, arg. 3 et ad 3.

46. Cf. *Suppl.,* qu. 36, a. 2.

47. Cf. *IIa-IIae,* qu. 2, a. 1.

48. *Ibid.,* a. 6.

49. *IIa-IIae,* qu. 5, a. 4, ad 2.

50. *Ibid.,* ad 1.

accessible à tous[44]. Il arrive qu'il y ait plus de dévotion authentique chez les *simplices* qu'ailleurs[45]. Ne pourrait-on pas même revenir à l'antique coutume et ordonner des illettrés au sacerdoce, si leur foi profonde reste certaine[46]? Au niveau de la foi proprement dite, il distinguera nettement entre le point de vue objectif et le point de vue subjectif, entre les vérités-objets d'adhésion par la foi et l'acte d'adhésion à ces vérités[47]. Il admettra que pour les premières les *majores* l'emportent sur les *minores* du fait que les premiers connaissent explicitement un plus grand nombre de vérités-objets de leur foi que les seconds, qu'ils ont d'ailleurs la tâche d'instruire sur ce point[48]. Mais s'il s'agit de l'acte de ferme adhésion aux vérités de foi, il ne sera plus question de *majores* ni de *minores.* Ici la foi du savant, du prélat, du docteur, ne l'emportera nullement sur la foi de l'homme du peuple et nulle part saint Thomas fera-t-il d'affirmations en ce sens. Les *simplices,* charbonniers ou autres, ne seront nullement obligés de modifier leur statut social pour en arriver à croire plus fermement! Comme saint Thomas le dira: «Il est de l'essence de la foi que la Vérité première soit préférée à tout. Mais cependant parmi ceux qui la préfèrent à tout, il en est qui se soumettent à elle avec plus de certitude et de dévotion que d'autres»[49]. Se montrer prêt à adhérer à toute vérité venant de Dieu, voilà la marque du vrai croyant[50]; dans ce contexte les *simplices* ne sont pas des *minores!*

III

Il nous reste à évaluer en dernier lieu le sens et la portée de ces attitudes de Thomas le théologien face à la culture religieuse populaire de son temps.

Rappelons d'abord qu'il ne s'intéresse pas à la culture populaire pour des raisons sociologiques et profanes et que le menu peuple ne fait pas directement partie de ses préoccupations immédiates pour lui-même. Mais dans le contexte de sa vocation de théologien, il fait ressortir abondamment le rôle que Dieu lui-même a voulu faire jouer aux humbles et aux petits de ce monde. Il fait remarquer, avec une certaine complaisance même, que ce sont des ignorants et des simples que la sagesse divine a choisis et que l'Esprit Saint a inspirés pour enrôler dans la foi chrétienne une foule innombrable non seulement de simples, mais d'hommes très savants[51] et que c'est poussés par leur instinct de foi que ces gens simples et de basse naissance se sont lancés dans la prédication de vérités si hautes et dans la poursuite d'oeuvres aussi difficiles. Et plutôt qu'aux grands, aux riches, aux magnats du monde, c'est à des pauvres de basse extraction, à des disciples et des envoyés ignorants, sans culture, rejetés et même condamnés à mort par les puissants qu'il s'est adressé pour manifester sa propre puissance[52].

Au niveau des pratiques de ces gens du peuple, Thomas reconnaîtra que celui-ci a toujours eu besoin de manifestations sacrificielles, tendance à faire des offrandes, tout comme il est naturel que les enfants honorent leurs parents tout autant que les vassaux leur seigneur[53]. Mais quand il parle rites et croyances, c'est au nom d'une explication des Écritures. Il faut de plus sauver la parole de Dieu des abus et légèretés de tout style, d'où qu'ils viennent. Et il consacrera la grande partie de ses énergies et de sa vie au bénéfice des futurs prédicateurs et ministres du culte, travaillant dans la conviction qu'en instruisant ceux qui seront demain les *majores* dans la foi, ceux-ci rendront plus explicite et de meilleure qualité le bagage de croyances des *minores*[54].

Quand il empruntera des descriptions de rites et pratiques aux Écritures, quand il citera Augustin plutôt que ses contemporains, c'est qu'il s'agira pour lui d'une même et unique histoire du peuple de Dieu, d'un patrimoine commun à tous, d'une même vision de l'histoire dans son ensemble. À ce niveau, les Pères de l'Église seront comme des contemporains, car il s'agira d'un

51. Cf. *Cont. Gent.*, I, ch. 6; *In symb. Apostolorum*, prooemium; *In I ad Tim.*, ch. 3, lect. 3; *In I ad Cor.*, ch. 15, lect. 1; *De rationibus fidei*, ch. 7.

52. *Cont. Gent.*, I, ch. 6; *In Isaiam*, ch. 41; *In Psalmos*, VIII, 2; *De rationibus fidei*, ch. 7; sur l'instinct de foi poussant à accepter la foi, cf. *In Joann.*, ch. 6, lect. 4 et 5.

53. Cf. *IIa-IIae*, qu. 85, a. 1, sed cont.; qu. 86 et 87.

54. Cf. *IIa-IIae*, qu. 2, a. 6.

quotidien continu se poursuivant depuis les âges du Lévitique, d'une tradition consciente et toujours à la page. D'ailleurs, dans l'usage des "autorités", ne doit-on pas accorder plus de crédit aux *sancti* de l'âge patristique qu'aux *quidam* plus récents[55]?

Reprenons la question que nous posions au début: Thomas d'Aquin nous renseigne-t-il vraiment sur ce que le peuple du moyen âge a pratiqué en matière de culture religieuse, de rites, de croyances? Et quelle est la valeur de son témoignage lorsque l'on cherche à fixer et à évaluer la culture populaire médiévale?

Il faut reconnaître au point de départ qu'il s'agit en l'occurrence d'un témoignage assez particulier. Théologien, il ne s'occupe du peuple que parce que celui-ci est engagé comme *pièce de résistance* dans les visées du plan de la Providence et non pas pour des raisons sociales, politiques ou économiques. Thomas d'Aquin explique les habitudes religieuses dans ce contexte en supposant qu'elles n'ont pas changé au cours des temps, mais la preuve n'en a pas été faite, ni par lui, ni par les historiens modernes. Il faudrait une histoire comparée et détaillée des rites et coutumes religieuses du XIIIe siècle pour pouvoir accorder à son témoignage emprunté au passé une valeur documentaire réelle[56].

Le témoignage de la *Summa theologiae* reste assez limité sur cette culture populaire, car celle-ci est filtrée, revue et corrigée par le milieu et les gens d'école et d'université. Le témoignage reste tout de même important, le témoin l'est encore davantage. Toutes les questions que Thomas d'Aquin pose, il les pose à cause de situations réelles et pour ses jeunes frères qui auront à juger ces problèmes. Si donc on le situe dans ce contexte plus vaste de l'histoire de la culture en Occident, son témoignage est de première importance; il est quasi irremplaçable à cause du bon sens et de la générosité d'esprit de son auteur.

55. Voir M.-D. CHENU, *Toward Understanding St. Thomas*, ch. IV: The Procedures of Documentation, pp. 126-151.

56. Pour se rendre compte de l'ampleur des sources, inédites parfois, voir C. VOGEL, *Introduction aux sources de l'histoire du culte chrétien au moyen âge*, Spolète, s.d., 386 pp. Comme illustration d'une étude approfondie des sources de 1378 à 1449, voir l'étude de Delaruelle, citée plus haut à la note 4.

Par ailleurs, nous restons sur notre faim. Quelques questions demeurent. Jusqu'à quel degré est-il possible d'avoir une connaissance convenable et honnête de la culture religieuse médiévale quand nous éprouvons déjà tant de difficultés à savoir à travers un des meilleurs textes de l'époque ce que le peuple ordinaire a pu vivre, penser et dire en matière religieuse? Qu'un théologien aussi important et aussi sérieux que Thomas d'Aquin, auteur choyé de la pensée religieuse occidentale, fasse si peu allusion à la vie quotidienne de son époque, n'est-ce pas assez inquiétant... et significatif ? Devons-nous pour autant renoncer à connaître la culture médiévale populaire et celle de la Renaissance qui en hérite (pensons à Chaucer, à Rabelais)? Mais si nous renonçons à connaître la culture médiévale populaire, connaîtrons-nous vraiment le moyen âge? Faut-il en définitive remettre en cause notre propre conception de la culture et du savoir? Autant de questions, difficiles sans doute, mais qu'il s'impose à nous de bien discuter si nous voulons finir par interpréter notre culture occidentale comme il se doit.

Carte de souhaits allemande pour l'année 1475: le Nouvel An, qui est aussi l'Enfant Jésus de la crèche, porte la gerbe des étrennes. Gravure sur bois colorée, Augsbourg, vers 1470; Munich, Staatliche Graphische Sammlung, n. 81508 (Schreiber 822).

La bonne et la mauvaise prière, thème iconographique répandu à partir du milieu du XVe siècle. Le diable emporte les fausses prières pour les biens terrestres; seul le pénitent reçoit le sang qui coule des cinq plaies du Christ. Gravure sur bois colorée, vers 1430-1460; Munich, Staatsbibl., Clm. 12714 (Schreiber 968).

Le Christ du dimanche, thème iconographique très répandu dès la fin du moyen âge. Cette fresque populaire montre le Christ souillé par les "péchés du dimanche", ou activités défendues dans le jour du Seigneur: travaux, commerce, fréquentation des tavernes, concours de tir à l'arbalète, rapports sexuels, etc.. Église paroissiale de San Pietro di Feletto, Trévise, XVe s.

IX

Notes sur la littérature populaire italienne du XIVe siècle

Maria Predelli
Université de Montréal

Couple dansant au son de la cornemuse. Illustration du livret populaire *Frottole composte da più autori, cioè "Tu ti parti o cuore mio caro"*, (Florence, XVIe s.). Milan, Bibl. Trivulziana, H 724.

Parmi les chants populaires italiens d'aujour-d'hui, il n'est pas rare d'en trouver qui représentent évidemment la continuation, orale et traditionnelle, de poèmes que l'on retrouve dans des manuscrits du moyen âge ou de la Renaissance. Quelquefois, s'il ne s'agit pas exactement du même texte, il s'agit pourtant, d'une manière non équivoque, du même genre: par exemple, dans le cas de chants figurant un dialogue entre mère et fille, celle-ci demandant instamment qu'on la marie, celle-là invitant la fille à attendre encore quelque temps[1].

Pour expliquer ces similarités nous pouvons formuler plusieurs hypothèses: on peut penser que les poèmes du moyen âge et de la Renaissance que les manuscrits nous ont transmis, étaient déjà des chants populaires; ou bien qu'ils étaient l'oeuvre d'écrivains qui auraient puisé leur inspiration dans la poésie populaire; ou bien encore que ces poèmes, nés dans un milieu cultivé et raffiné, sont descendus, à travers les siècles, des couches sociales supérieures aux couches sociales inférieures; on peut enfin supposer que ces genres populaires trouvent leur source dans des compositions diffusées par des gens de culture moyenne, mais qui s'adressaient intentionnellement, par profession ou par mission, aux gens illettrés, au peuple.

1. Dans le plus récent recueil de chants populaires italiens (*I canti popolari italiani*, publiés par R. LEYDI, Milan, Mondadori, 1973) on en trouve deux aux pages 221-225. Pour les *contrasti* anciens voir R. RENIER, *Appunti sul contrasto tra la madre e la figliuola bramosa di marito*, dans *Miscellanea nuziale Rossi Teiss*, Trente, 1897.

Il n'est pas dans mon intention de discuter ici toutes ces hypothèses. Je voudrais seulement exprimer ma méfiance envers les théories qui prennent pour point de départ la poésie populaire au moyen âge. Non pas pour nier qu'il ait existé une poésie, des chants ou des contes dont les populations rurales ou défavorisées du moyen âge auraient été les dépositaires; mais seulement parce que je pense que des recherches visant à reconstruire le patrimoine folklorique médiéval qui se transmettait de bouche à oreille seraient inévitablement vouées à des résultats fragmentaires et hypothétiques. Les gens du peuple n'avaient certainement pas l'habitude — ils ne l'ont même pas aujourd'hui — d'écrire leurs chants et leurs contes.

Par ailleurs, nous constatons de surprenantes coïncidences entre des compositions faisant partie du patrimoine populaire et des compositions d'origine cultivée: Giustinian et Metastasio, par exemple, ont été sûrement la source de chansons répandues parmi le peuple[2].

2. G.B. BRONZINI, *Il mito della poesia popolare*, Rome, Ed. dell'Ateneo, 1966, pp. 59-63 et notes 50 et 51.

Le transfert de produits culturels des couches supérieures aux couches moins privilégiées est un phénomène très souvent mentionné dans les études sur la poésie populaire, et apparemment bien connu. Toutefois, on n'a pas porté assez de soins à étudier et comment et pourquoi ce transfert s'accomplit. Quant aux expressions "couches supérieures" et "couches inférieures", il s'agit là d'une opposition qui néglige la complexité et la variété des couches sociales en elles-mêmes, de leurs attitudes culturelles, et surtout de leur configuration en un lieu et un moment donnés de l'histoire.

Notre problème est de comprendre comment, par quels moyens, historiquement déterminés, un patrimoine de fables, de héros, d'images, de formules verbales, issus des classes cultivées, a réussi à franchir la barrière qui séparait les classes dominantes et les classes dominées, et à devenir

Un héros devenu populaire: Roland folklorisé et transformé en valet de carreaux. Le chien et le lièvre sont une dernière réminiscence du Roland chasseur. Carte à jouer, éditée peut-être à Rouen, début du XVIe s.; Archives Départementales de la Seine-Maritime.

partie de la culture populaire. En d'autres termes, il s'agit de retrouver les figures historiques et les oeuvres qui ont permis ce passage entre littérature savante et culture populaire. Je crois que, dans le cas du moyen âge, des forces très importantes de diffusion d'éléments culturels parmi le peuple ont été l'Église d'une part, et les chanteurs publics de l'autre.

Survol de la problématique

C'est A.M. Cirese qui a récemment mis en relief la présence d'une stratification culturelle complexe à l'intérieur de chaque société. Il a aussi souligné la variété possible des moyens de transmission de certains éléments culturels d'une société à l'autre, ou d'une classe sociale à l'autre[3]. Par ailleurs, c'est Antonio Gramsci qui, au moins en Italie, a montré l'importance pour l'étude de la culture populaire, des compositions issues d'une classe de culture moyenne et diffusées parmi le peuple. Il tournait son attention surtout vers le mélodrame et le roman du XIXe siècle, qu'il subdivisait plus précisément, en roman d'intrigue, roman sentimental, roman policier, etc., etc.[4]. Très récemment, une étude sur le roman

3. A.M. CIRESE, *Il folclore come studio dei dislivelli di cultura delle società superiori*, Cagliari, Università degli studi, 1961-62. Cet essai a été partiellement réimprimé sous le titre *I dislivelli interni di cultura*, dans V. GROTTANELLI, *Ethnologica*, Milan, Labor, 1965, I, pp. 415-461.

4. A. GRAMSCI, *Letteratura e vita nazionale*, Turin, Einaudi, 1950, pp. 133-180. Les textes de Gramsci sur la culture populaire ont été récemment recueillis dans le volume A. GRAMSCI, *Arte e folclore*, avec introduction de G. PRESTIPINO, Rome, Newton Compton Ed., 1976.

5. M. ANGENOT, *Le roman populaire. Recherches en paralittérature*, Montréal, Les Presses de l'Université du Québec, 1975.

populaire, de Marc Angenot, a été publiée par les Presses de l'Université du Québec à Montréal[5].

Toutefois, des études telles que celles de Gramsci et d'Angenot, bien qu'elles puissent être utiles dans une recherche ayant pour objet la "littérature populaire", se réfèrent consciemment à un stade historique bien défini: la société de l'Europe occidentale après la révolution industrielle, où la masse populaire type est celle des ouvriers de l'industrie. Ce type de public ne correspond évidemment pas à la masse populaire type que l'on doit considérer pour la Toscane du XIVe siècle.

6. G. CHERUBINI, *Signori contadini borghesi*, Florence, La Nuova Italia, 1974.

7. Princeton, 1962.

8. V. RUTEMBURG, *Popolo e movimenti popolari nell'Italia dei secoli XIV e XV*, Bologne, Il Mulino, 1971. Édition originale: *Narodnye Dvizenija v gorodach Italii. XIV-nacalo XV veka*, Moscou-Léningrad, Académie des sciences, 1958; L. A. KOTEL'NIKOVA, *Mondo contadino e città in Italia dall'XI al XIV secolo*, Bologne, Il Mulino, 1975. Édition originale: *Ital' janskoe krest'janstvo i gorod v XI-XIV v.v.*, Moscou, Izdatelstvo Nauka, 1967.

9. Ravenne, Longo, 1975.

10. E. PASQUINI, *La letteratura didattica e la poesia popolare del Duecento*, Bari, Laterza, 1971. Cet essai avait déjà paru dans le premier volume de la *Letteratura italiana Laterza, Il Duecento*, tome II, Bari, Laterza, 1970, pp. 115-181.

Pour reconstituer le cadre de la littérature populaire du moyen âge, il faut avant tout se renseigner sur les conditions concrètes de vie dans les communes toscanes; mais ce n'est pas ici mon propos. Je me limiterai à indiquer que des essais historiques prenant en considération la dynamique des classes sociales et les conditions de vie des couches sociales inférieures en Toscane ont vu le jour assez récemment en Italie, en Amérique et dans l'Union Soviétique. Je mentionnerai particulièrement les recherches de G. Cherubini[6], le volume *Florentine Politics and Society, 1343-1378* de Gene A. Bruckner[7] et les études de Victor Rutemburg et L.A. Kotel'nikova, traduites en italien.[8]

Une autre condition de notre étude serait de considérer les oeuvres littéraires en rapport avec le statut et l'environnement social de leurs auteurs et de reconnaître les idéologies qu'elles transmettaient. Des études en ce sens ont été aussi faites pour quelques écrivains et mouvements du moyen âge italien, particulièrement le Stilnovo, par E. Savona, dans son livre *Cultura e ideologia nell'età comunale* (1975)[9]. Mais les seules études récentes sur des genres littéraires intentionnellement adressés à un milieu populaire sont une anthologie de rimes de jongleurs du XIIIe siècle de E. Pasquini[10] et une anthologie de "cantari" du

XIVe siècle, enrichie d'une introduction et de notes de A. Balduino[11].

Comme on peut le constater, ces travaux ne sont pas nombreux. Pour étudier la "littérature populaire", nous devons encore nous adresser aux oeuvres parues aux confins du XIXe et du XXe siècles, période à laquelle remontent des études interprétatives importantes sur nos premiers siècles d'histoire littéraire et la plupart des éditions de nos textes. Mais la conception de la poésie populaire que se faisaient des érudits comme A. D'Ancona, A. Cesareo, C. Nigra, restait celle de l'époque romantique: celle d'une séparation nette entre poésie populaire et poésie "cultivée", tandis que notre recherche veut, au contraire, saisir les liens entre culture populaire et littérature, et connaître comment ces liens se sont vérifiés.

Les jongleurs

A. Pagliaro a été le premier critique à attirer l'attention, en 1958, sur une catégorie particulière d'intellectuels du moyen âge en la présentant comme une source privilégiée de poésie populaire et comme responsable de ses innovations, les jongleurs[12].

Je touche ici à une question, celle de la figure historique des jongleurs, que j'aimerais laisser de côté pour le moment, puisqu'il n'existe actuellement aucune étude d'ensemble pour l'Italie, semblable à celles de E. Faral pour la France et de R. Menéndez Pidal pour l'Espagne[13]. Le sujet mériterait sûrement une étude approfondie — avant tout du point de vue historique — pour mieux éclairer les rapports entre poésie des jongleurs et poésie populaire.

D'autres suggestions intéressantes à propos de genres littéraires répandus parmi le peuple au moyen âge ont été faites à l'occasion de certaines études qui s'inscrivaient dans le cadre de recherches folkloriques, notamment les études sur l'ancien théâtre italien de P. Toschi, en 1966[14].

11. *Cantari del Trecento*. Introduction et notes de A. BALDUINO, Milan, Marzorati, 1970.

12. A. PAGLIARO, *Poesia giullaresca e poesia popolare*, Bari, Laterza, 1958.

13. E. FARAL, *Les jongleurs en France au Moyen Âge*, Paris, 1910; R. MENÉNDEZ-PIDAL, *Poesia juglaresca y juglares*, Madrid, 1924.

14. P. TOSCHI, *L'antico teatro religioso italiano*, Matera, Montemurro, 1966.

Examinons maintenant quelques exemples de genres littéraires qui étaient adressés intentionnellement au peuple. Je me propose ici seulement d'illustrer brièvement ces exemples et non pas de démontrer leur pénétration dans la culture populaire. Toutefois, dans certains cas, cette pénétration a été si forte qu'il est possible d'en retrouver les traces dans le patrimoine des chants populaires d'aujourd'hui. Il s'agit des genres suivants: les représentations sacrées, les poèmes narratifs religieux et les *cantari*.

Les représentations sacrées

En ce qui concerne les premières, la contribution la plus importante reste encore celle de V. De Bartholomaeis, *Le origini della poesia drammatica in Italia*, publiée en 1924[15]. Dans son étude, cet auteur soutient qu'en Italie, les représentations sacrées du moyen âge ne dérivent pas, comme ailleurs en Europe, de la transformation graduelle du drame sacré latin, mais seraient plutôt l'évolution du genre vulgaire de la *lauda*, c'est-à-dire une prière de louange, ou mieux, d'une *lauda* particulière, qui présentait déjà la structure d'un dialogue entre deux ou trois personnes.

L'habitude de chanter publiquement des *laude* s'était intensifiée énormément après 1260, quand un mouvement, né à Pérouse, dans la région de l'Ombrie et guidé par Ranieri Fasani, avait invité le peuple chrétien à un renouveau religieux, et avait suscité un peu partout en Italie des compagnies de laïcs à caractère religieux, vouées à faire pénitence et à rendre un témoignage public de leur foi. C'étaient les compagnies des *Disciplinati*, qui parcouraient les rues des villes en se flagellant le dos, en priant et en chantant des *laude*. L'origine de la *lauda* dialoguée ou "dramatique" se trouve selon De Bartholomaeis dans la liturgie, en particulier dans l'Évangile de la passion; on peut supposer aussi que ces dialogues sacrés s'opposaient volontairement

15. V. DE BARTHOLOMAEIS, *Le origini della poesia drammatica in Italia*, Bologne, 1924 (deuxième éd., Turin, S.E.I., 1959).

aux dialogues des jongleurs, sur lesquels nous disposons de maints documents pour cette époque: par exemple, les *contrasti* entre mère et fille, entre amants, entre l'eau et le vin, etc. Mais la *lauda* "dramatique", soutenue évidemment par l'Église et par l'exemple des drames latins, ne s'en tint pas là, se développant de plus en plus jusqu'à devenir une représentation sacrée.

Les représentations se déroulaient en plein air sur le parvis de l'église, à l'occasion des fêtes liturgiques les plus importantes, représentant les épisodes saillants de la vie du Seigneur, et plus tard, des vies des saints; les auteurs en étaient souvent des clercs.

L'expansion du genre ne fut pas uniforme en Italie. Les représentations les plus anciennes, c'est-à-dire celles du XIVe siècle, se répandirent en partant de l'Ombrie d'abord dans la région des Abruzzes et ensuite dans le Latium. Ce n'est que vers la fin du XIVe siècle que le genre pénètre en Toscane, à Sienne d'abord, à Florence ensuite où il connaît une expansion extraordinaire. Mais dans la Toscane du XVe siècle, les représentations sacrées, tout en restant des spectacles conçus pour le peuple et fréquentés spécialement par lui, perdent la simplicité de leurs origines. Elles subissent une profonde transformation, soit sur le plan formel, en acquérant le mètre de l'octave toscane, soit sur le plan de l'intrigue, qui devient beaucoup plus complexe, soit enfin sur le plan de la caractérisation psychologique des personnages.

Les poèmes narratifs religieux

Paolo Toschi, revenant sur le théâtre religieux des origines, souligne l'influence qu'ont eue les poèmes narratifs religieux sur ce théâtre et fait remarquer que plusieurs des *laude* n'avaient pas une allure lyrique, mais plutôt narrative. Il désigne les *Plaintes de la Vierge* du XIIIe siècle comme le genre de *lauda* narrative qui aurait été à l'origine de la représentation sacrée. Il est d'avis qu'il faut réduire l'importance du mouvement des *disciplinati,* dans le développement de la représentation sacrée, pour tenir compte davantage de l'influence qu'auraient eue les poèmes narratifs préexistant à ces représentations. Poèmes narratifs qui avaient en commun avec les représentations sacrées de puiser au patrimoine culturel de l'Église et d'être récités devant le peuple. C'est à ces poèmes que les représentations sacrées auraient emprunté, à un moment donné, les mètres qui sont ensuite devenus les plus fréquents: le sizain, avec lequel les représentations sacrées apparaissaient parfois dans les Abruzzes et l'octave, avec laquelle elles apparaissaient régulièrement en Toscane[16].

M. Toschi est surtout soucieux d'affirmer le caractère populaire du fait religieux, la participation émotionnelle du public tant aux représentations sacrées qu'aux récitations des poèmes religieux. Il repère à juste raison, dans les poèmes narratifs médiévaux d'argument religieux, la source d'une partie du patrimoine narratif populaire actuel. Dans une étude sur la légende de s. Georges, il a démontré que presque tous les poèmes populaires encore vivants sur la lutte de s. Georges contre le dragon dérivent d'un *cantare* religieux, dont deux rédactions nous ont été transmises par deux manuscrits, respectivement du XVe et du XVIe siècles[17].

Les poèmes narratifs religieux sont, je crois, la principale composante de la littérature adressée au peuple. Dès le XIIIe siècle, certains de ces poèmes, récités probablement à l'intérieur des églises, présentent les formules-types des compositions adressées à un public.

Parmi les gens qui les écoutaient, il y avait des bourgeois qui savaient lire et écrire (Giovanni Villani affirme dans sa chronique que dans la première moitié du XIVe siècle tous les enfants de Florence allaient à l'école)[18]; ces bourgeois parfois transcrivaient des poèmes narratifs, religieux ou chevaleresques, comme certains documents l'attestent. Mais parmi les auditeurs il y avait aussi les prolétaires de l'époque: les

16. P. TOSCHI, *L'antico teatro religioso italiano*, Matera, Montemurro, 1966.

17. P. TOSCHI, *La leggenda di S. Giorgio nei canti popolari italiani*, Florence, Olschki, 1964.

18. G. PROCACCI, *Storia degli italiani*, Bari, Laterza, 1968, vol. I, pp. 85-86.

ouvriers salariés, les mendiants, les vagabonds, les estropiés.

C'est dans des conditions pareilles que plusieurs poèmes ont entrepris leur périlleux voyage sur un chemin à double voie: d'un côté, la mémoire des ignorants, secondée par des auditions répétées, transmettait ces poèmes oralement; de l'autre, les textes écrits servaient de base aux déclamations qui renforçaient cette mémoire.

Le nombre de poèmes narratifs religieux que les manuscrits nous ont transmis nous permet de percevoir combien l'Église a favorisé d'une façon constante la composition et la diffusion de ce genre de poèmes parmi les gens non cultivés. Mais, qui composait ces poèmes? Qui les déclamait, au juste? En quelles occasions? Y a-t-il une différence entre les poèmes qu'on lisait, par exemple, pendant les repas dans les couvents et ceux qu'on chantait au grand public? On ne saurait répondre avec exactitude à ces questions.

E. Faral, dans son livre sur les jongleurs en France au moyen âge, qui remonte à 1910, écrit: «On peut donc tenir pour assuré que les vies des saints étaient entrées dans le répertoire des jongleurs. Mais il arrivait, aussi, qu'elles fussent exécutées, même en dehors des églises et des sanctuaires, par une espèce de jongleurs ecclésiastiques, par des clercs, qui menaient la vie ordinaire des chanteurs laïques, mais qui faisaient leur spécialité des poèmes religieux. Ils n'étaient proprement ni jongleurs, ni vagants, et ils formaient une classe particulière, courant l'aventure quotidienne à la manière des jongleurs, et conservant néanmoins de leurs origines un sentiment très apparent de piété et une foi souvent éloquente».

Même si on acceptait cette théorie et on transposait le personnage du jongleur ecclésiastique en Italie, plusieurs de nos questions resteraient sans réponse. En Italie, très peu de

19. R. CIONI, *La poesia religiosa. I cantari agiografici e le rime di argomento sacro,* Florence, Sansoni antiquariato, 1963. En 1961 avait déjà paru, par les soins du même auteur chez le même éditeur, *Bibliografia delle sacre rappresentazioni.*

gens se sont occupés des poèmes narratifs religieux, mis à part les philologues "vénérables" du siècle dernier (Percopo, Rajna, Mussafia). En 1963, R. Cioni a compilé une bibliographie de la poésie religieuse du XIIIe au XVIe siècles. Ce volume devait être le premier d'une série bibliographique consacrée à la littérature populaire du XIIIe au XVIe siècles, mais malheureusement la série s'est arrêtée à ce premier volume[19].

Un poème populaire italien: *La sala di malagigi,* (Florence, début XVIe s.). Huit diables menacent le chevalier, protégé par un cercle magique. Milan, Bibl. Trivulziana, H 57.

La question de l'octave toscane

Les poèmes narratifs religieux composés hors de Toscane utilisent des mètres variés, parmi lesquels prédominent les laisses d'octosyllabes et les sizains d'hendécasyllabes. Lorsque les mêmes poèmes apparaissent en Toscane, dans la moitié du XIVe siècle, ils ont désormais la forme de *cantari*, c'est-à-dire qu'ils sont rédigés dans ce mètre fameux, l'octave de vers hendécasyllabes, à rimes croisées pour les six premiers vers, à rimes plates pour les deux derniers vers.

Je dis un mètre fameux, parce que c'est dans ce mètre que sont composés pratiquement tous les poèmes narratifs, religieux ou chevaleresques, et toutes les représentations sacrées de la Toscane, à partir de la seconde moitié du XIVe siècle. C'est le mètre qui a été utilisé, plus tard, par l'Arioste dans son *Orlando Furioso* et par le Tasse dans sa *Gerusalemme liberata*.

Quoique déjà au XIVe siècle ce mètre ait gagné l'Italie du Nord, il a continué pendant longtemps à être perçu comme un mètre typique de la Toscane. Autour de 1450, un copiste milanais, en transcrivant un poème en octaves, avertissait qu'il s'agissait de la *Legenda sancte Margarite in modum tuscum*[20].

20. C. DIONISOTTI, *Appunti su antichi testi,* dans *Italia medioevale e umanistica,* 7 (1964), p. 124.

On a longtemps affirmé qu'en Toscane ce genre de poèmes narratifs en octaves devait être bien connu dans les milieux populaires dès le XIIIe siècle ou, au moins, dès le début du XIVe siècle, et que Giovanni Boccaccio, lors de la composition de ses oeuvres de jeunesse *Filostrato* et *Teseida*, rédigées entre 1334 et 1341, avait puisé son mètre, l'octave "toscane", dans la tradition des chanteurs publics.

Cependant, en 1964, Dionisotti faisait remarquer qu'il n'existe aucune preuve documentaire de l'existence de poèmes en octaves antérieure à celle de Boccace. Dans ses oeuvres, Boccace mentionne, certes, des héros et des héroïnes que nous connaissons à travers les *cantari*, mais rien ne prouve que les compositions auxquelles il faisait allusion comme à des choses bien connues, soient des *cantari* en octaves. Au contraire, Dionisotti pense que, comme pour le tercet utilisé par Dante, la diffusion extraordinaire de l'octave est dûe à l'influence culturelle de Boccace[21].

21. C. DIONISOTTI, *Appunti su antichi testi,* cité, pp. 99-131.

L'année suivante, Roncaglia retrouvait la source de l'octave utilisée par Boccace non pas dans la production populaire, mais dans celle, très cultivée, de la littérature française importée à Naples par la cour d'Anjou, dont Boccace était un

22. A. RONCAGLIA, *Per la storia dell'ottava rima,* dans *Cultura neolatina,* 25 (1965), pp. 5-14.

23. A. BALDUINO, *Cantari del Trecento,* p. 20.

habitué. Roncaglia faisait remarquer que la chanson, ancienne et bien connue, *Au renouvel de la douçor d'esté,* de Gace Brulé, utilisait exactement la structure de l'octave "toscane"[22].

À Boccace resterait donc le mérite d'avoir appliqué le mètre d'une composition lyrique à un poème narratif, et d'avoir offert un modèle à tous ceux qui, après lui, ont voulu faire de la poésie narrative, ce qui, comme A. Balduino le met justement en relief, embrouillerait nos idées sur les rapports entre les auteurs des *cantari* et la littérature d'avant-garde de l'époque[23].

Toutefois, la question ne paraît pas encore complètement réglée. La première composition en octaves qu'on trouve après les poèmes de Boccace est l'histoire de *Floire et Blanchefleur,* transcrite sûrement entre 1343 et 1349. Mais l'examen linguistique de ce *cantare* suggère que le modèle en était écrit non pas en langue toscane, mais dans une langue de l'Italie du Nord.

Or, le délai entre la composition des poèmes de Boccace et la transcription du *Floire et Blanchefleur* paraît trop court pour que les octaves de Boccace aient pu gagner la Toscane, s'affirmer parmi les déclamateurs de chants chevaleresques, passer de la Toscane à d'autres régions, et finalement y revenir, comme dans ce cas particulier.

Les *cantari*

De toute façon, quelle que soit l'origine du mètre, les poèmes narratifs en octaves constituent un genre bien ferme dès la seconde moitié du XIVe siècle et nous présentent une vaste gamme d'arguments. En plus de compositions religieuses, il s'agit de romans, tels que ceux de Boccace et le *Floire et Blanchefleur,* de contes de fées tels que le *Bel Gherardino* ou le *Liombruno,* de contes à sujet classique, tels que la *Guerra di Troia,* la *Vita d'Alessandro, Pirramo et Tisbe,* à sujet chevaleresque, tels que les *Cantari di Tristano,* ou même de contes à la manière de Boccace, comme la

Canzone della figlia del mercante ou la *Storia del Calonaco di Siena;* et, bien entendu, il s'agit aussi de romans tirés des cycles carolingien et arthurien.

Les *cantari* ont fait l'objet d'innombrables études, ayant pour but, dans presque tous les cas, de retrouver les sources — françaises, évidemment — des "fables", et les modifications que ces fables ont subies dans leur transmission à travers les siècles et les lieux. Ces études ont abordé aussi le problème des différentes rédactions des *cantari*, tout le monde étant convaincu qu'ils se transmettaient presque exclusivement par voie orale. En le percevant comme patrimoine commun, chaque répétiteur se serait senti autorisé à apporter au poème qu'il chantait tous les changements qu'il croyait nécessaires.

Mais pour ce qui est de la transmission orale, des études plus attentives et plus récentes ont ramené ce phénomène à des dimensions plus modestes. On a remarqué en effet que certains *cantari* suivaient de très près les romans en prose dont ils étaient tirés, ce qui fait penser à un auteur lettré et conscient de son oeuvre; l'examen interne d'autres *cantari* révèle une élégance du langage, une absence des artifices propres aux déclamateurs et une allure reposée qui suggèrent plutôt que ces poèmes étaient destinés à la lecture privée. Dans ces cas, aux raisons internes s'ajoute généralement la cohérence de la tradition manuscrite. Dans d'autres cas, c'est la longueur des poèmes qui rend inconcevable l'attention, prolongée de jour en jour, ou de fête en fête, qui aurait été nécessaire, par exemple, pour les 61 *cantari* du poème d'Orlando[24].

À l'intérieur de cette catégorie trop longtemps traitée d'une manière indifférenciée, il faut donc introduire des distinctions: de sujet, de structure, de destination.

Mais ce qu'il faut surtout remarquer, c'est que nous sommes en présence d'un genre littéraire

24. A. FRANCES-CHETTI, *Rassegna di studi sui cantari,* dans *Lettere italiane,* 25 (1973), pp. 556-574.

certainement diffusé parmi le peuple, certainement aimé par le peuple — encore la génération
de mes parents, dans un milieu rural de la
Toscane, lisait l'histoire des *Reali di Francia* —,
mais qui n'était pas créé par le peuple. Les
auteurs des *cantari* étaient, au contraire, des gens
de culture moyenne; la figure historique du
déclamateur public a servi à diffuser ce genre
aussi bien parmi les classes populaires que dans
des milieux plus cultivés, où ces textes étaient
parfois transcrits, donnant lieu à d'autres
récitations et renforçant de cette façon la
tradition orale.

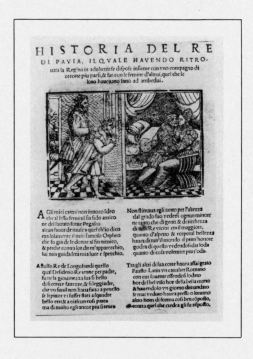

*Historia del Re di Pavia, Il quale
havendo ritrovata la Regina in
adulterio...,* (Venise, vers 1520). Ce
livret populaire a été bâti en pillant
le *Roland Furieux,* chant XXVIII.
Le roi, suivi d'un dignitaire,
constate par le trou de la serrure
l'infidélité de la reine. Milan, Bibl.
Trivulziana, H 197.

Nous avons jusqu'ici considéré trois genres de "littérature populaire", les représentations sacrées, les poèmes narratifs religieux et les *cantari* à sujet profane, dans le cadre d'une littérature adressée au peuple et provenant en général d'une couche de culture moyenne. Il reste à affirmer que ces auteurs de culture moyenne, qui ne savaient probablement pas le latin, par exemple, ni le français, parce que leurs sources étaient des vulgarisations, lisaient cependant les auteurs les plus cultivés et les plus importants de la production littéraire en langue vulgaire — les échos de Dante ne se comptent pas dans les *cantari*. Ils ont eu un rôle très important de médiation entre littérature savante et culture populaire, en transmettant des connaissances, des idées et des formules poétiques élaborées par les couches culturellement plus favorisées.

J'aimerais citer à ce propos quelques lignes d'un jeune critique italien, Balduino, tirées d'un article paru en 1973: «Jamais dans notre histoire littéraire la poésie n'a occupé autant d'espace et d'importance qu'au XIVe siècle. À côté des formes plus cultivées et académiques, qui trouvent normalement leurs adeptes parmi les couches les plus riches et par conséquent dominantes de la société, d'autres genres et d'autres formes de poésie s'affirment. Ces genres, qui ont été développés pour répondre aux exigences d'une bourgeoisie en expansion, parviennent en même temps jusqu'aux couches les plus humbles... Dans l'expérience des hommes du XIVe siècle (surtout dans la "savante" Florence et dans d'autres centres de la Toscane où persistent les institutions communales), le contact avec la poésie ne se réduit plus à un patrimoine folklorique évanescent, aux expressions directement ralliées au Christianisme, ou aux exhibitions, occasionnelles et décousues, de quelques jongleurs. Tous peuvent s'approcher de la poésie épique, élémentaire et pourtant merveilleuse, des *cantari,* écouter et répéter en chantant des ballades

délicieuses et des madrigaux à succès. Beaucoup
de gens peuvent apprendre et comprendre les faits
de leur propre histoire municipale à travers les
narrations impétueuses des *sirventesi* et des
chroniques en vers; et bien qu'exceptionnellement, quelques uns peuvent même s'approcher de
la grande poésie, au moyen des lectures publiques
de la *Divine Comédie*»[25].

25. A. BALDUINO,
*Premesse ad una storia
della poesia trecentesca,*
dans *Lettere italiane,* 25
(1973), pp. 32-33.

Je pense donc que, pour mieux connaître la
culture populaire de la Toscane durant l'époque
intermédiaire entre le moyen âge et la Renaissance, des recherches sur certains genres
littéraires ne seraient pas infructueuses. Une
perspective historique prenant en considération
les classes sociales dont les oeuvres tirent leur
origine, les moyens concrets de leurs diffusions,
leurs destinataires, et finalement, les milieux
parmi lesquels elles se sont effectivement
répandues, nous aiderait sans doute à mieux
évaluer la dynamique réelle de la circulation des
éléments culturels et nous permettrait, entre
autre, de mieux comprendre la culture des masses
populaires.

Un conte populaire dans le goût de Boccace: *Historia di Campriano Contadino*, (Florence, XVIe s.). La gravure illustre avec réalisme l'essentiel de l'histoire, résumé dans le très long titre: *Histoire du paysan Campriano, qui était très pauvre et avait trois filles à marier, et qui avec astuce fit chier des monnaies à un âne qu'il possédait, et le vendit à certains marchands pour cent écus, et ensuite il leur vendit une casserole qui pouvait bouillir sans feu, et un lièvre qui savait porter des lettres, et une trompette qui ressuscitait les morts, et à la fin il jetta ces marchands dans un fleuve.*

X

Le drame religieux en Allemagne: une fête populaire[1]

Rolf Max Kully
Université de Montréal

L'âne de la procession des Rameaux.
Sculpture en bois polychrome, vers
1470. Cracovie, Musée National.

«On jouait sur la place du marché aux grains le drame de la Conversion de s. Paul de Valentin Boltz. Je le regardais de la maison qui se trouve au coin de la Hutgasse, là où habitait Félix Irmi. Le bourgmestre von Brun jouait le rôle de Saül, Balthasar Han celui du bon Dieu, il était perché dans un ciel rond qui pendait de la Maison du Paon, c'est de là qu'il tira la foudre —une fusée incandescente — qui lorsque Saül tomba de son cheval, mit le feu à ses pantalons. Hans Rudolf Fry était le capitaine, il avait sous son drapeau à peu près cent bourgeois, tous portant ses couleurs. Dans le ciel on fit le tonnerre en faisant tourner des tonneaux remplis de pierres»[2].

«À la fin de la représentation, le soir venu, quand les acteurs comme d'habitude se promenaient dans la ville, la pluie abondante endommagea quelque peu leurs vêtements. C'est pour cela que le lendemain, jour beau et ensoleillé, ils se promenèrent toute la journée dans la ville»[3].

«Entre temps, nous les garçons, assez jeunes encore, voulûmes jouer des drames. Comme nous avions appris quelques vers du jeu des adultes, nous voulûmes nous aussi jouer le drame de Saül, dans la cour de mon père. Roll était Saül et moi le bon Dieu; j'étais assis sur l'échelle du poulailler, tenant une bûche pour représenter la foudre. Et lorsque Roll, chevau-

1. Je remercie mon collègue Alain Marchal qui a lu le manuscrit.

2. Felix PLATTER, Tagebuch, pp. 82-83 (=ZEHNDER, p. 646). — VALENTIN BOLTZ de Rouffach/Alsace, †1560, à Binzen/Bade: théologien protestant et dramaturge. Dans cette représentation de son drame il était aussi régisseur. Le conseil de ville lui offrit cinq couronnes en récompense et publia la comédie aux frais de la municipalité. Cf. Johannes GAST, Tagebuch, p. 272 (=ZEHNDER, p. 646); BAECHTOLD, p. 256 et pp. 341-347; KOSCH, I, p. 755. — Hans Felix Irmi (1539-1591 ou 1609), bourgeois de Bâle. — Bonaventura von Brun (1520-1591), bourgmestre de 1570 à 1591. — Balthasar Han (1505-1578), peintre verrier et maître de corporation. — Hans Rudolf Fry (Frei) (1496-1551), drapier. — Cf. ZEHNDER, p. 654.

3. Johannes GAST, Tagebuch, p. 271 (=ZEHNDER, p. 646).

4. Felix PLATTER, *Tagebuch*, pp. 85-86 (=ZEHNDER, p. 647). — *Mon père*: Thomas Platter (ca. 1507-1582), maître de l'école latine et premier hébraïste à Bâle, auteur d'une fameuse autobiographie (éd. par Alfred HARTMANN, Bâle, Benno Schwabe & Co, 1944). — *Roll*: Gavin de Beaufort, baron de Rolles. Cf. ZEHNDER, p. 655.

5. Fait exception Bozen, où on jouait toujours dans l'église paroissiale. Cf. Wolfgang F. MICHAEL, *The Staging of the Bozen Play*, dans *The Germanic Review*, 25 (1925), pp. 178-195.

6. Ce fait est prouvé par les listes des acteurs de Bozen en 1496 et 1514 (cf. WACKERNELL, pp. *22-*24 et *242-*245); de Lucerne en 1538, 1545, 1560 etc. (cf. EVANS, *Beteiligung*), de Soleure en 1581 (tiré de manuscrits des Archives de l'État).

7. Il paraît qu'à Lucerne, les acteurs étaient obligés de se procurer ce dont ils avaient besoin pour la représentation; Caïn: une pioche, la douille pleine de sang, une gerbe trempée dans l'eau pendant trois jours qui ne prend pas feu facilement; Abel: un agneau fabriqué, l'intérieur plein de copeaux qui brûlent facilement ou encore fait de coton, ainsi que la table pour le sacrifice; David doit avoir: du pain, une cruche remplie d'eau, une houlette, un lacet, un oeuf couleur de pierre et rempli de sang; Judas doit avoir son apparât pour la pendaison, dans son sein un coq plumé mais vivant comme si c'était son âme. Cf. Renward BRANDSTETTER, *Die Luzerner Bühnen—Rodel*, dans *Germania*, 30 (1885), pp. 205-210; 31 (1886), pp. 249-272.

8. En 1548, on jouait aussi à Bâle "Hamanus". Le fils de Haman, qui devait être pendu,

chant vers Damasque sur une perche, passa devant moi, je lui jetai ma foudre et atteignis son oeil qui se mit à saigner. Il pleura disant qu'il était pauvre et abandonné par les siens et que c'est pour cette raison que nous le tourmentions...»[4].

Ces mentions d'une représentation théâtrale à Bâle en 1546, tirées de deux chroniqueurs différents, nous amènent directement *medias in res* de notre recherche. Elles montrent que la représentation d'un drame religieux au XVIe siècle intéressait normalement la population entière de la ville, qu'elle avait lieu en plein air[5], que les rôles principaux étaient en général joués par des notables[6] et que certains rôles pouvaient entraîner des dépenses considérables — imaginons un peu le coût des uniformes d'une suite de cent personnes[7] — elles nous montrent de plus que le désir d'être le plus réaliste possible dans la représentation des faits religieux amenait à se servir de machineries —avec le risque implicite de toutes sortes d'accidents[8] —que les spectateurs suivaient les actions non seulement des rangs et des loges construits à cet effet mais aussi des maisons adjacentes, que les acteurs voulaient jouir du jour de spectacle jusqu'au bout, en se promenant après la représentation dans leurs costumes afin d'être admirés par le public. Enfin nous apprenons que les jeunes participaient à la fête des adultes et qu'ils en adaptaient les idées à leur manière.

Ces indications datent du milieu du XVIe siècle et elles pourraient être multipliées à loisir[9]. Même si dans le sens strict, ce drame de la Conversion de saint Paul n'est pas un drame liturgique, parce que ce n'est pas la vie du Christ qui est le sujet de la représentation, nous pouvons néanmoins admettre qu'à cette époque dans les jeux de la Passion ou de Pâques tout se déroulait d'une façon semblable[10]. Il serait cependant méthodologiquement imprudent et dangereux de croire immédiatement qu'il en allait de même aux XIVe et XVe siècles. En effet les drames religieux avaient leur propre histoire et les traditions locales révèlent des différences remarquables. Nous savons par exemple qu'au XVe siècle ce n'était pas toujours la bourgeoisie mais souvent l'école sous la direction d'un prêtre qui s'occupait des représentations de drames[11]. Le Jeu de Pâques d'Innsbruck de 1391[12], pour ne citer qu'un seul exemple, mentionne dans son épilogue:

Ouch hatte ich mich vorgessen:
dy armen schuler haben nicht czu essen!
den sult ir czu tragen braten,
schuldern vnd ouch vladen:
wer yn gebit ire braten,
den wil got hute vnd vmmirmer beraten,
wer yn gebit ire vladen,
den wil got in daz hymmelriche laden.

En plus, je l'avais oublié
les pauvres écoliers n'ont rien à manger.
Apportez-leur vos rôtis
épaules et galettes.
Qui leur donne leurs rôtis
sera protégé par Dieu aujourd'hui et toujours.
Qui leur donne leurs galettes
sera invité par Dieu dans son royaume céleste.

manqua une petite planche et si le bourreau n'avait pas coupé immédiatement la corde, il se serait étranglé; il en gardait d'ailleurs une strie livide autour de la gorge. Cf. Felix PLATTER, *Tagebuch*, pp. 84-85 (=ZEHNDER, p. 646). — En 1566, dans un Jeu de la résurrection à Winterthour, les diables par imprudence mirent le feu à l'enfer et un tonneau plein de poudre faillit exploser. Cf. BAECHTOLD, p. 288.

9. Cf. BAECHTOLD, pp. 245-400.

10. Voir les relations surtout de Lucerne, Renward BRANDSTETTER, *Die Regenz bei den Luzerner Osterspielen*, Lucerne, Gebrüder Raber, 1886; et de Bozen, WACKERNELL, pp. *1-*314.

11. Le chroniqueur de la tradition lucernoise Renward CYSAT (1546-1614), dit que les premières représentations dans la ville furent jouées vers 1450 par des prêtres du chapitre des Quatre-Cantons qui se réunirent à Lucerne: cf. EVANS, *Passion Play*, p. 13. Mais selon les *Umgeldbücher* (livres de recettes et de dépenses), ce furent plutôt des écoliers: 1453 *Sabatho post pascaten. Item, iii L den schuolern zem osterspil*; EVANS, *op. cit.*, pp. 15-16. À partir de 1504 ce fut la "Fraternité du Couronnement" qui s'occupa des Jeux. Cette année-là, les membres obtinrent une indulgence de cent jours qui, en 1556, fût étendue à sept ans. Cf. M.B. EVANS, *Gundelfingers Grablegung and the Lucerne Passion Play*, dans *The Germanic Review*, 6 (1929), p. 226 (pp. 225-236).

12. *Das Innsbrucker Osterpiel*, dans HARTL, vol. 2. Cette édition, hélas, n'est pas sûre.

Mais par ailleurs on trouve déjà vers le milieu du XIVe siècle une telle quantité de rôles parlants qu'on hésite à attribuer uniquement à l'école la représentation dramatique. Quant au Jeu de la Passion de Francfort, qui nous est conservé par le soi-disant rôle du directeur (de 1350 environ)[13], je penserais plutôt qu'il s'agit d'un drame de la bourgeoisie et non de l'école.

Pour la fin du XVe siècle j'ai choisi d'étudier les notices d'une ville tyrolienne, c'est-à-dire de la région qui a connu non seulement la tradition la plus riche de toutes les régions germanophones, mais qui de nos jours possède encore une tradition vivante. En 1495 on joua à Bozen (Bolzano) dans la région du sud du Tyrol la Passion. Je citerai un choix de quelques rôles et des noms civils des représentants[14].

D'abord, le Conseil des Juifs, CAÏPHAS: *purgermeister*, le bourgmestre; ANNAS: *maister Jacob pfeffer*, un maître-artisan; RABI SAMUEL: *Zacher schuester* (je ne sais si derrière ce nom se cache un vrai cordonnier ou si *schuester* n'est qu'un nom de famille); ZEDONIUS: *Hertmaier*, un homme important dans la vie politique de la commune qui avait été plusieurs fois élu bourgmestre; SUCCENTOR IN SYNAGOGA: *Laurentius in scola*, Laurent à l'école, probablement un professeur; TERTIUS JUDEUS: *Genebein pugnater* (de nouveau il n'est pas certain que *pugnater* soit un nom de famille; il pourrait désigner aussi le maître d'escrime); *SEXTUS JUDEUS: Zolner am Eysack*, le douanier auprès de l'Isaque. Il s'agit vraisemblablement de Hans Ried[15], un administrateur de l'Empereur qui est célèbre par le soi-disant *Heldenbuch* (Le Livre des Héros), une collection de poèmes médiévaux qu'il copia à la demande de Maximilien I (1459-1519). Cette collection est la seule rédaction qui soit parvenue jusqu'à nous de plusieurs textes de la littérature courtoise et classique comme par exemple *Erec* de Hartmann von Aue ou la *Kudrun*.

13. Cf. FRONING, pp. 340-374. — Ce drame comptait, à part le choeur et les musiciens, plus de cent rôles parlants.

14. WACKERNELL, pp. *22-*27.

15. Cf. R. NEWALD, H. R., dans STAMMLER-LANGOSCH, *Verfasserlexikon*, 3, pp. 1075-77; WACKERNELL, p. *25.

Un deuxième groupe de personnes est constitué par le Sauveur et ses apôtres. Nous y trouvons: SALVATOR: *Scolasticus,* c'est-à-dire le maître d'école Benedict Debs[16]. C'est surtout à lui que revient le mérite de cette tradition théâtrale. Il était connu non seulement comme maître de l'école latine qu'il dirigea pendant 30 ans mais aussi comme organiste et comme basse célèbre. En plus il avait fait collection de manuscrits de drames et se distingua comme régisseur. PETRUS, *dominus Paulus;* JOHANNES: *dominus Johannes in hospitali;* THOMAS: *dominus Schroff;* JACOBUS MINOR: *dominus Michael;* SIMON: *dominus Gothardt;* ANDREAS: *dominus Thomas;* JUDAS: *Zollner an der Zielstang,* un autre administrateur de l'Empereur. Le titre *dominus* signifie toujours "prêtre".

Dans d'autres groupes de rôles nous trouvons encore: PILATUS: *Eberhardt;* SERVUS PILATI: *Neuwirt,* le nouvel aubergiste; BARRABAS: *Schweitzer padknecht,* le commis aux bains; LATRO A DEXTRO: *maister Oswald Goldtschmidt,* un maître-artisan; SERVUS LONGINI: *Schlosserknecht,* l'ouvrier du serrurier, et MATER DEI: *Johannes pictor.* Il paraît que ce dernier Jean le peintre était un adolescent d'une taille très mince puisqu'il fallut lui fabriquer une autre paire de souliers, les anciens étant trop grands[17].

Telle était la distribution des rôles en 1495. Ce qui surprend, c'est le grand nombre de prêtres qui participaient. Six des douze apôtres sont joués par des hommes d'Église. Mais toutes les couches de la société étaient représentées: le bourgmestre aussi bien que l'administrateur impérial ou l'ouvrier du serrurier. Dix-neuf ans plus tard, cette participation de toute la population est encore plus évidente. On a pu conserver jusqu'à nos jours la liste des personnes invitées à une répétition en costume. Le messager avait à convoquer entre autres les gens suivants: dans la

16. Anton DÖRRER, B.D., dans STAMMLER-LANGOSCH, *Verfasserlexikon,* 1, pp. 405-8; WACKERNELL, *passim.*

17. WACKERNELL, p. *25: Der Maria umb ain par panthoffel, wann sy zu klain was, 9 gr.*

18. WACKERNELL, pp. *245-*246.

19. A Bâle, la participation des femmes est mentionnée pour la première fois dans le drame "Susanna" de Ulricus COCCIUS en 1546. Cf. Felix PLATTER, *Tagebuch*, p. 83 (=ZEHNDER, p. 645). — À Soleure, en 1581, les tragédies de St. Maurice et de St. Ours de Hanns WAGNER étaient jouées exclusivement par des hommes. Cf. Anton HAFFNER, *Chronik*, pp. 84-85 (=ZEHNDER, p. 644).) À Lucerne, la dernière représentation de la Passion a eu lieu en 1616, sans femmes. Cf. EVANS, *Beteiligung*.

20. WACKERNELL, pp. *244-*245, a pu démontrer qu'au début on avait prévu des hommes pour plusieurs rôles féminins, mais que ceux-ci furent remplacés par des femmes pendant les répétitions.

21. Cf. A. DÖRRER, V.R., dans STAMMLER-LANGOSCH, *Verfasserlexion*, 3, pp. 951-92; WACKERNELL, *passim*.

22. À Lucerne, en 1597, on distinguait cinq catégories de rôles: *furnembste*, les plus nobles (*Proclamator*, Dieu le Père, *Salvator*, Moïse, les bourreaux, Lucifer); *furnembste nach den ersten*, les plus nobles après les premiers (Marie, Adam, Ève, Jésus à l'âge de 12 ans, David, Lazare, Gabriel et Michel, Beelzebub, Asmodaeus, Astaroth); *mittelmässige*, les moyens (les autres anges et démons, les apôtres, les templiers); *kleinere*, les petits (les grognants, les garçons aux verges, les pasteurs, etc.); *kleinste*, les plus petits (la servante aux habits, les porteurs du gibier, etc.). Pour le choix des personnes on avait établi des règles: que les quatre archanges soient grands et de la même taille; que les démons soient des hommes forts à la voix puissante; qu'on

rue des charrons: Hindermaier et son chapelain, ainsi que le garçon; dans la rue des prêcheurs: le douanier de l'Isaque, Silvestre le peintre, le maître des bains et son fils; sous les arcades: Chuenrat Sattler et son apprenti, la soeur de Rotnpuecher, Hans Kramer avec sa femme, la fille de la mercière[18].

Cette autre représentation de Bozen de l'an 1514 est digne de mention pour deux raisons: elle dure sept jours et est la plus longue en Allemagne, et connaît la première la participation de femmes[19]. Tous les rôles féminins sont confiés à des femmes[20]. Seuls les rôles de la Vierge et des condamnées féminines restent réservés à des hommes, le premier peut-être à cause de sa difficulté, les autres sans doute à cause de leur faible attrait pour les jeunes filles de Bozen. Cette fois-ci, Judas fut joué par le célèbre peintre et régisseur Vigil Raber de Stertzing[21], celui qui après la mort de Benedict Debs poursuivit la tradition théâtrale dans la région.

Le choix des participants dans la population ne suivait pas partout les mêmes règles. Sans doute l'état social était décisif, mais l'agilité d'esprit, la taille, le visage, la voix, etc. importaient[22]. De fait une chose est certaine: toute la ville participait.

Jusqu'ici nous avons parlé presque uniquement des acteurs, mais n'avons encore rien dit des drames. Le drame religieux du moyen âge est un phénomène européen. Nous possédons des textes d'Italie, d'Espagne, de France, d'Angleterre et des pays germanophones. C'est à la fin du premier millénaire que remontent les premiers écrits, c'est entre le XVe et le début du XVIe siècle que fleurit le genre, peu avant que sous l'influence de la Réforme et du concile de Trente les représentations disparaissent pour toujours[23]. En dépit du fait que les auteurs puisaient tous à la même source et qu'ils se copiaient souvent les uns les autres, on trouve néanmoins une diversité étonnante dans les textes.

Le terme "drame religieux" ou "liturgique" désigne une catégorie sous laquelle peuvent être regroupées des choses différentes. Nous connaissons des jeux liés au calendrier comme les jeux de Noël, de la Passion, de Pâques, de la Fête-Dieu. À part ça, nous trouvons des mystères comme le Jeu des Dix Vierges, de Marie-Madeleine, de Jean-Baptiste, de la Papesse Jutta, de Théophile, etc..

La terminologie médiévale n'est pas stricte. Souvent le drame de la Passion est appelé Jeu de Pâques ou bien les deux noms sont employés sans distinction, comme par exemple à Lucerne, où on dit encore vers la fin du XVIe siècle: *der passion oder oster-spil*[24].

Dans une terminologie plus exacte, Jeu de Pâques ne peut désigner que la représentation des faits liés à la résurrection, tandis que le terme Jeu de la Passion aurait un sens plus extensif. Le noyau serait la Passion du Christ, mais cette scène peut être précédée par des scènes de la vie publique de Jésus et même de l'Ancien Testament, et souvent il intègre la résurrection.

Les origines de tous ces drames sont tirées comme on le sait de la liturgie de la résurrection. Les soi-disants Célébrations pascales dont nous connaissons maintenant plus de 900 textes provenant de toute l'Europe centrale et occidentale[25], ont été classées selon le nombre de leurs scènes et selon la composition de ces scènes en trois classes. (La science malheureusement parle toujours de degrés et suggère un modèle d'évolution darwiniste qui pour des produits humains est mal choisi). La première classe ne contient que la *Visitatio sepulchri*[26], c'est-à-dire la marche des Trois Marie vers le tombeau où elles veulent oindre le corps du maître et où elles rencontrent l'ange; la deuxième classe contient de la prose rythmique et représente en plus la course des apôtres Pierre et Jean vers le tombeau vide d'où ils rapportent les *linteamina*, les linges, comme preuve de la résurrection — cette

donne le rôle de Notre-Dame, soit à un jeune prêtre, soit à un garçon de bonne taille, de voix douce, de gestes pudiques *et inculpatae vitae;* item qu'on choisisse pour les rôles des apôtres et des patriarches aux limbes autant que possible des prêtres à cause du chant. — Les acteurs possibles avaient à subir un examen: celui qui demande le rôle de Jethro est trop petit et ne parle pas bien; Andreas Meyer parle parfaitement bien et serait à employer dans un rôle plus important. Cf. Renward BRANDSTETTER, *Regenz,* pp. 28-29.

23. Cf. H.C. GARDINER, *Mysteries' End. An Investigation of the Last Days of the Medieval Religious Stage,* New Haven, 1946.

24. Au Sud de l'Allemagne, en Suisse et au Tyrol, le nom Passion (=jeu de la passion) est normalement du genre masculin.

25. Ils sont publiés par Walther LIPPHARDT.

26. Elle contient, dans l'édition de LIPPHARDT, 514 textes, dont 86 comme tropes à l'Introît de la messe, le reste comme vraie *Visitatio Sepulchri* avant le *Te Deum* des matines de Pâques.

27. Cette classe contient 368 textes provenant de l'Allemagne et de régions qui en dépendent ou sont influencées par elle, comme Aquilée, Cracovie, Cividale, Gjor (Hongrie), Prague; cf. LIPPHARDT, vols. 3 et 4.

28. Nous y trouvons 37 textes provenant de l'Angleterre, l'Allemagne, la Bohème, la Hongrie et la France; cf. LIPPHARDT, vol. 5.

29. Publié par Constantius DE TISCHENDORF, *Evangelia apocrypha*, IIe éd., Leipzig, 1876.

30. Cf. le *Ludus, immo exemplum, dominice resurrectionis* de Seckau, dans le *Codex Buranus* (Munich, Staatsbibliotek, ms. lat. 4660a), dans Alphons HILKA und Otto SCHUMANN, vols. 1 et 3, p. 142.

31. Cf. YOUNG, 1, pp. 102-104.

deuxième classe ne se trouve qu'en Allemagne[27], la troisième contient en plus, ou au lieu de la course, la scène du *ortulanus*, la rencontre de Marie-Madeleine avec le Christ vivant qu'elle croît tout d'abord être le jardinier[28].

Mais il serait faux de considérer les textes de la première classe comme primitifs et antérieurs et les autres comme postérieurs et plus élaborés. Les premiers se trouvent à toutes les époques: c'est la forme la plus liturgique, et du point de vue de la théologie, la moins dangereuse. Tout ce qui dépasse ces trois scènes n'est plus Célébration pascale, mais Jeu de Pâques.

Il y a surtout deux scènes qui par la suite sont devenues importantes en Allemagne: la scène de la descente du Christ aux limbes et la scène du marchand d'onguent.

La première est tirée de l'Évangile apocryphe de Nicodème[29], dont l'essentiel est entré aussi dans le Credo apostolique: «il descendit en enfer». Cet évangile de Nicodème raconte qu'entre sa mort et sa résurrection, Jésus se rend aux portes de l'enfer, qu'il en força l'entrée et qu'il libéra les patriarches de l'Ancien Testament.

Dans beaucoup de jeux sinon dans tous, cette scène est représentée, mais elle a changé de place. Elle se trouve, contrairement au symbole apostolique, non pas avant, mais immédiatement après la résurrection. Ce fait n'est pas difficile à expliquer, le public aurait mal compris que l'envahisseur de l'enfer fût toujours mort et qu'il dût ressusciter plus tard. Jésus arrive devant les portes; les âmes à l'intérieur chantent le *canticum triumphale:* «Advenisti desiderabilis, quem expectabamus in tenebris etc.»[30], mais les diables barrent la porte. Jésus chante trois fois: «Tollite portas, principes vestras...» — les répons que nous connaissons du rite de la dédicace de l'église[31] — les diables posent trois fois la question: «Quis est iste rex gloriae». Et après cela, Jésus franchit les portes, les diables hurlent, Lucifer est enchaîné, le Christ repart avec les âmes bienheureuses. Maintenant Lucifer s'ennuie dans son enfer vide et il décide de continuer la guerre contre Dieu. À cette fin il envoie ses sous-diables dans le monde à la chasse aux âmes.

Les diables à la chasse des âmes, dans une illustration grotesque de bas-de-page. *Livre d'Heures* de la France du Nord, premier quart du XIVe s.; ms. Baltimore, Walters Art Gallery, 90, f. 194v.

D'un seul trait nous voilà passés de cet événement historique qu'est la rédemption au quotidien médiéval, de l'enfer directement au marché de la ville où se joue le drame. Satan et les autres diables — leurs noms varient selon les jeux[32] — courent çà et là en attrapant des âmes qu'ils traînent ensuite devant leur maître. C'est ici que nous trouvons un élément populaire ou bourgeois dans les jeux: la satire professionnelle.

Parmi les drames que j'ai examinés, j'en ai trouvé dix qui contiennent cette satire professionnelle[33]. Il y a toujours les mêmes pauvres pécheurs qui apparaissent: le meunier et le boulanger dans huit jeux, l'usurier, le cabaretier, le cordonnier et le tailleur dans sept jeux, le clerc et la femme dans six, le charcutier, l'avocat et le paysan dans quatre, le tisserand et le brigand dans trois, le joueur dans deux, le maçon et le forgeron dans un seul jeu[34].

32. Dans le jeu de Redentin, par exemple: *Satanas, Astrot, Lepel, Noytor, Tutevillus, Puk Belsbuc, Krumnase, Belyal, Lykketappe, Funkeldune.*

33. Voir Rolf Max KULLY, *Die Ständesatire in den deutschen geistlichen Schauspielen des ausgehenden Mittelalters,* Berne, Francke Verlag, 1966.

34. KULLY, *op. cit.,* p. 136.

La première chose à observer est le fait que cette liste de pauvres pécheurs n'a sûrement rien à voir avec la danse macabre, où la série commence par le pape et l'empereur en descendant les classes sociales jusqu'au mendiant aveugle avec son petit chien[35]. Au contraire, on ne trouve normalement dans la satire professionnelle que des artisans bourgeois; car l'avocat et le paysan ne sont représentés que dans une seule région, le Tyrol.

Que parmi les représentants des différents métiers on trouve aussi la femme, est une chose qui pourrait nous étonner. La satire professionnelle est élargie à une satire d'états humains: la femme est présentée comme dangereuse et corruptrice pour l'homme. Le traitement de Lucifer à son égard est différent selon les circonstances: une jeune fille séduisante qui a mené une vie plutôt gaie est renvoyée dans le monde parce qu'elle a commis ses péchés en accordant ses faveurs à des garçons courtois, mais aussi parce que c'est à cet endroit-là qu'elle contribuera le mieux à l'empire infernal[36]. De même la vieille dame d'un drame de Brixen qui, dans sa jeunesse, était séductrice et plus âgée, magicienne et entremetteuse, est renvoyée pour continuer ses pratiques néfastes[37]. Une autre cependant aura l'occasion de calmer un peu ses ardeurs dans les flammes de l'enfer avant de devenir la maîtresse du diable[38]. En général Lucifer traite les femmes avec sympathie et beaucoup d'égards chevaleresques.

Toutes les autres âmes masculines au contraire sont condamnées à la peine infernale. Lucifer se montre parfois très inventif en distribuant les punitions. L'usurier sera cuit[39]; le brigand boira du soufre et se remplira l'estomac de poix[40]; le boucher sera embroché comme un rôti de boeuf[41]. J'ai dit toutes les autres âmes. Il y a cependant une exception: le clerc, c'est-à-dire le chapelain, le prêcheur, l'étudiant ou le copiste, en un mot: l'érudit. Dans le Jeu de la Passion de Vienne, *l'anima monachi* s'accuse comme suit:

35. Comme, par exemple, dans la fameuse ''Mort de Bâle'', autrefois aux murs intérieurs du cimetière des Prêcheurs, détruit en 1805. Des copies se trouvent au musée historique de Bâle.

36. *Erlauer Magdalenenspiel,* vv. 228-243.

37. *Brixener Passion,* vv. 4564-95.

38. *Pfarrkirchers Passion,* vv. 4273-90.

39. *Wiener Passionsspiel,* vv. 189-218.

40. *Wiener Passionsspiel,* vv. 253-78.

41. *Haller Passion,* vv. 2155-71.

Les étages de l'enfer, d'après une illustration de l'*Hortus deliciarum*, d'Herrade de Landsberg. École allemande du XIIe s.; copie de l'original, disparu dans l'incendie de la Bibl. Municip. de Strasbourg (1870).

Gnâde, hêrre Lucifer!
ich waz ein kundiger prediger
dez morgens vor der porte.
als ich die pîhte hôrte
der iungen nunnen unt der frowen,
(ez ist wâr enrehten treuwen!)
ich greif an ir hendelîn,
ouf riht sich der eilfte vinger mîn:
ich fuerte sie in mîn zelle,
ich sprach, iz wêre mîn geselle.
alsô lebt ich in dem orden:

dez bin ich alsô worden,
daz mîn nimmer mêr wirt rât.
ôwê daz ich ie wart (vv. 219-232).

Grâce, Seigneur Lucifer!
J'étais un prêcheur expérimenté.
Le matin devant la porte
pendant que j'écoutais la confession
des jeunes soeurs et des femmes
(je dis la vérité)
je les saisis par leur menotte
alors se dressait mon onzième doigt.
Je la menais dans ma cellule,
j'expliquais que c'était mon copain.
C'est ainsi que je vivais dans l'ordre
et que je suis arrivé à ce point
qu'on ne pourrait plus m'aider.
Miséreux que je suis d'avoir vécu.

Mais c'est ici que nous trouvons souvent une espèce de *salto mortale*. Dans plusieurs jeux[42], le clerc n'est pas accepté dans l'enfer. Il est tellement impudent qu'il ne respecterait même pas la mère de Lucifer: ainsi, dit celui-ci, nous serions tous des bâtards[43].

Pendant le moyen âge, les clercs avaient toujours une renommée assez flatteuse pour leur aptitude aux jeux amoureux. Je ne cite que le petit poème latin anonyme de Phyllis et Flora[44], de ces deux princesses dont l'une est amoureuse d'un chevalier, l'autre d'un clerc. Comme elles ne trouvent pas de solution à leur dispute, elles s'adressent à Amor comme dernière instance.

Amor habet iudices, Amor habet iura
Sunt Amoris iudices Usus et Natura.

Et ces deux juges, l'Usage et la Nature, décident, que le clerc est le meilleur amant.

Secundum scientiam et secundum morem
ad amorem clericum dicunt aptiorem.

Mais il y a encore une autre exception remarquable. Dans le jeu de Pâques appelé de Redentin 1464[45], mais qui est plutôt de Lübeck, un prêtre est libéré, bien qu'il ne soit pas un danger pour la mère de Lucifer. Lui aussi est un gars peu recommandable, un buveur, un pilier de

42. *Innsbrucker O-sterpiel, Erlauer Magdalenenspiel* (deux écoliers et un copiste), *Wiener Passionsspiel.*

43. *Innsbrucker Os-terspiel*, vs. 506: Wir musten alle kebeskinder sin!

44. Cf. Stephen GASELEE, *The Oxford Book of Medieval Latin Verse*, 4ème éd., Oxford, Clarendon Press, 1952, pp. 76-87.

45. Publié par Richard FRONING, *Das Drama des Mittelalters*, pp. 123-98. Une édition plus récente de Willy KROGMANN a normalisé le texte.

cabarets qui le matin ne peut se lever et qui n'aime pas les gens de sa paroisse. Mais il doit être renvoyé parce qu'il conjure le diable au nom du Christ et parce qu'il a toujours vécu, même pécheur, dans la croyance absolue *dat got jo weldegher wen de duvel is,* «que Dieu est plus puissant que le diable». Ceci se passe 53 ans avant la publication des thèses de Luther. Il s'agit déjà d'une expression du dogme protestant de la justification selon lequel la foi suffit au salut, même sans intervention des saints.

Ce jeu de Redentin se termine par la plainte de Lucifer. Après le départ du curé, le prince infernal est bouleversé à un tel point qu'il accepterait n'importe quelle pénitence si celle-ci lui permettait de regagner le ciel.

> *hir scholde en hoch bom stan*
> *de scholde wesen alzo ghetan:*
> *van afgrunde upgheleydet*
> *unde myt scharpen schermessen ummecley-*
> > *det,*
> *de scholden to beyden enden snyden*
> *den wolde ik up unde nedder riden*
> *wente an den junghesten dach!*

S'il devait se dresser ici un arbre immense
fait de la façon suivante
venant des abîmes
et entouré de lames de rasoir
coupant des deux côtés
j'accepterais d'y grimper, de monter et de descendre
jusqu'au dernier jour.

L'autre scène dite profane, celle du marchand, s'est développée à partir de la *visitatio*. Dans certaines célébrations déjà, nous trouvons une strophe, dans laquelle les Trois Marie, avant de se rendre au tombeau, s'adressent à un *mercator* pour acheter de l'onguent[46]. Ce détail est devenu une scène très caractéristique d'une vingtaine de textes allemands[47]. Le nombre de vers de cette scène du marchand varie entre quelques-uns et environ 500, comme par exemple dans le jeu de Pâques d'Innsbruck, où la scène du marchand

46. Cet élément se trouve déjà dans certaines Célébrations, comme dans celles de Prague (nos 802 et 805 de l'édition de LIPPHARDT).

47. Elle se trouve non seulement en rapport avec la *Visitatio,* mais aussi en relation avec la vie mondaine de Marie-Madeleine. Dans la passion de Benedictbeuren par exemple, *Maria Magdalena in gaudio* chante les vers:
Marchand, donne-moi la couleur
Qui rougira ma joue.
Afin que je force les jeunes gens
Même contre leur volonté
à l'amour (vv. 35-39).

occupe la moitié du drame. Comme personnages,
nous y trouvons non seulement les Trois Marie
et le marchand, mais aussi la femme du marchand, son serviteur Rubin, sa servante et les
deux employés de Rubin: Pusterbalck, puis Las-
terblack. On a considéré cette scène comme la
meilleure comédie allemande du moyen âge[48], et
non sans raison. Tout est conçu pour les effets
théâtraux, des plaisanteries, des pointes, des
scènes de comique de situation; des grossièretés et
des obscénités s'y trouvent en abondance. Ces
quelques citations vont nous en donner une
meilleure idée. Le marchand, qui est aussi
médecin, a cherché un serviteur, et c'est Rubin
qui, sortant du public, se présente:

48. BÄSCHLIN, p. 50.

> *Rubyn dicit:*
> *Ich bin gar eyn getruwir knecht:*
> *czu frawen dinste fuge ich recht.*
> *wult ir mir sin dancken,*
> *ich czy mit uch kegen Francken*
> *mit vwir frawen kapeltreten,*
> *ich helf ir ouch den flachz geten*
> *vnd dar czu dy man ryben,*
> *als man tut den jungen wiben.*
> *czu Francken han ich vil gelogen,*
> *czu Beygern han ich vil lute betrogen:*
> *wult ir mit mir durch dy lant,*
> *wir werden beyde geschant* (vv. 548-559).

Je suis un serviteur très fidèle
très apte au service des femmes.
Si vous me rendez grâce,
je vous accompagnerai vers la Franconie
j'irai avec votre femme dans la chapelle,
je l'aiderai à sarcler le lin
et lui frotterai la crinière,
comme on le fait aux jeunes femmes.
En Franconie, j'ai beaucoup menti,
en Bavière, j'ai trompé beaucoup de gens;
si nous allons ensemble à travers le monde,
nous serons déshonorés tous les deux.

Nonobstant la dernière remarque, il est accepté
comme serviteur et doit maintenant faire de la
propagande pour son maître; après avoir décrit
son personnage il dit:

dy blinden macht er sprechen,
dy stummen macht er essen.
her kan czu erstige alzo vil
alzo eyn esel czu seytenspil! (vv. 650-654)

Il fait parler les aveugles
il fait manger les muets.
Il connaît la médecine aussi bien
qu'un âne les accords de la lyre.

Plus tard, il obtient l'ordre de préparer des médicaments, mais il passe son temps à discuter avec le public.

> *Mercator dicit:*
> *Rubin, laz din klaffen sin*
> *vnd stoz mir dy worcze myn!*
>
> *Rubin dicit:*
> *Daz thon [ich,] herre, alczuhant*
> *mit myner rostigen hant.*
>
> *Rubin terit in via.*
> *Mercator dicit:*
> *Rubin, stampes du dy worcze?*
>
> *Rubin dicit:*
> *Neyn, herre, ich stampphe essels furcze!*
>
> *Mercator dicit:*
> *So nem abe dy hulssen*
> *vnd wirff sy vnder dy aldin wib, daz* [sy]
> *lassen ir pulssen!*
>
> *Rubin dicit:*
> *Seht, ir alden czygen,*
> *(da mit sy uch genegen),*
> *set, ir alden hellekrucken*
> *(der tufel huck uch vff den rucke!),*
> *ya syt ir alle bose*
> *vnd last nicht vwer gekose!*
>
> *Mercator dicit:*
> *Rubin, liber Rubin,*
> *was stamphestu czu der salben myn?*
>
> *Rubin dicit:*
> *Herre, habet guten mut!*
> *dy salbe wert in der masse gut:*

da quam czu daz getummele von eyner
brucken,
daz smalez von [eyner] mucken,
vnd daz blut von eynem schlegele,
daz geherne von eynem flegele,
vnd der grossen glocken klangk,
vnd waz der kucket hure gesanck,
vnd eynes alden monches fist.
hey, hey, wy gut der czu der salben ist!

Mercator:

Rubin, tais-toi
et broie les racines.

Rubin:

Je suis en train de le faire, seigneur,
avec ma main vigoureuse.

Mercator:

Rubin, est-ce que tu broies les racines?

Rubin:

Non, seigneur, je broie des pets d'âne.

Mercator:

Alors prends-en les peaux
et jette-les aux vieilles femmes
pour qu'elles abandonnent leur bouillie.

Rubin:

Tenez, vieilles chèvres,
(ainsi je m'incline devant vous)
tenez, vieilles béquilles infernales
que le diable vous emporte sur son dos.
Oh! que vous êtes méchantes
De ne jamais vous taire.

Mercator:

Rubin, cher Rubin
que mets-tu dans mon onguent?

Rubin:

Seigneur, ne vous inquiétez pas
l'onguent sera excellent:
j'y ai mis le tumulte d'un pont,
la graisse d'un moustique,
le sang d'un maillet,
le cerveau d'un fléau,
le son de la grande cloche,

la chanson du coucou de cette année
et le pet d'un vieux moine.
Hai, hai que ça sera bon pour cet onguent.

La pièce burlesque est interrompue par les Trois Marie qui, chantant les vieux textes latins de la *visitatio*, viennent acheter l'onguent. Selon l'opinion de sa femme, le marchand le vend trop bon marché, mais sa remarque lui attire des gifles. À la fin, pour ne pas allonger la description, le marchand s'endort, et Rubin s'enfuit avec la femme et les biens de son maître.

Il peut paraître étonnant que j'aie insisté sur ces deux scènes alors qu'elles évoquent si peu la spiritualité du moyen âge et la solennité des grands mystères. Peut-être avez-vous même été étonnés d'apprendre que de telles scènes figuraient dans des drames religieux. Il y a des gens respectables qui se sont étonnés avant vous. Je l'ai fait pour deux raisons: pour vous présenter ce côté moins connu du moyen âge et pour soulever quelques problèmes généraux.

Pendant les quatre siècles qui nous séparent du moyen âge, les idées ont changé. Ce qui semblait sans doute naturel et ne poser aucun problème à une certaine époque devenait en d'autres temps sujet d'émoi. Beaucoup de lecteurs restaient perplexes devant le fait que l'homme médiéval avait accepté un mélange de "spirituel" et "séculier" dans le même texte. Mais déjà les termes "spirituel" et "séculier", comme contraires, laissent soupçonner que nous nous trouvons dans des courants d'idées plus baroques que médiévaux, car selon notre connaissance de la littérature, nous ne trouvons pas cette antinomie au moyen âge qui se dirige toujours vers le ciel[49].

Les philologues qui s'occupaient des drames étaient partis de l'idée qu'au début les jeux latins étaient purement religieux, que leur traduction en langues vernaculaires avait ouvert le chemin à certains éléments séculiers et que ces derniers avaient peu à peu envahi, voire même étouffé les

49. Il y a cependant des oeuvres non religieuses comme, par exemple, certains romans courtois. Mais leur sécularité n'est jamais opposée à la spiritualité chrétienne; elle ne s'y intéresse pas.

parties spirituelles. Maintenant on essayait d'expliquer ce résultat et on l'attribuait à des facteurs différents.

Alfred Bäschlin (1929) donna une explication sociologique simpliste: «La grande responsable de cette dépravation du bon goût qui se manifeste ici de façon si inquiétante, c'est la bourgeoisie»[50].

Erich Krüger (1931) y trouva simplement l'expression d'une "piété plus rude", c'est-à-dire d'une religiosité qui pouvait réunir beaucoup d'éléments à nos yeux disparates et incompatibles les uns avec les autres[51].

Robert Stumpfl (1936), par contre, partait de la science des traditions populaires et trouvait dans les parties profanes, mais aussi dans les scènes religieuses là où elles s'éloignent de la lettre de l'évangile, des survivances de rites germaniques pré-chrétiens. Dans la mesure où par excès idéologique il trouvait de ces reliques germaniques partout, ce domaine de recherche devint à ce point suspect qu'il fut soigneusement évité par les chercheurs pendant plusieurs dizaines d'années.

Une quatrième thèse qui revient de temps à autre dans la littérature scientifique et qui récemment a été réchauffée et resservie à satiété jusqu'à l'ennui est celle des *clerici vagantes* ou goliards. Bäschlin déjà avait cru à la participation à la scène du marchand et il avait formulé sa conviction de la façon suivante: «Nous avons vu que la farce du marchand exige des talents mimiques de l'acteur. Surtout Rubin frétillant et qui a la répartie prompte n'a pu être représenté dans aucun drame bavarois-autrichien par un dilettante: seul un bouffon ingénieux et agile, un jongleur ou à la rigueur un étudiant ingénieux et agile peut entrer en considération pour un tel rôle (...) Sans l'aide des mimes les organisateurs ecclésiastiques et bourgeois de farces de marchand n'auraient pas pu se tirer d'affaire car le jongleur seul sait faire la culbute conformément aux règles de l'art, lui seul maîtrise en même

50. P. 94.

51. Erich KRÜGER, *Die komischen Szenen in den deutschen geistlichen Spielen des Mittelalters*, diss. Hambourg, 1931, cité d'après Robert STUMPFL, Berlin, 1936, p. 58.

temps les talents du parler comique et du geste drôle»[52].

Wolfgang F. Michael (1971) va encore plus loin en attribuant chaque épisode qui ne semble pas conçu pour une réunion de parents d'un lycée de jeunes filles[53], à des «vagabonds gais et sans manières»[54], à «la pétulance et la joie folle des vagabonds»[55], et il trouve dans le Jeu d'Innsbruck «une expression directe et fraîchement obscène *(frischzotig)* de la gaité de vivre goliardique *(vagantisch)*»[56], etc.

La nécessité d'être résident qui, de nos jours dans des régions traditionalistes, est la condition de la crédibilité, était encore plus forte au moyen âge où les règles du rang étaient plus strictes. On comprendra alors qu'on n'aurait sûrement pas engagé pour collaborer à une entreprise prestigieuse pour toute la ville des vagabonds dont personne ne connaissait l'origine, dont on ignorait la formation et la compétence. Dans sa forme extrême, la théorie des vagabonds doit être rejetée pour l'Allemagne.

Une autre solution à ce dilemme a été proposée récemment par Rainer Warning (1974). Prenant comme point de départ le livre de Stumpfl, mais sans en revendiquer toutes les conclusions extrêmes, il constate qu'entre les scènes purement bibliques et toutes les autres il existe une différence, celle qui sépare *kérygma* de *mythos*[57]. Chaque mythe selon lui repose sur un rite, et par conséquent toutes les scènes non-kérygmatiques doivent être expliquées en faisant appel à un rite, naturellement pré-chrétien[58]. Dans le Jeu de Pâques se manifeste alors non seulement la résurrection du Seigneur, mais aussi une fête printanière en l'honneur de la végétation renaissante. Le vieux marchand d'onguents dont la femme souhaite qu'il ne vive pas jusqu'à la fin de l'année est par conséquent le dieu mourant de l'an[59], tandis que le Christ ressuscité qui apparaît à Marie-Madeleine comme jardinier est le jeune dieu vivant de l'an[60].

52. BÄSCHLIN, p. 97.

53. Cette comparaison est tirée de mon compte-rendu du livre, dans *Wirkendes Wort,* 25 (1975), pp. 270-71.

54. P. 75.

55. P. 90.

56. P. 165.

57. «Das geistliche Spiel wird so tendenziell zur Veranstaltung einer monumentalen Remythisierung der Heilsgeschichte. Es spielt diese Geschichte zurück in jene Dimension, gegen die sich ihr Kerygma einst konstituiert hatte: die biblischen Heilstaten sind in ihm mythisch-archetypisch prasent»: Rainer WARNING, *Funktion und Struktur. Die Ambivalenzen des geistlichen Spiels,* Munich, Wilhelm Fink Verlag, 1974, p. 31.

58. Il se fonde ici sur l'interprétation de l'école de Cambridge, surtout sur Harrison. Cf. pp. 13-14.

59. «Hinter dem Motiv des impotenten *alden man* aber steht der sterbende Jahresgott» (p. 81).

60. «Dieser Jesushortulanus bleibt zweiwertig, ambivalent, er ist der christliche Auferstandene und gleichzeitig der pagane Jahresgott, den der Garten, da der begraben wurde, zur österlichen Zeit, zur Zeit des frühlingshaften *ôstarûn* wiedergebiert» (p. 93).

Les explications de Warning sont fascinantes à plus d'un titre: je ne peux toutes les rappeler, mais on voit immédiatement le danger de son explication diachronique. Personne ne niera la possibilité de l'influence de rites païens. Il faut cependant restreindre ce lien par une objection méthodologique: si nous acceptons la primauté de la synchronie sur la diachronie, ce qu'on fait aujourd'hui si je ne me trompe pas, nous sommes obligés de considérer chaque drame comme corpus fini, qui doit d'abord être expliqué pour lui, je dirais par une interprétation immanente. Et ce qui nous intéresse, c'est la fonction des éléments et non leur provenance[61]. Il faut en plus se poser la question suivante: où, par la grâce de Dieu, en Europe centrale, aux XVe et XVIe siècles, aurait-on pu avoir la chance de trouver des survivances païennes au sens propre du mot. Ces bourgeois de Bozen, de Francfort, de Lucerne, qui participaient aux grandes représentations, étaient sans doute de bons chrétiens comme leurs parents, grands-parents et ancêtres depuis plus de cinq siècles. Et même si l'on pouvait encore trouver des pratiques non-ecclésiastiques un peu suspectes, ces pratiques étaient considérées comme diaboliques plutôt que païennes.

Il est pourtant impossible de fermer les yeux sur le fait que l'Église a toujours aimé stigmatiser toute déviation de ses normes comme hérétique et païenne. Les réserves d'un Gerhoh von Reichersberg (1093-1169) contre les jeux liturgiques, pour ne nommer qu'un seul homme d'Église, sont assez connues[62], mais on ne doit pas les interpréter en lisant entre les lignes des choses qu'il n'a pas dites et par conjecture en tirer les conclusions que ces gens-là avaient introduit en contrebande de vieux rites païens dans le contexte chrétien[63]. Car le païen et le juif baptisés ne sont plus ni païen ni juif, mais des chrétiens; le lieu d'un ancien temple païen, s'il est consacré comme église, est devenu un endroit chrétien et le rite pré-chrétien intégré

61. Ces remarques n'enlèvent rien à la valeur des recherches sur le folklore qui s'interrogent sur des points que ne traite pas l'exégèse littéraire.

62. Cf. *Libri tres de investigatione Antichristi*, dont les paragraphes pertinents sont cités chez Karl YOUNG, vol. 2, pp. 524-25.

63. GERHOH parle du diable, de l'antéchrist, de Hérode, mais ne mentionne pas de survivances païennes.

dans un mystère chrétien cesse d'être une survivance païenne.

Si on examine sans passion ces objections de l'Église, elles signifient simplement que certains représentants de la hiérarchie ecclésiastique voyaient dans les spectacles quelques dangers, ce qui ne fut pas aperçu par tout le monde. Si ce n'était pas vrai, comment pourrait-on expliquer le fait qu'au début de leur existence, les jeux se trouvaient presque exclusivement dans les mains du clergé et que la participation abondante d'hommes d'Église est attestée jusqu'à la fin du XVIe siècle? Mais il s'agissait de pasteurs qui étaient plus impliqués dans le travail pastoral que concernés par la théologie scientifique. Leur propre théologie était grossière et répondait aux besoins quotidiens; elle était probablement plus proche des idées de leurs brebis que de leurs supérieurs. Normalement ces gens n'écrivent pas de livres et pour cette raison leurs convictions ne nous sont accessibles que par la science des traditions populaires. Mais cette science qui essaie d'expliquer les origines des us et des coutumes — plus vieux, plus précieux, plus païen, plus original — n'a pas aidé à distinguer nettement entre le phénomène d'une religion savante ou théologique et d'une religion populaire qui n'est plus la nôtre.

Nos sentiments religieux, aujourd'hui, sont largement inspirés par le protestantisme qui a transformé avec un soin bien allemand de la perfection l'Église médiévale. Le concile de Trente, réponse catholique à la provocation luthérienne, a permis à l'Église de s'affranchir de beaucoup de ses soi-disant fautes et d'éliminer beaucoup de choses (par exemple les tropes) qui appartenaient à la dévotion et à la pratique religieuse avant la Réforme. De plus, nos idées morales sont celles du 19ème siècle et il est imprudent de les appliquer telles quelles à des textes médiévaux. Non seulement la morale, mais aussi l'esthétique s'est transformée et il ne faut pas s'étonner outre mesure de trouver juxtaposées dans un texte ancien des choses que nous séparerions aujourd'hui, parce qu'elles nous apparaissent incompatibles ou offensent notre goût.

Cette situation générale commande donc la prudence. Pour l'explication des "paradoxes" dans le spectacle religieux du moyen âge, il y a encore un autre fait, plus important, à apprécier: le caractère exceptionnel des circonstances où la représentation se déroule. Un mystère n'est pas seulement un service paraliturgique, mais il est, dans le sens le plus général du terme, une fête, et comme la population entière participe, une fête populaire.

Le drame religieux est le coeur d'un état d'exception et d'un apogée de la vie. Dans la célébration comme dans le jeu, l'accord joyeux de l'homme avec tout ce qui existe s'exprime de la façon la plus magistrale. Dans la fête, la liberté à l'égard du monde entier trouve sa forme la plus symbolique. Cette liberté se manifeste dans un traitement prodigue des choses et dans un élan désintéressé et gratuit des hommes les uns envers les autres. «La vie ordinaire est arrêtée. Des repas, des festins et toutes sortes d'extravagances se succèdent pendant la durée de la fête (...) et il sera presqu'impossible de bien distinguer entre l'ambiance de la fête en général et l'émotion causée par le mystère central»[64]. À ce point de vue, il faut considérer comme un tout la représentation du ressuscité et les scènes "profanes" partiellement grossières et obscènes du jeu des diables ou du marchand. Pour les fidèles, le Christ ressuscité est le sauveur qui a vaincu l'enfer et la mort et non un dieu païen de l'année, tué comme marchand et réveillé comme jardinier. Le marchand, sa femme, Rubin, font partie de la création comme le diable et le plus grand jour de l'année ecclésiale les rassemble tous dans l'animation générale de la fête.

64. Johan HUIZINGA, *Homo ludens*, p. 28.

La pastorale se rendit toujours compte de la charge qu'elle pouvait sans exagérer imposer aux fidèles. De la même façon qu'elle tolérait avant le carême une période de licence, elle permettait et encourageait le jour même de la résurrection avec le *risus paschalis* rituel le retour de la gaieté, une joie de la fête que la plus pauvre paroisse pouvait se payer. Je me permets pour terminer de citer encore une petite note sur ce *risus paschalis,* parce qu'elle peut éclairer encore une fois tous les problèmes mentionnés: «Le jour de la résurrection est célébré solennellement et somptueusement avec de l'orgue, des flûtes et des chants, avec l'encens et l'exposition de toute sorte d'apparât de l'église. Comme nous nous sommes mortifiés et affaiblis le corps par le carême et surtout par la privation et la tristesse de la semaine sainte, les prêcheurs ont coutume de raconter dans leur sermon une farce ridicule ou une fable amusante, ce qu'on appelle le Jeu de Pâques, une histoire qui se raconterait mieux dans la taverne des jeunes gens. C'est pour inciter les âmes tristes à laisser leur tristesse et à se remettre à rire. Dès maintenant, les vieilles malices qu'on avait supprimées pendant un temps de piété forcée recommencent à se manifester, mais pas encore trop ouvertement et trop impunément, attendant l'Ascension du Christ, son départ et son absence de notre terre qui l'empêchera de regarder notre méchanceté»[65].

65. Johannes KESS-LER, *Sabbata*, pp. 53-4 (=ZEHNDER, pp. 192-3).

OEUVRES CONSULTÉES

1. *Textes*

Benediktbeurer Passionsspiel; voir HILKA - SCHUMANN, vols. 1 et 3.

Berliner Osterspiel; voir RUEFF.

Bozener Passion; voir WACKERNELL, pp. 1-276.

Brixener Passion; voir WACKERNELL, pp. 351-431.

Egerer Fronleichnamsspiel; voir MILCHSACK.

Erlauer Magdalenenspiel; voir KUMMER.

Frankfurter Dirigierrolle; voir FRONING, pp. 436-474.

Haller Passion; voir WACKERNELL, pp. 277-349.

Innsbrucker Osterspiel; voir HARTL, vol. 2, pp. 120-189; MEIER, pp. 3-111.

Luzerner Osterspiel; voir WYSS.

Pfarrkirchers Passion; voir WACKERNELL, pp. 1-276.

Redentiner Osterspiel; voir FRONING, pp. 107-198; KROG-MANN; SCHOTTMANN.

Wiener Passionsspiel; voir FRONING, pp. 302-324.

2. *Choix d'éditions et d'études critiques*

Jakob BAECHTOLD, *Geschichte der Deutschen Literatur in der Schweiz,* Frauenfeld, J. Huber, 1887.

Alfred BÄSCHLIN, *Die altdeutschen Salbenkrämerspiele,* diss. Bâle, 1929.

Helmut DE BOOR, *Die Textgeschichte der lateinischen Osterfeiern,* Tubingue, Max Niemeyer, 1967.

Curt F. BÜHLER et Carl SEMLER, *The Melk Salbenkrämerspiel. An Unpublished Middle High German Mercator Play,* dans *PMLA,* 63 (1948), pp. 21-63.

M.B. EVANS, *The Passion Play of Lucerne. A Critical Edition of the First Episode,* dans *The Germanic Review,* 2 (1927), pp. 93-118.

M. BLAKEMORE EVANS, *Beteiligung der Luzerner Bürger am Passionsspiel,* dans *Der Geschichtsfreund,* 87 (1932), pp. 304-35.

M. BLAKEMORE EVANS, *The Passion Play of Lucerne. An Historical and Critical Introduction,* New York, The Modern Language Association of America — Londres, Oxford University Press, 1943.

Richard FRONING, *Das Drama des Mittelalters. Die lateinischen Osterfeiern und ihre Entwicklung in Deutschland; Die Osterspiele; Die Passionsspiele; Weihnachts - und Dreikönigsspiele; Fastnachtspiele,* herausgegeben von R.F., Stuttgart, 1891/92; 2ème édition, Darmstadt, Wissenschaftliche Buchgesellschaft, 1964.

Eduard HARTL, *Das Drama des Mittelalters* (=Deutsche Literatur... in Entwicklungsreihen, Reihe Dramen des Mittelalters), Leipzig, 1942; 2ème édition, Darmstadt, Wissenschaftliche Buchgesellschaft, 1964.

Alfons HILKA et Otto SCHUMANN, *Carmina Burana*, mit Benutzung der Vorarbeiten Wilhelm MEYERS kritisch herausgegeben von A.H. und O.S., vols. 1 et 3: *Die Trink - und Spielerlieder — Die geistlichen Dramen.*, Nachträge herausgegeben von O.S. und Bernhard BISCHOFF, Heidelberg, Carl Winter, 1970.

Wilhelm KOSCH, *Deutsches Literatur-Lexikon*, begründet von W.K. - Dritte, völlig neu bearbeitete Auflage herausgegeben von Bruno BERGER und Heinz RUPP, Berne-Munich, Francke, 1968-1972.

Willy KROGMANN, *Das Redentiner Osterspiel (De Resurrectione)*, Textausgabe von W.K., 2ème édition, Leipzig, S. Hirzel, 1964.

Karl Ferdinand KUMMER, *Erlauer Spiele, sechs altdeutsche Mysterien nach einer Handschrift des 15. Jahrhunderts*, Vienne, 1882.

Walther LIPPHARDT, *Lateinische Osterfeiern und Osterspiele*, 5 vols., Berlin-New York, Walter de Gruyter, 1975-76.

Rudolf MEIER, *Das Innsbrucker Osterspiel — Das Osterspiel von Muri. Mittelhochdeutsch und Neuhochdeutsch*, herausgegeben, übersetzt, mit Anmerkungen und einem Nachwort versehen von R.M. Stuttgart, Philipp Reclam Jun., 1962.

Wolfgang F. MICHAEL, *Das deutsche Drama und Theater vor der Reformation. Ein Forschungsbericht*, dans *Deutsche Vierteljahrsschrift für Literaturwissenschaft und Geistesgeschichte*, vol. 31, Stuttgart, J.B. Metzlersche Verlagsbuchhandlung, 1957, pp. 106-153.

Wolfgang F. MICHAEL, *Das deutsche Drama des Mittelalters*, Berlin-New York, Walter de Gruyter, 1971.

Gustav MILCHSACK, *Egerer Fronleichnamsspiel* (=Bibliotek des litterarischen Vereins in Stuttgart, 150), Stuttgart, 1881.

Louis PETIT DE JULLEVILLE, *Histoire du théâtre en France. Les Mystères*, 2 vols., Paris, Hachette et Cie., 1880.

Karl Konrad POLHEIM, *Weitere Forschungen zu den Oster-und Passionsspielen des deutschen Mittelalters. Ein Bericht*, dans *Zeitschrift für Deutsche Philologie*, vol. 94, Sonderheft, Berlin-Bielefeld-München, Erich Schmidt Verlag, 1975, pp. 194-212.

Hans RUEFF, *Das Berliner Osterspiel oder Das Rheinische Osterspiel nach der Berliner Handschrift MS. Germ. Fol. 1219.*, herausgegeben von H.R., Berlin, 1925.

Brigitta SCHOTTMANN, *Das Redentiner Osterspiel, mittelniederdeutsch und neuhochdeutsch*, übersetzt und kommentiert von B.S., Stuttgart, Philipp Reclam Jun., 1975.

Luis SCHULDES, *Die Teufelsszenen im deutschen geistlichen Drama des Mittelalters. Versuch einer literarhistorischen Betrachtung unter besonderer Betonung der geistesgeschichtlichen Gesichtspunkte*, Göppingen, Alfred Kummerle, 1974.

Wolfgang STAMMLER et Karl LANGOSCH, *Die deutsche Literatur des Mittelalters; Verfasserlexikon*, Berlin-Leipzig, Walter de Gruyter, 1933-1955.

J.E. WACKERNELL, *Altdeutsche Passionsspiele aus Tirol, mit Abhandlungen über ihre Entstehung, Composition, Quellen, Aufführungen und litterarhistorische Stellung*, Graz, 1897; 2è édition Walluff bei Wiesbaden, Martin Sändig oHG, 1972.

Heinz WYSS, *Das Luzerner Osterpiel*, 3 vols., unter dem Patronat der Schweizerischen Geisteswissenschaftlichen Gesellschaft, herausgegeben von H.W., Berne, Francke, 1967.

Karl YOUNG, *The Drama of the Medieval Church*, 2 vols., 2ème édition, Oxford, Clarendon Press, 1962.

Léo ZEHNDER, *Volkskundliches in der älteren schweizerischen Chronistik*, Bâle, G. Krebs AG, 1976.

Danses populaires. Septembre et octobre, dans *Les noces de village* ou *Les douze mois,* gravures de Hans Sebald Beham, 1546; Galerie nationale du Canada, Ottawa.

XI

Le moyen âge et la culture populaire de la Nouvelle-France: l'exemple de la chanson

Conrad Laforte*
Université Laval

* Cette communication a été préparée avec la collaboration de Benoît Lacroix, notamment pour la partie d'introduction historique générale.

Parmi les différentes manières d'étudier les cultures populaires [1], celle qui consiste à dépister les tracés mystérieux de la mémoire orale et les interférences de l'écrit, n'est pas la moins périlleuse, surtout si on veut s'en remettre à une source unique qui agirait à distance sur plusieurs siècles dans deux pays bientôt séparés, mais à contrecoeur, par le destin: la Nouvelle-France et l'Ancienne, la "France gauloise"[2].

Cette source commune et unique aux deux pays est le moyen âge français[3].

D'où et quand arrivent les premiers colons débarqués en Nouvelle-France? Français, ils sont en majorité d'origines provinciales, venus plus spécialement de Normandie et du Perche. Les études de Marcel Trudel, du Père Campeau et du Père Godbout sont concluantes[4]. Ils sont 296 qui débarquent entre 1608 et 1640; de 1640 à 1660, 964. Déjà en 1663 il y a 3065 colons français en Nouvelle-France. 1945 sont nés au Canada, on est à la deuxième génération franco-canadienne. En 1692, ils seraient 12,431; en 1726, 29,396; en 1739, 42,700; en 1754, 55,000 et en 1765, 69,810 habitants. Sur 404 engagés mobiles qui traversent l'Océan de 1644 à 1659, comptons 106 laboureurs et défricheurs, 25 maçons, 18 charpentiers, 18 soldats ou matelots, 129 de métiers inconnus, etc. Un nouveau peuple, enraciné déjà, de culture moyenne, ni rural encore, ni urbain[5], qui vit ici

1. Voir P. BOGLIONI, *supra*, pp. 11-37.

2. D'après l'intitulé de LESCARBOT: *A-Dieu aux Français retournant de la Nouvelle-France en la France gauloise*, en alexandrins, du 30 juillet 1607. Déjà en 1606, deux ans avant la fondation de Québec, le même Marc Lescarbot, compagnon de Champlain, qui avait séjourné en Acadie, rimait ses *Muses de la Nouvelle-France* (1609): il s'agit du premier recueil de poèmes composé en Nouvelle - France, quoi qu'il faille attendre 1690 pour la première chanson composée sur un événement canadien. Avec L. LA-COURCIÈRE, *Anthologie poétique de la Nouvelle-France. XVIIe siècle*, Québec, Les Presses de l'Université Laval, 1966, pp. 9, 115.

3. Les *Archives de Folklore* (1946-) ne cessent de nous rappeler les origines médiévales de notre culture traditionnelle. Par exemple, vol I, 38-39, pp. 177 ss; II, 14-15, 191 ss; III, 83 ss; IV, 68-75; V-VI, 67 ss (sur le cycle liturgique); VII, 42, 50, 60-61, 69, 84, 87; VIII, 14, 19 ss; IX, 162; vol. X-XIV renvoient à des thèmes et dits de l'époque; XV, 23 ss, 111; XVI, 1, 11, 164, 169; XVII, 5, 9-19, 23, 31, 39,

48-49, 54, 56, 61-66,
110-111, 121, 135-141;
Carmen ROY, dans la
*Littérature orale en Gas-
pésie*, Ottawa, 1955, pp.
111, 114, 136, 178, 183,
197, 201, 215, 226, 231,
236, 240, 249, 286 ss;
J.C. DUPONT, *Héritage
d'Acadie*, Montréal, Le-
méac, 1977, pp. 265 ss, à
propos des cycles liturgiques.

4. Marcel TRUDEL,
*La population du Canada
en 1663*, Montréal, Fides,
1975, pp. 33-53; Lucien
CAMPEAU, *Les Cent-As-
sociés et le peuplement de
la Nouvelle-France, 1633-
1663*, Montréal, Bellar-
min, 1974, 175 pp.; Ar-
change GODBOUT, *Nos
hérédités provinciales
françaises*, dans *Archives
de Folklore*, I (1946), pp.
26-40. Sur la population
du pays, le territoire, les
métiers, la colonisation,
voir *Canada-Québec. Syn-
thèse historique*, éd. D.
VAUGEOIS et J. LACOUR-
CIÈRE, 2e éd., Montréal,
1977, pp. 78 ss.

5. C'est vrai: l'histoi-
re de la culture populaire
en Nouvelle-France n'a
jamais été écrite. Elle ne
sera pas non plus facile à
connaître. Après l'étude
d'Amédée GOSSELIN sur
l'*Instruction au Canada
sous le régime français*,
Québec, 1911, celle sur
*Les lettres, les sciences et
les arts au Canada sous le
régime français* d'Antoine
ROY, publiée à Paris en
1930. Les travaux plus
récents de Marcel TRU-
DEL, de Fernand OUEL-
LET, de Claude GALAR-
NEAU, de l'Abbé YON et
de Louise DECHESNE sur
la présence culturelle de
la France du XVIIe au XIXe
siècle, précisent certains
points de détail, mais une
fois de plus l'oral déborde
l'écrit. Voir notes 4, 7 et
11.

6. Expression de l'é-
poque. V.g. Talon (†1694)
dans sa lettre à Colbert (4
octobre 1665): «Je remets
au retour du vaisseau de
Dieppe à vous informer
pleinement de tous les
avantages que Dieu, pour

autant pour "l'état du Roy" que pour "la gloire de Dieu"[6].

Vint 1760: la majorité de la classe dirigeante regagne la France. Tandis que demeurent au pays quelques seigneurs propriétaires, une petite bourgeoisie de commerçants et les coureurs des bois, les *habitants*, les ruraux, deviennent majoritaires. Ils n'ont pas pour autant perdu la mémoire du fait qu'ils soient devenus citoyens britanniques. Ils ne sont pas encore plus ou moins analphabètes que la population française d'outre-mer[7]. Mais ce sont eux, les habitants, qui, avec les forestiers, vont devenir la mémoire orale du pays; ils se transmettront avec une fidélité étonnante les souvenirs, les habitudes, les coutumes, les croyances, les récits, les contes et les chants d'un commun passé: celui du moyen âge.

Nous n'aurons pas oublié entre-temps que les grands-parents de ces premiers émigrants français de Nouvelle-France étaient nés au moyen âge. Jacques Cartier, le premier, est né en 1491. Il est normal en un sens qu'à cause de la distance, de la conquête et des événements que l'on sait, qu'en l'absence de rapports suivis avec la France à partir de 1760, l'on retrouve ici en Amérique française, chez les ruraux et les forestiers en particulier, une certaine continuité avec le moyen âge. Davantage protégée en somme, la culture traditionnelle s'impose d'autant plus à la Nouvelle-France passée au Canada britannique que le conquérant ne s'y intéresse pas, peu en mesure d'apprécier la "pauvre culture" de cette minorité rurale et forestière sage et soumise[8].

Par la médiation de la Nouvelle-France, cette continuité avec la culture populaire du moyen âge est d'autant plus probable déjà que le Canada français catholique n'a pas subi ces deux éléments de rupture avec le passé médiéval qui s'appellent pour l'Angleterre la Réforme protestante et pour la France la Révolution française. En outre, les nouveaux Français d'Amérique devenus Cana-diens ont gardé leur langue et une religion essentiellement conservatrice qui leur permettent de résister à tout ce qui serait étranger à leur propre passé, à tout ce qui serait anglophone et protestant, les deux étant liés dans les mentalités populaires de la région québécoise.

Aucune imprimerie au Canada sous le régime français. Les quelques livres français qui s'écrivent ici sur le Canada paraissent en France, écrits pour des lecteurs français. En 1825, Bibaud constate que «dans cette province peuplée d'un demi-million d'habitants parlant la langue française, il ne se publie pas, en cette langue, un seul journal littéraire ou scientifique»[9]. Vers 1848, dans les écoles, souvent les écoliers doivent transcrire de leurs propres mains les traités de grammaire et de rhétorique, faute de livres[10]. Surtout nous n'allons pas oublier qu'il existe toujours, de plus en plus même, pour un siècle au moins, un mur bleu mouvant quasi infranchissable: l'Atlantique occupé par une marine étrangère. Dans ce contexte d'isolement culturel, on comprend l'euphorie du peuple québécois quand est arrivée la *Capricieuse,* en 1855: premier bateau français à venir au Canada depuis 1760[11]. Est-ce à dessein que vingt-cinq ans plus tard, le 10 mars 1880, l'abbé Apollinaire Gingras, versificateur à ses heures, intitule sa conférence: *Le Bas Canada entre le Moyen Âge et l'âge moderne?*[12].

Peuple oral avant tout: à cause des événements politiques et militaires qui l'isolent de la grande culture française écrite, à cause des moyens de communication d'autant plus réduits eux-mêmes que les distances sont énormes en Nouvelle-France, que l'hiver invite à la causerie, peut-être aussi à cause de ses origines provinciales, à cause du clergé qui l'entoure et le surprotège, en lui offrant une religion par la médiation orale de la prédication et d'un catéchisme entendu, appris par coeur.

Encore aujourd'hui les folkloristes canadiens recueillent le meilleur des traditions orales chez

sa gloire, et le Roy, pour son Estat, peuvent espérer de ce pays».

7. Cf. Louise DE-CHESNE, *Habitants et marchands de Montréal au XVIIe siècle,* Paris et Montréal, Plon, 1974, pp. 465-470; sur l'analphabétisme en 1663, voir M. TRUDEL, *ibid.,* p. 151, et Fernand OUELLET, *Éléments d'histoire sociale du Bas-Canada,* Montréal, éd. HMH, 1972, pp. 261 ss; Armand YON, *Le Canada français vu de France (1830-1914)* (Vie des lettres québécoises, 15), Québec, Les Presses de l'Université Laval, 1975, 237 pp.

8. Cf. *France et Canada français du XVIe au XXe siècle,* éd. Claude GALARNEAU et E. LA-VOIE, (Les Cahiers de l'Institut d'Histoire, 7), Québec, Les Presses de l'Université Laval, 1966, 324 pp.

9. Citation et contexte empruntés à Auguste VIATTE, *Histoire littéraire de l'Amérique française,* Québec et Paris, Les Presses Universitaires de France et Presses Universitaires de l'Université Laval, 1954, p. 48.

10. *Ibid.,* p. 74.

11. Cf. A. YON, *Le Canada français vu de France,* pp. 25-39.

12. Cf. VIATTE, *ibid.,* p. 101.

les anciens habitants et forestiers, à tous égards leurs premiers informateurs.

De quoi sera faite cette première culture populaire du premier Canada français? De croyances, de coutumes, de proverbes, dictons, mélodies et ritournelles, mais surtout de chansons, de contes, de légendes, de fabliaux et cantiques. C'est du moins l'avis du pionnier des études de folklore en Amérique française, Marius Barbeau (†1969), qui avant de prononcer sa célèbre conférence au banquet annuel de la Société Saint-Jean-Baptiste de Montréal, à l'hôtel Mont-Royal, le 24 juin 1949, sur *La survivance française en Amérique*[13], écrivait dans *Culture* en 1941 à propos de la culture populaire de la Nouvelle-France: «La population du Saint-Laurent, en majorité rurale, possédait une tradition orale, c'est-à-dire, qui se transmettait d'une génération à l'autre, sans passer par l'écriture ou le livre. Là plus qu'ailleurs la tradition française au Canada a toujours excellé».

13. Cf. *Archives de Folklore,* 4 (1949), pp. 67-75.

«Les contes, les chansons, les arts manuels utilitaires, s'y sont conservés mieux que dans l'ancienne mère-patrie, qui évolua rapidement sous l'influence du livre, des guerres et de la Révolution. Québec, plus que la province de France même, reste attachée au passé, le passé obscur de la légende, de la féerie et de la chanson des jongleurs... De l'ensemble de tous ces documents se dégage un arôme d'antiquité, de distinction et de raffinement qui ne peut manquer de surprendre l'observateur. On s'attendait à un art frustre de la part de paysans sans éducation. Loin de là, on trouve partout le sens de la grâce et de la forme. Une conclusion s'impose: le campagnard n'a pas créé ce qu'il conserve si bien; il n'a fait que le conserver. Il a tout simplement hérité d'un riche patrimoine oral et artistique, celui de l'ancienne France. Plus que tout autre il s'en est nourri dans son éloignement. Nos chansons, nos contes et nos arts, aujourd'hui d'apparence rustique, sont authentiques, de source ancienne et de haute lignée. Ils sont dignes de respect, et ils peuvent encore être remis en honneur dans les arts et la littérature».

«C'est sur l'ensemble de ces traditions, y compris la langue et la religion, que repose la survivance dans le Bas-Saint-Laurent»[14].

Parmi tant d'exemples de continuité historique nous nous arrêtons à celui de la chanson traditionnelle. Celle-ci, par ses mots, sa forme, par ses thèmes et ses motifs même, nous rappellera peut-être des archétypes médiévaux. Ainsi la *Bataille de Caresme et de Charnage*.

La Bibliothèque nationale de Paris possède cinq manuscrits, dont quatre sont du XIIIe siècle, de cette parodie des chansons de geste, éditée par Grégoire de Lozinski en 1933[15]. Or, il existe une chanson bien connue de la tradition orale canadienne française dont E. Z. Massicotte a recueilli une jolie version le 27 janvier 1879. L. H. Cantin de Montréal l'avait apprise de son père, Magloire, à Peterborough en Ontario: version orale qui, sur bien des points, rappelle la version transcrite du XIIIe siècle de la *Bataille de Caresme et de Charnage*[16]. Dans les deux "textes", l'oral et l'écrit, il s'agit d'une sorte d'*altercatio*, dispute ou jeu-parti, *fabel*, conte ou dit. Mardi-Gras *glouton et ivrogne* en veut à Carême *pale et blesme*. Carême est défendu entre autres par l'esturgeon, l'anguille, les oeufs, les amandes, des fraises, du beurre, du fromage et du lait. Mardi-Gras, lui aussi, a des soldats qui sont vins et perdrix, pigeons, poulardes, jambons, moutons et cochons, volailles, andouille, saucisse et harengs salés. Cependant, la version orale est beaucoup plus courte que la version écrite. Notre Carême canadien est parfois accompagné ou privé de mets qui n'ont rien à faire souvent avec ceux du moyen âge: je pense à la *morue permise,* à la truite, au chocolat, aux confitures, au coco et au sucre. D'autre part, les animaux militants du Mardi-Gras médiéval sont

14. «Notre tradition, que devient-elle?», dans *Culture,* 2 (1941), pp. 10-11.

15. Cf. *La bataille de Caresme et de Charnage,* éd. LOZINSKI, (Bibliothèque de l'école des Hautes-Études, 262), Paris, H. Champion, 1933, 220 pp. Avec le commentaire de Claude GAIGNEBET, *Le combat de Carneval et de Carême de P. Bruegel (1559),* dans *Annales,* 27 (1972), pp. 313-345.

16. Cf. E.Z. MASSICOTTE, transcription avec notation musicale, dans *Journal of American Folklore,* 32 (1919), p. 32.

plus nombreux que ceux du Canada français. La plus grande adaptation de la tradition orale locale est qu'au Canada catholique le jeûne *strict et généralisé* a haute réputation de vertu: alors, le Carême l'emporte. Au moyen âge, *Caresme* bat en retraite. L'influence profane est plus évidente. Enfin, au lieu d'une guerre entre barons, comme au XIIe siècle, nous avons maintenant affaire davantage à une chicane de beaucerons, qui ne manquent pas de personnalité, qu'à une bataille de chevaliers bien rangés.

Ceci est un premier exemple d'interférence au projet d'une culture orale. D'autres parallélismes sont possibles encore, qui rejoignent non seulement les thèmes communs à la Nouvelle-France et au moyen âge français, mais la forme même de certaines de nos meilleures chansons traditionnelles: il s'agit de la *chanson en laisse.*

Commencé en 1953, notre inventaire des chansons de tradition orale s'est poursuivi tant dans les collections recueillies au Canada, qu'en France, en Belgique et en Suisse. La vue d'ensemble exceptionnelle que nous a donnée l'examen de plus de 70,000 chansons nous a amenés à délimiter parmi le répertoire six grandes catégories de chansons composées d'après les mêmes techniques, c'est-à-dire des poétiques distinctes que nous avons exposées dans *Poétiques de la chanson traditionnelle française*[17].

17. Conrad LAFORTE, *Poétiques de la chanson traditionnelle française,* (Les Archives de Folklore, 17), Québec, Les Presses de l'Université Laval, 1976, IX - 161 pp.

18. Conrad LAFORTE, *Le Catalogue de la chanson folklorique française.* I. *Chansons en laisse,* Québec, Les Presses de l'Université Laval, 1977, CXI-561 pp., (Les Archives de Folklore, 18). Une étude des chansons en laisse paraîtra en 1979: C. LAFORTE, *Survivance de la laisse dans les chansons de tradition orale,* Québec, Les·Presses de l'Université Laval, (Les Archives de Folklore).

L'une de ces catégories est la *chanson en laisse* qui a une structure archaïque médiévale. Dans le premier volume du *Catalogue de la chanson folklorique française.* I. *Chansons en laisse,* on trouvera une bibliographie des plus complètes pour chacune des chansons[18].

Notre répertoire des chansons en laisse comprend 355 chansons-type, en 11,941 versions, totalisant 15,780 références. Elles ont été recueillies dans douze pays dont 6,632 versions au Canada, 4,730 en France, 248 en Belgique, 89 en Suisse, etc.

Nous avons des témoignages de chansons en laisse à tous les siècles, du XIIIe au XXe siècle. Parmi les chansons recueillies au XXe siècle, c'est-à-dire les 355 chansons du *Catalogue,* si nous ne comptons que la version la plus ancienne de chaque chanson-type, nous obtenons les statistiques suivantes:

XIIIe siècle	2 chansons
XIVe	1
XVe	11
XVIe	27
XVIIe	28
XVIIIe	25
XIXe (1800-1851)	35
XIXe (1852-1899)	167
XXe	59

Total: 355 chansons

De ce tableau statistique sont exclues les chansons en laisse antérieures au XVIIIe siècle qui n'ont pas été recueillies au XIXe et XXe siècles. Nous savons, en outre, qu'il s'est composé un nombre assez considérable de chansons en laisse qui n'ont pas eu la faveur de la transmission orale: par exemple, le seul *Manuscrit de Lucques*[19] du XVIe siècle contient à lui seul cent onze chansons en laisse. Quinze, seulement quinze, nous sont parvenues par la voie de l'oral. Le répertoire de la chanson en laisse s'échelonne sur sept siècles et couvre tous les pays francophones. Comme la majorité de ces chansons ont été recueillies après le milieu du XIXe siècle, nous avons relativement peu de versions antérieures. Si les enquêtes avaient pu commencer au moyen âge pour se poursuivre à tous les siècles, nous sommes convaincus que les statistiques seraient inversées: plus on reculerait dans le temps, plus le nombre de chansons-type et de versions serait grand.

Ce n'est pas à des médiévistes que l'on peut apprendre la composition d'une *laisse,* cette série de vers isométriques à assonance identique. Mais reconnaître la laisse dans une chanson que nous

19. *Manuscrit de Lucques,* Lucca, Biblioteca Governativa, ms. 2022, 358 ft. (écrit entre 1567 et 1577).

appelons *en laisse* est tout à fait différent. Surtout lorsque cette chanson est recueillie parmi le peuple aux XIXe et XXe siècles.

Structure

La chanson en laisse possède une structure archaïque à la fois souple et complexe, sorte de structure nucléaire: la laisse constitue, en effet, un noyau central autour duquel gravitent de multiples formules strophiques pour former des versions sans cesse renouvelées. La *laisse* est la forme *fondamentale* tandis que les multiples formules strophiques en sont les formes *secondaires*. La laisse possède sa forme propre indépendamment des formules secondaires qui, cependant, ne peuvent s'expliquer sans laisse. Tandis que la laisse se dégage d'une forme secondaire en retranchant les refrains et les répétitions, les formes secondaires sont plutôt des formules strophiques, constituées par la réunion d'un ou deux vers de la laisse avec des refrains et des répétitions. La chanson en laisse est habituellement chantée dans une de ses formes secondaires.

Pour bien saisir ce mécanisme de superposition de formes, prenons par exemple une version de l'*Occasion manquée* (K-8), chanson en laisse que nous avons recueillie le 25 novembre 1960, de M. Émile Decelles, à Saint-Théodore d'Acton (Bagot), Québec:

Après ma journé faite   ) *bis*
Vive l'amour!   )
Je me suis en allé
Vivons la, vivons la!
Je me suis en allé
Vivons la, la liberté!   (*bis*)

Dans mon chemin rencontre   ) *bis*
Vive l'amour!   )
Une fille à pleurer.
Vivons la, vivons la!
Une fille à pleurer.
Vivons la, la liberté!   (*bis*)

Qu'avez-vous donc la belle   ) *bis*
Vive l'amour!   )
Qu'avez-vous à tant pleurer?
Vivons la, vivons la!
Qu'avez-vous à tant pleurer?
Vivons la, la liberté!   (*bis*)

Je pleure que je suis seule   ) *bis*
Vive l'amour!   )
Dans ce bois éloigné.
Vivons la, vivons la!
Dans ce bois éloigné.
Vivons la, la liberté!   (*bis*)

Ne pleurez pas tant belle   ) *bis*
Vive l'amour!   )
De ce bois vous sortirez.
Vivons la, vivons la!
De ce bois vous sortirez.
Vivons la, la liberté!   (*bis*)

Quand elle fut sur ces côtes   ) *bis*
Vive l'amour!   )
Elle se mit à chanter.
Vivons la, vivons la!
Elle se mit à chanter.
Vivons la, la liberté!   (*bis*)

Qu'avez-vous donc la belle   ) *bis*
Vive l'amour!   )
Qu'avez-vous à tant chanter?
Vivons la, vivons la!
Qu'avez-vous à tant chanter?
Vivons la, la liberté!   (*bis*)

Je chante ce gros lourdaud) bis
Vive l'amour!)
Trop bête pour m'embrasser.
Vivons la, vivons la!
Trop bête pour m'embrasser.
Vivons la, la liberté! (*bis*)[20]

20. Coll. Conrad LAFORTE, AF no. 1033. Chantée le 25 novembre 1960 par M. Émile DECELLES, à Saint-Théodore d'Acton (Bagot). Transcription musicale par Lorraine Carrier-Aubin.

À première vue, il est difficile de séparer le refrain du couplet pour en découvrir la laisse. Nous avons là une chanson de ronde formée de deux éléments (si nous faisons abstraction de la mélodie): un couplet et un refrain qui s'emboîtent, s'imbriquent, se marient pour composer une sorte de strophe à forme fixe. Ainsi articulée, cette strophe secondaire cache si bien sa laisse que les versificateurs ne la reconnaissent plus. Mais si nous lui faisons subir une opération qui consiste à enlever les répétitions et à séparer le refrain, nous découvrons alors sa forme *fondamentale,* un petit poème monoassonancé, qu'on appelle *laisse.*

D'abord le REFRAIN:

Vive l'amour!
....
Vivons la, vivons la!
....
Vivons la, la liberté! (*bis*)

Voici la LAISSE:

Après ma journée faite   je me suis en allé.
Dans mon chemin rencontre   une fille à pleurer.
—Qu'avez-vous donc la belle   qu'avez-vous à tant pleurer?
—Je pleure que je suis seule   dans ce bois éloigné.
—Ne pleurez pas tant, belle,   de ce bois vous sortirez.
 Quand elle fut sur ces côtes   elle se mit à chanter.
—Qu'avez-vous donc la belle   qu'avez-vous à tant chanter?
—Je chante ce gros lourdaud   trop bête pour m'embrasser.

Donc, nous avons, d'une part, une *laisse* bien constituée de vers isométriques et monoassonancés, et d'autre part, un assemblage de refrains disparates et parfois même incohérents. Nous observons aussi que la laisse contient un récit, un poème narratif indépendant de tout refrain: c'est-à-dire que le refrain n'ajoute rien au sens, au récit contenu dans la laisse.

Le refrain peut renforcer le sens ou être tout à fait étranger, introduire une rupture dans le discours jusqu'à suspendre la narration de la laisse. Il peut aussi créer une ambiance dans laquelle se déroule la petite histoire que raconte la laisse. Dans tous les cas, le refrain peut être retranché sans altérer le sens de la laisse qui est la forme fondamentale de la chanson. Le rôle du refrain est surtout au niveau de la forme. Il vient structurer la formule strophique de la chanson, c'est-à-dire la forme secondaire dans laquelle elle est chantée.

Aussi ce qui frappe à première vue dans ce genre de chansons, c'est le refrain. On les a longtemps désignées comme des chansons à refrain. Mais l'appellation *chanson à refrain* ne recouvre pas un ensemble de chansons composées d'après la même technique. Il existe des chansons en laisse qui n'ont pas de refrain, comme il y a des chansons à refrain qui ne contiennent pas de laisse. Les rares chansons en laisse sans refrain sont à caractère épique comme *Les Écoliers pendus* (B-14), et certaines versions de la *Danseuse noyée* (B-2), du *Meurtre de l'amie* (B-8), la *Blanche biche* (B-1), l'*Escrivette* (B-20) et quelques autres.

Toutefois la majorité des chansons en laisse sont à refrain, quoiqu'il existe autant sinon plus de chansons à refrain qui ne sont pas en laisse. Par exemple: les chansons énumératives, les chansons strophiques comme les *Bans,* les *Noces du faiseux de sabots,* etc., sans oublier les chansons faites sur des timbres qui sont des textes littéraires sur des airs de chansons traditionnelles.

Les chansons à refrain qui ne contiennent pas de laisse appartiennent à une autre catégorie ou bien sont littéraires. On présume que celles qui sont à la fois en laisse et à refrain sont de tradition orale. Enfin, puisque la forme fondamentale de ces chansons est la laisse, nous ne pouvions leur trouver de nom plus distinctif que *chansons en laisse.*

21. Coll. Conrad LAFORTE, AF no. 641. Chantée le 23 septembre 1959 par Gérard TOUCHETTE, 40 ans, à Saint-Théodore d'Acton (Bagot). Transcription musicale par Lorraine Carrier-Aubin.

22. Nico H.J. VAN DEN BOOGAARD, *Rondeaux et refrains du XIIe siècle au début du XIVe siècle*, Paris, Klincksiek, 1969, p.29, no. 9. Mélodie attribuée par Friedrich GENNRICH, *Rondeaux, virelais und balladen aus dem Ende des XII., dem XIII. und dem ersten Drittel des XIV. Jahrhunderts mit den uberlieferten Melodien...*, Dresden, 1921, vol. I, p. 6, no. 9.

La laisse de ces chansons obéit, il va sans dire, aux normes de la laisse du moyen âge quant à la césure, l'assonance et le décompte des syllabes. Bien plus, non seulement les chansons ont une laisse comme forme fondamentale, mais parmi les formes secondaires, nous en trouvons même qui ont exactement la formule strophique de la carole du XIIIe siècle: *aAabAB* ou *aAaBAB*.

EXEMPLES:

1

Hier au soir j'ai 'té danser) bis
Oh! qu'il est malaisé)
J'en ai tout percé mes souliers
Ce n'est pas toujours sage
Oh! qu'il est malaisé) bis
d'être amoureux et sage[21].)

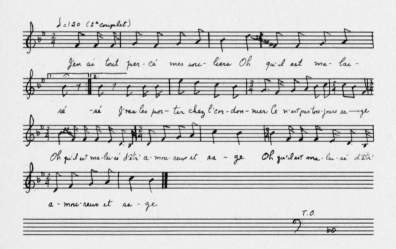

2

Aaliz main se leva
bon jor ait qui mon cuer a
Biau se vesti et para
desoz l'aunoi
Bon jor ait qui mon cuer a
n'est pas o moi[22].

A-a-liz main se le-va, — Bon jor ait qui mon cuer a. — biau se ves-ti et pa-ra de-soz l'au-noi. Bon jor ait qui mon cuer a, n'est pas o moi.

Il est bien évident que ces chansons en laisse, même si elles sont encore chantées parmi le peuple (*pas aussi souvent* qu'on le souhaiterait), ont une forme versifiée du moyen âge.

Thèmes

Si nous analysons maintenant les thèmes, nous nous rendons compte qu'un certain nombre de thèmes sont communs à la poésie médiévale et à la chanson en laisse: thèmes du bouquet, du rossignol, de l'alouette, de la fontaine, de la bergère, de la malmariée.

1. Le thème du *bouquet* comporte le langage des fleurs dans la confection du chapelet, de la couronne, du bouquet ou du chapeau, la descente matinale de la jeune fille au jardin pour cueillir des fleurs dans le but de se choisir un ami, ainsi que la plantation du mai d'amour.

2. Le thème du *rossignol* qui parle latin, qui chante nuit et jour, qui a la voix claire, sereine comme au moyen âge il l'avait *serie* et claire; le rossignol est gai, il est le confident, le consolateur, le conseiller des amoureux et même le séducteur, et son plus beau rôle est celui de messager. Le rossignol et les autres oiseaux, sont aussi dénonciateurs. Le galant est souvent en même temps un chasseur qui chasse aussi bien la perdrix, la caille et la bécasse que les belles filles.

3. *L'alouette*, elle, a la réputation d'être bavarde et mauvaise messagère et n'est pas aimée des amoureux puisqu'elle chante le point du jour.

4. La *fontaine*: la claire fontaine est le lieu de rencontre des amoureux. La claire fontaine peut aussi bien être prise dans un sens grivois que merveilleux comme cette fontaine qui fait tourner trois moulins.

5. La *bergère:* ce personnage pastoral est aussi celui des anciennes pastourelles, où la bergère était l'objet d'une requête amoureuse. La belle qui est l'objet d'une requête amoureuse n'est pas toujours nommée bergère dans la chanson en laisse.

6. Un thème qui est bien en vogue au moyen âge et dans les chansons en laisse est celui de la *malmariée*. Parmi une cinquantaine de chansons de malmariées prenons comme exemple *La mariée battue* (D-27) que nous connaissons en 72 versions (1 de Belgique, 19 du Québec, Canada, 51 de France et 1 d'Italie). La majorité des versions ont été recueillies aux XIXe et XXe siècles, mais on trouve une version du XVe siècle et d'autres aux XVIe et XVIIe.

La version du XVe siècle provient du Manuscrit de Florence que Rudolf Adelbert Meyer a publié en 1907. La voici:

1. Mon père marié m'a
   a gi ay l'aloetta!

2. À un vilen doné m'a
   E gi ay l'alo, l'aloetta,
   e gi ay l'aloetta que s'en vay!

3. Il dit que ma battera

4. E je dis que non fera

5. Mon ami m'en gardera

6. Altre foys gardé m'en a[23].

Le motif de l'ami que l'on verra apparaître sous une autre forme au XIXe siècle, n'a pas été retenu dans la version du XVIIe siècle publiée en 1615 (presque du XVIe) par Jacques Mangeant. Il est à remarquer que la formule strophique est la même que celle de *Belle Aélis* que je viens de citer.

23. Florence, Ms. Strozzi-Magliab., CLVII. 1040. Publié par Rudolf ADELBERT MEYER, *Franzosische Lieder aus der Florentiner Handschrift Strozzi-Magliabecchiana CL. VII. 1040,* Halle, Niemeyer, 1907, pp. 57-58.

La mariée battue

As-tu point veu rouge nez,
Le maistre des yvrongnes.

Mon père m'y veut marier
As-tu point veu rouge nez
En un vieillard my veut donner,
Il pleut, il vente, il tonne,
As-tu point veu rouge nez,
Le maistre des yvrongnes.

Qui n'a ny maille ny denier
Fors un baston de vert pommier
De quoy il me bat les costez[24].

Nos anciens voyageurs des pays d'en haut, les canotiers, connaissaient plusieurs versions de la *Mariée battue;* une version a été recueillie avant 1830, par Ermatinger, un Suisse employé de la Compagnie de la Baie d'Hudson, qui a été impressionné par les chansons des canotiers canadiens-français au point d'en recueillir onze, paroles et musique.

24. Jacques MAN-GEANT, *Recueil des plus belles chansons des Comédiens françois,* À Caen, 1615, p. 75v-76r, musique. Notation musicale rajeunie par Jean-Baptist WECKERLIN, *L'Ancienne chanson populaire en France (16 et 17e siècles)...* Paris, Garnier, 1887, p. 494.

Voici cette version des coureurs de bois dont la laisse contient le motif du bâton de vert pommier. Il est aussi à remarquer la même formule strophique que celle de *Belle Aélis:*

1. Mon père, il m'a marié'
    Oh! qu'il est mal aisé,
2. Un bon vieillard il m'a donné
    Tu n'entends pas l'usage,
    Oh! qu'il est mal aisé
    D'être amoureux et sage!
3. Qui n'a ni maille, ni denier.
4. Dans sa main droite... un vert pommier
5. Avec il me bat les côtés.
6. —Mon bon vieillard si vous m'battez
7. Je m'en irai au bois jouer
8. Avec ces gentils écoliers
9. Ils m'apprendront, j'leur apprendrai
10. Le jeu de cartes, aussi de dés,
11. Le jeu des dames après souper,
12. Le jeu des nouveaux mariés[25].

25. Edward ERMA-TINGER, *The Ermatinger Collection of voyageur Songs* (ca. 1830), by Marius BARBEAU, dans *Journal of American Folklore*, v. 67, no. 264 (April-June 1954), pp. 155-156.

Au XIXe siècle, cette chanson est encore recueillie en France. Mlle Geneviève Massignon en a enregistré une version en Vendée aussi tard que 1952. Au Québec, la plupart de nos versions (une vingtaine) sont du XXe siècle et elles se rapprochent de celle publiée par Ernest Gagnon, sous le titre *En filant ma quenouille:*

1. Mon père aussi m'a mariée,
    Gai lon la, je m'en vais rouler;
2. Un incivil il m'a donné
      Je me roule, je me roule;
      Gai lon la, je m'en vais rouler
      En filant ma quenouille.
3. Qui n'a ni maille, ni denier,
4. Qu'un vieux bâton de vert pommier
5. Avec quoi m'en bat les côtés,
6. Si vous m'battez je m'en irai,
7. Je m'en irai au bois jouer,
8. Avec ces gentils écoliers,
9. Ils m'apprendront, j'leur apprendrai,
10. Le jeu de carte', aussi de dés[26].

26. Ernest GAGNON, *Chansons populaires du Canada...*, Québec, Bureau du "Foyer Canadien", 1865, pp. 213-215, musique.

Une autre chanson du genre pastourelle, où il y a requête amoureuse, est la chanson du *Passage du bois* et aussi, dans les versions récentes, l'*Embarquement de la fille du bourgeois*. Nous en connaissons une version du XVe siècle, dans le *Manuscrit de Bayeux*, qui se chante ainsi:

Ce sont varlets de Vire, varlets, Ce sont varlets de Vi - - re. Et qui sont ces gen-tils gal-lans Qui vien-nent voir m'a-my - - - e? Sont ils ve-nus de si haut lieu? Leur o-se-roit on di - - re? Ce sont var-lets de Vi-re, var-lets, 8 Ce sont var-lets de Vi - - - re?

> *Ce sont varlets de Vire, varlets,*
> *Ce sont varlets de Vire.*
> Et qui sont ces gentils gallans qui viennent voir m'amye?
> Sont ils venus de si haut lieu? leur oseroit on dire?
> *Ce sont varlets de Vire, varlets,*
> *Ce sont varlets de Vire.*

«Et qui vous passera le boys, dictes, ma doulce amye?»
«Nous le passeron, ceste foys, sans point de villenye».
Quand elle fust au boys si beau, d'aymer il l'a requise.
«Je suis la fille d'ung meseau, de cella vous advise».
«De dieu soit mauldict le merdier qui la fille a nourrie,
Quant il ne la mect à mestier ou qu'il ne la marrie.
Ou ne la faict en lieu bouter qu'homme n'en ait envie».
Quant elle fust dehors du boys el se print à soubzrire:
«Belle qui menez tel degoys dictes moy, qu'esse à dire?»
Elle respondit à basse voix: «L'on doibt couart mauldire».
«Je suis la fille d'ung bourgeois, le plus grant de la ville».
Fame je ne croyrai d'ung moys, tant soit belle ou habille[27].

27. *Manuscrit de Bayeux,* Paris, BN, Français 9346. Publié par Théodore GEROLD, *Le Manuscrit de Bayeux,* Strasbourg, 1921, pp. 53-54.

Dans la tradition orale cette chanson se retrouve sous deux formes: le *Passage du bois,* connu en 97 versions (dont 6 de Belgique, 50 du Canada, 1 des États-Unis d'Amérique, et 40 de France) et l'*Embarquement de la fille du bourgeois,* connu en 32 versions (dont 24 du Canada et 8 de France).

Voici une version du *Passage du bois,* que M. Luc Lacourcière a recueillie, le 27 juin 1956, au

Village Saint-Raphaël de Bellechasse auprès de
Paul Lacroix.

1.   —Ah! qui me passera le bois,   moi qui es si petite?
2.   Ah! c'est Monsieur que voilà,   comme il a bonne mine
     Hé là, sommes-nous au milieu du bois
     Sommes-nous à la rive?
3.   Quand ils furent au milieu du bois, la belle se mit à rire:
4.   —Oh qu'avez-vous belle, à qu'avez-vous   qu'avez-vous, tant z'à rire?
5.   —Je ris de toi, de ris de moi   de nos folles entreprises
6.   C'est de m'avoir passé le bois   sans petits mots me dire.
7.   —Belle revenez (*bis*)   j'vous donnerai cent livres.
8.   —Ni pour un cent ni pour deux cents, ni pour trois ni pour mille,
9.   Fallait plumer la perdrix   tandis qu'elle était prise[28].

Maintenant une version de l'*Embarquement de la fille du bourgeois,* en provenance du Nouveau-Brunswick, chantée le 2 février 1960 par Léo LeBlanc, 25 ans.

28.   Col. Luc LACOURCIÈRE, AF no 2946. Chantée le 27 juin 1956 par Paul LACROIX, 72 ans, à Saint-Raphaël (Bellechasse). Transcription musicale par Lorraine Carrier-Aubin.

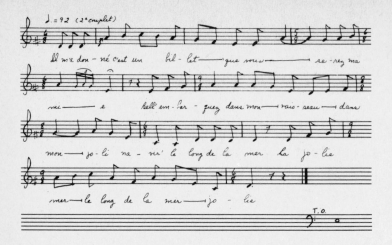

1. —Beau matelot, n'avez-vous pas vu mon amant dans ces îles?
2. —Oui, je l'ai vu, j'lui ai parlé elle est du long de ces îles.
   Le long de la mer la jolie mer
   Le long de la mer jolie.

3. Il m'a donné c'est un billet que vous seriez ma mie.
4. —Belle embarquez dans mon vaisseau dans mon joli navire.
5. Mais quand la belle fut embarquée le capitaine lui a demandé:
6. —À qui vous êtes la fille? —Je suis la fille d'un garnadier.
7. —Belle débarquez de mon vaisseau, de mon joli navire.
8. Mais quand la belle fut débarquée, elle s'est bien mise à rire.
9. Le capitaine lui a demandé: —Qu'avez-vous à tant rire?
10. —Je ris de toi, je ris de moi, de nos belles entreprises.
11. —Si vous saviez mon capitaine à qui je suis la fille
12. —Je suis la fille d'un gros bourgeois le plus riche de la ville.
13. —Belle rembarquez dans mon vaisseau, dans mon joli navire.
14. —Il fallait plumer la perdrix tandis qu'elle était prise.
15. Quand la perdrix prend sa volée y a plus de reprise.
16. Il fallait plumer la perdrix tandis qu'elle était prise[29].

29. Coll. Conrad LAFORTE, AF no 913. Chantée le 26 février 1960 par Léo LEBLANC, 25 ans, Moncton (Nouveau-Brunswick). Transcription musicale par Lorraine Carrier-Aubin.

Pour terminer, voici une chanson qui a été notée à plusieurs reprises au XVe siècle. Nous l'avons intitulée l'*Embarras de choisir une femme.*

Nous en connaissons 28 versions (dont 1 de Belgique, 5 de France et 22 du Canada). Gaston Paris a publié une version dans les *Chansons du XVe siècle.*

Lourdault, lourdault, lourdault, garde que tu feras.
1. Car sy tu te maries   tu t'en repentiras:
    Lourdault, lourdault, lourdault, garde que tu feras.

2. Sy tu prens une vielle,   elle te rechygenra:
3. Si tu prens jeune femme,   jamès n'en joyras.
4. Elle yra à l'eglise,   le presbtre la verra;
5. La merra en sa chambre   et la confecera.
6. Luy fera les effanz   et ren tu n'en sçauras.
7. Et quant el sera grosse   il la te renvoira;
8. Et nourriras l'enffant   qui riens ne te sera.
9. Encor seras bien aise   quant huchera papa[30].

30. Gaston PARIS, *Chansons du XVe siècle.* Paris, Société des anciens textes, 1935, p. 69.

Dans la version que nous avons recueillie, le 26 octobre 1959, de Jules Daigneault, 35 ans, dans le 7e rang de Saint-Théodore d'Acton (Bagot), il y a des variantes, mais elles sont dans l'esprit populaire, et populaire... du moyen âge:

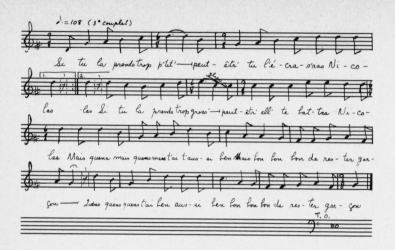

1. Et j'attendu dire que tu t'voulais t'marier, *Nicolas!* (*bis*)
2. Que tout homme qui prend femme   se met dans l'embarras, *Nicolas!*
   Mais quens (*bis*)   *mais t'es aussi bien* ⎱
   Mais bon, bon, bon de rester garçon ⎰ *bis*

3. Si tu la prends trop p'tite   peut-être tu l'écraseras.
4. Si tu la prends trop grosse   peut-être a' te battra.
5. Si tu la prends trop laide   la honte que t'en auras.
6. Si tu la prends trop belle   des becs il s'en donn'ra.
7. Et tu iras à l'église   et pis son amant y sera.
8. Et qui fera des signes   que tu comprendras pas,
9. Et t'aras des enfants   bien plus que t'en voudras[31].

31. Coll. Conrad LAFORTE, AF no 743. Chantée le 26 octobre 1959 par Jules DAIGNEAULT, 35 ans, 7e rang, Saint-Théodore d'Acton (Bagot). Transcription musicale par Lorraine Carrier-Aubin.

Cette continuité entre le moyen âge et la Nouvelle-France médiatrice de l'Ancienne, elle est le fruit d'un héritage et d'une fidélité entêtée. Nous pourrions la démontrer de plusieurs autres façons: par les contes, comme M. Lacourcière, en nous rappelant, par exemple, cette branche orale de Renart retrouvée en Acadie[32]; nous pourrions aussi reprendre l'étude de notre langue populaire, telle que proposée par Marcel Juneau[33]. Nous pourrions reprendre l'histoire de nos premières institutions, notre rêve féodal[34], le fait seigneurial[35], rappeler le dossier étonnant du catholicisme traditionnel en Amérique française[36]. Même nous pourrions chanter et raconter l'histoire d'un des premiers héros des lettres françaises, saint Alexis[37], ou encore nous réciter la légende de saint Eustache[38], dire l'histoire du *Vaisseau fantôme*[39], celles de la *Fille aux mains coupées*[40] et de la *Mensongère*[41], sans oublier ces *Cantiques de l'âme dévote*[42] dont tant de thèmes et manières nous renvoient au XVe siècle. Ne chantait-on pas, par coeur, et encore en 1918, en Gaspésie, l'épisode tragique des trois écoliers pendus à Paris au temps de saint Louis[43].

Peut-être en définitive qu'Alexis de Tocqueville (†1859) a eu raison. Il avait beaucoup observé l'Amérique du Nord et un bref séjour au Canada français lui a suffi, en 1831, pour écrire à des amis en France, à propos des Canadiens-français du Québec: «On ne peut contester leur origine, ils sont aussi Français que nous... Nous nous sentons chez-nous, et partout on nous reçoit en compatriotes, en fils de la vieille France. À mon avis, cette épithète est mal choisie: la vieille France, elle est au Canada, et la Nouvelle est chez nous»[44].

Ainsi la connaissance de la culture populaire du Canada français traditionnel pourrait peut-être éclairer l'étude et la connaissance du moyen âge lui-même, tout comme la connaissance du moyen âge reste le point de départ idéal pour connaître la Nouvelle-France et sa culture. N'est-

32. Cf. Luc LACOURCIÈRE, *Les contes d'animaux de tradition orale au Canada français et le "Roman de Renart"*, dans *Les Commencements de la langue française*, dans la revue *Liberté*, livraison no. 115, février 1978.

33. Cf. Marcel JUNEAU et Micheline MASSICOTTE-FERLAND, *L'ancien français dans les récits folkloriques québécois*, lors du 2ème colloque de l'Institut d'études médiévales à l'Université de Montréal, 1976. Sur le processus de continuité et la manière dont la *langue* orale précède souvent les littératures, voir Paul ZUMTHOR, *Naissance d'une langue et d'une littérature: les pays français du IXe-Xe siècles*, dans *Les commencements de la langue française*, dans *Liberté*, livraison 115, février 1978.

34. Cf. RAMEAU DE SAINT-PÈRE, *Une colonie féodale en Amérique*, 2 vols., Paris, Plon-Montréal, Granger Frères, 1889, 425 pp. Avec M. TRUDEL, *Histoire de la Nouvelle-France*, II: *Le comptoir 1604-1627*, Montréal, Fides, 1966, 554 pp.

35. R. SANSFAÇON, *La seigneurie médiévale et la seigneurie canadienne*, dans *France et Canada français du XVIe au XXe siècles*, pp. 147-158, avec l'étude de F. OUELLET, pp. 159-176 et le commentaire de A. DUBUC, pp. 177-180.

36. Une édition critique du Rituel I de Mgr de Saint-Vallier (*Rituel du diocèse de Québec, publié par l'ordre de Monseigneur de Saint-Vallier, Évêque de Québec*, Paris, Simon Langlais, 1703, 604 (tables) pages, relié avec *Statuts, Ordonnances et Lettres pastorales de Monseigneur de Saint-Vallier, Évêque de Québec, Pour le règlement de son Diocèse*, Paris, Simon Langlais,

1703, 146 p.) en usage au Canada français jusqu'à la fin du XIXe siècle, fournirait une preuve non équivoque des origines médiévales d'un nombre imposant de nos pratiques religieuses. L'histoire de la religion populaire au Canada français reste à écrire en collaboration avec les folkloristes et ethnographes qui ne cessent de relever des traits essentiels (v.g. goût du merveilleux, culte des saints, reliques, omniprésence du diable et des anges, idéologies du mérite, de la justice immanente, de la prière-devoir, etc.).

37. Chanté en Nouvel-le-France et déjà héros de la première littérature médiévale, dans les *Cantiques de l'âme dévote* (voir note 42). Avec C.E. STEBBINS, *Les origines de la légende de saint Alexis*, dans *Revue belge de philologie et d'histoire* 51 (1973), pp. 497-507; *Les grandes versions de la légende de saint Alexis*, *ibid.*, 53 (1975), pp. 679-695.

38. Cf. G. LEMIEUX, *Placide-Eustache. Sources et parallèles du conte-type 938*, (Archives de folklore, 10), Québec, Les Presses de l'Université Laval, 1970, pp. 68-75.

39. Cf. C. JOLICOEUR, *Le vaisseau fantôme, légende étiologique*, (Archives de folklore, 11), Québec, 1970, pp. 136 ss.

40. Cf. Hélène BER-NIER, *La Fille aux mains coupées, conte-type 706*, (Archives de folklore, 12), Québec, 1971, pp. 7-12, 105, 134.

41. Cf. N. SCHMITZ, *La Mensongère, conte-type 710*, (Archives de folklore, 1971), Québec, 1972, pp. 51, 72-74.

42. Laurent DURANT, *Cantiques de l'âme dévote, dits de Marseilles* (sic), Paris et Québec, F. Mesplet. Sortie des presses de la Nouvelle Imprimerie, la première

ce pas le même processus d'histoire régressive et progressive qui nous autorise tour à tour à étudier l'histoire comparée de la Grèce et de Rome, tout en nous souvenant de la priorité à tous égards de la culture grecque sur la culture romaine, son héritière.

Bref, pour ce pays-ci, pour le Québec à l'âge de sa *reconquista*, l'étude du moyen âge déborderait la simple curiosité aristocratique de la culture en

Danse en rond de bergers. *Livre d'Heures*, Pays-Bas, XVe s.; ms. Oxford, Bodleian Libr., Douce 93, f. 28r.

soi. Il y va non seulement de notre enracinement dans l'histoire, mais aussi de l'identité d'une majorité d'entre nous. Dans la conjoncture actuelle, la connaissance du moyen âge ne saurait être facultative. À moins que nous voulions, contrairement à nos ancêtres de Nouvelle-France, absolument perdre la mémoire. Mais attention! comme dirait le poète de *Mémoire*, Jacques Brault: «La mémoire perdue, le chemin tourne court»[45].

édition québécoise de ces cantiques date de 1819.

43. Cf. Luc LACOUR-CIÈRE, *Les Écoliers de Pontoise*, dans *Archives de folklore*, 1 (1945), pp. 176-199.

44. Cf. A. YON, *Le Canada français vu de France*, p. 15.

45. *La poésie ce matin*, Paris, Grasset, 1971, p. 25.

Enfants avec crécelles. *Livre d'Heures*, France du Nord, début du XVe s.; ms. Oxford, Bodleian Libr., Douce 276, f. 83v.

TABLE DES ILLUSTRATIONS
NON IDENTIFIÉES DANS LE TEXTE

Monte de Cesena... pour moi que j'irai un an manifester ce miracle et leur porter un calice d'argent à chacune des dites Madones et faire célébrer des messes à Lorette pour ceux qui...». L. NOVELLI - M. MASSACCESI, *Ex voto del santuario della Madonna del Monte di Cesena,* Cesena, 1961, no. 233.

p. 207 Une autre forme de théâtre populaire: les spectacles de marionnettes. Enluminure de Jehan de Grise, Bruges, 1339-1344; ms. Oxford, Bodleian Libr., Bodl. 264, f. 54v.

p. 262 Un homme hybride tire la langue à une libellule. Psautier anglais vers 1340; ms. Londres, British Libr., Add. 42130, f. 36v.

p. 264 GERVAIS DU BUS, *Roman de Fauvel,* d'après le ms. Paris, Bibl. Nat., français 146, f. 36v (texte) et 34v (ill.).

TABLE DES MATIÈRES

Onc chalivali si parfaiz
Par desguiser, par diz, par faiz,
Ne fut com cil en toutes choses.